《国际中文教师证书》考试
考点问答(第二版)

Test Content Q&A for
Certificate of Teaching Chinese to Speakers of Other Languages
(second edition)

主编: 梁社会 张小峰

编者: (按姓氏拼音顺序排列)
　　　董星辰　郝全智　何晓旦　陆哲懿
　　　沈彤彤　束嘉宁　吴卉冬　于晓婷

图书在版编目(CIP)数据

《国际中文教师证书》考试考点问答 / 梁社会，张小峰主编 . —2 版 . —北京：北京大学出版社，2022.10
ISBN 978-7-301-33513-0

Ⅰ. ①国… Ⅱ. ①梁… ②张… Ⅲ. ①汉语—对外汉语教学—资格考试—自学参考资料 Ⅳ. ①H195.6

中国版本图书馆CIP数据核字(2022)第193519号

书　　　名	《国际中文教师证书》考试考点问答（第二版）
	《GUOJI ZHONGWEN JIAOSHI ZHENGSHU》KAOSHI KAODIAN WENDA (DI-ER BAN)
著作责任者	梁社会　张小峰　主编
责任编辑	路冬月
标准书号	ISBN 978-7-301-33513-0
出版发行	北京大学出版社
地　　　址	北京市海淀区成府路205号　100871
网　　　址	http://www.pup.cn　新浪微博：@北京大学出版社
电子信箱	zpup@pup.cn
电　　　话	邮购部 010-62752015　发行部 010-62750672　编辑部 010-62753374
印 刷 者	三河市博文印刷有限公司
经 销 者	新华书店
	889毫米×1194毫米　16开本　19.25印张　445千字
	2018年6月第1版
	2022年10月第2版　2022年10月第1次印刷
定　　　价	58.00元

未经许可，不得以任何方式复制或抄袭本书之部分或全部内容。
版权所有，侵权必究
举报电话：010-62752024　电子信箱：fd@pup.pku.edu.cn
图书如有印装质量问题，请与出版部联系，电话：010-62756370

前　言

《国际中文教师证书》考试是由教育部中外语言交流合作中心主办的一项标准化考试，于2015年10月31日在全球第一次正式开考（2020年12月前名称为《国际汉语教师证书》考试）。该考试分为笔试和面试两部分。笔试达到要求后，方可参加面试。该考试主要面向海外孔子学院（课堂）从事中文教学的教师、志愿者；同时面向有志于从事国际中文教育工作的各类人员，包括海内外各类教育机构的教师及相关专业学习者。

《国际中文教师证书》考试涵盖中文教学基础、中文教学方法、教学组织与课堂管理、中华文化与跨文化交际、职业道德与专业发展五大内容。

考查范围包括：汉语交际能力、语言分析能力、第二语言习得基本原理、汉语语言要素教学方法、听说读写分项教学方法、现代教育技术应用、教学设计能力、教学资源应用能力、课堂活动组织能力、课堂管理能力、中华文化阐释与传播能力、跨文化交际能力、国际中文教师道德修养和职业发展能力等国际中文教师标准要求的分项标准以及与之相关的理论知识、应用方法和综合能力。

感谢责任编辑为本书出版所付出的辛苦努力，感谢在本书编写过程中给予大力帮助的各位同事和朋友，在此一并致谢。

本书可供参加《国际中文教师证书》考试的考生使用，也可作为国家公派出国中文教师、国际中文教育志愿者和国际中文教育教研人员的参考用书。

如果您在使用过程中有什么意见和建议，欢迎和我们联系。
E-mail: liangshehui@njnu.edu.cn。

编　者

目录 contents

第一部分 中文教学基础

现代汉语

概 述 / 1

1. 什么是"现代汉语"? 1
2. 现代汉语的社会变体主要有哪些? 1
3. 现代汉语的功能变体有哪些? 1
4. 现代汉语有哪些主要方言? 2

语 音 / 2

5. 语音的物理性质包括哪些方面? 2
6. 语音的社会属性体现在哪些方面? 2
7. 普通话的声母可以分为哪几类? 3
8. 普通话的韵母可以分为哪几类? 3
9. 韵母的"四呼"是指什么? 4
10. 什么是调值、调型和调号? 4
11. 什么是调类? 4
12. 汉语拼音的声调符号如何标注? 4
13. 汉语音节有哪些特点? 5
14. 元音和辅音最重要的区别是什么? 5
15. 汉语拼音正词法基本规则主要有哪些? . 5
16. 国际音标的特点有哪些? 5
17. 什么是语流音变? 6
18. "一"的变调有哪些? 6
19. "不"的变调有哪些? 6
20. 第三声的变调有哪些? 6
21. 语气词"啊"的音变规则是怎样的? 7
22. 儿化有什么作用? 7
23. 音位和音位变体的关系怎样? 7
24. 普通话音位 /i/ 有哪些音位变体? 8
25. 什么是句调?句调有哪几种形式? 8

汉 字 / 8

26. 汉字的造字法有哪些? 8
27. 汉字的字体演变过程及各阶段特点有哪些? ... 9
28. 汉字的结构模式有哪些? 9
29. 汉字的笔形有哪些概括的分类? 10
30. 现代汉字笔画的组合关系有哪几种? ... 10
31. 什么是笔顺? 10
32. 汉字的笔顺规则有哪些? 10
33. 现代汉字的印刷体主要有哪几种类型? . 11
34. 怎样分辨部件、偏旁和部首? 11
35. 现代汉字中独体字的含义是什么? 11
36. 现代汉语中,汉字的形音义有哪些关系? . 12
37. 多部件字中合成记号字的来源有哪些? . 12

词 汇 / 12

38. 从不同的角度看,语素可以怎么分类? .. 12
39. 汉语的词是如何构成的? 13
40. 怎么区别语素和词? 13
41. 现代汉语单纯词有哪些类型? 13
42. 现代汉语合成词是如何构造的? 13
43. 从来源看,现代汉语词汇由哪些部分构成? . 14
44. 现代汉语的熟语系统是如何构成的? ... 15
45. 怎么区别成语和惯用语? 15
46. 词义有哪些分类? 15
47. 词语释义主要有哪几种方法? 16
48. 词义具有哪些性质? 16
49. 义项和义素有什么区别? 16
50. 语义场的层次有什么特点? 16
51. 什么是反义词? 17
52. 怎样区别多义词和同音词? 17
53. 如何辨析近义词? 17
54. 如何辨析"再"和"又"? 18
55. 如何辨析"采用"和"采取"? 18

56. 如何辨析"温柔"和"温顺"? ……………… 18
57. 如何辨析"热爱"和"酷爱"? ……………… 18
58. 如何辨析"财产"和"财富"? ……………… 19
59. 如何辨析"签名"和"签字"? ……………… 19
60. 如何辨析"大概"和"大约"? ……………… 19
61. 如何辨析"侵犯"和"侵略"? ……………… 19
62. 如何辨析"美满"和"圆满"? ……………… 20
63. 如何辨析"一直"和"从来"? ……………… 20
64. 如何辨析"刚才"和"刚"? ………………… 20
65. 如何辨析"就"和"才"? …………………… 21
66. 如何辨析"不"和"没有"? ………………… 21
67. 如何辨析"合适"和"适合"? ……………… 22
68. 如何辨析"万万"和"千万"? ……………… 22
69. 如何辨析"祝"和"祝贺"? ………………… 22
70. 如何辨析"差点儿"和"差点儿没"? …… 22

语　法 /23

71. 现代汉语基本的语法单位是什么? ………… 23
72. 现代汉语语法有什么特点? ………………… 23
73. 词的形态分为哪几种? ……………………… 24
74. 词的语法功能有哪些表现? ………………… 24
75. 现代汉语词类如何划分? …………………… 24
76. 名词有哪些种类? …………………………… 25
77. 名词的语法特征有哪些? …………………… 25
78. 时间名词有什么语法特点? ………………… 25
79. 处所名词有什么语法特点? ………………… 25
80. 动词有哪些种类? …………………………… 26
81. 动词的语法特征有哪些? …………………… 26
82. 趋向动词有哪些? …………………………… 26
83. 趋向动词有什么语法特点? ………………… 27
84. 什么是能愿动词? …………………………… 27
85. 形容词有哪些语法特征? …………………… 27
86. 什么是性质形容词? ………………………… 27
87. 什么是状态形容词? ………………………… 27
88. 状态形容词有哪几类? ……………………… 28
89. 怎样区别性质形容词和状态形容词? ……… 28
90. 名词、动词和形容词有哪些区别和联系? … 28
91. 什么是 区别词? ……………………………… 29

92. 区别词有哪些语法特征? …………………… 29
93. 怎么区别区别词和形容词? ………………… 29
94. 数词有哪些种类? …………………………… 29
95. 数词有哪些语法特征? ……………………… 30
96. 如何辨析数词"二"和"两"? …………… 30
97. 量词有哪些种类? …………………………… 31
98. 量词有哪些语法特征? ……………………… 31
99. 什么是词的借用? …………………………… 31
100. 副词有哪些种类? …………………………… 31
101. 副词有哪些语法特征? ……………………… 32
102. 怎么区分形容词和副词? …………………… 32
103. 怎么区分时间名词和时间副词? …………… 32
104. 现代汉语中，"是"的用法有哪些? ……… 32
105. 代词有哪些种类? …………………………… 33
106. 疑问代词有哪些用法? ……………………… 33
107. 什么是介词? ………………………………… 33
108. 介词有哪些种类? …………………………… 34
109. 介词有哪些语法特征? ……………………… 34
110. 什么是连词? ………………………………… 34
111. 连词有哪些种类? …………………………… 34
112. 连词有哪些语法特点? ……………………… 35
113. 怎么区别作为连词的"和"和作为介词的
"和"? ……………………………………… 35
114. "只有……，才……"和"除非……，否
则……"有什么区别? …………………… 35
115. 什么是助词? ………………………………… 35
116. 助词有哪些种类? …………………………… 36
117. 现代汉语主要有哪几个时态助词? ………… 36
118. "了"的主要用法是什么? ………………… 36
119. 哪些情况下不能用"了"? ………………… 36
120. 语气词有哪些种类? ………………………… 37
121. 语气词有哪些语法特征? …………………… 37
122. 如何区别语气词"的"和助词"的"? …… 37
123. 怎么区别兼类词和同音词? ………………… 38
124. 什么是离合词? ……………………………… 38
125. 什么是短语? ………………………………… 38
126. 短语包括哪些结构类型? …………………… 38
127. 短语有哪些功能? …………………………… 39

128. 句子和短语有什么区别? ………………… 39
129. 带"得"的中补短语有几种类型? ………… 39
130. 主语可以由哪些成分充当? ……………… 40
131. 主语有哪些语义类型? …………………… 40
132. 主语和话题有什么区别? ………………… 40
133. 谓语可以由哪些成分充当? ……………… 40
134. 宾语有哪些语义类型? …………………… 41
135. 多层定语的次序一般是怎样的? ………… 41
136. 多层状语的次序一般是怎样的? ………… 41
137. 补语主要有哪些类型? …………………… 42
138. 如何辨别可能补语和情态补语? ………… 42
139. 如何辨别补语和宾语? …………………… 42
140. 中心语可分为几类? ……………………… 43
141. 现代汉语中有哪些独立语? ……………… 43
142. 什么是句型?现代汉语中有哪些常见的句型?
       ………………………………………………… 43
143. 什么是句式?现代汉语中有哪些常见句式? 44
144. 什么是主谓谓语句? ……………………… 44
145. "把"字句有哪些特点? …………………… 44
146. "被"字句有哪些特点? …………………… 45
147. "被"字句有哪些变体? …………………… 45
148. 什么是存现句?存现句常常分为哪两类? … 45
149. 动态存在句和静态存在句有什么区别? … 46
150. 什么是连谓句? …………………………… 46
151. 什么是兼语句? …………………………… 46
152. 怎样区分连谓句和兼语句? ……………… 46
153. 什么是双宾句? …………………………… 46
154. 什么是重动句? …………………………… 47
155. 什么是句类?句类可以分为哪几类? …… 47
156. 陈述句可以带哪些语气词?分别表达什么意义? ………………………………………… 47
157. 感叹句可以分为几类? …………………… 47
158. 从结构的角度看,疑问句有哪些类型? … 48
159. 从交际的角度看,疑问句有哪些类型? … 48
160. 什么是层次分析法? ……………………… 49
161. 什么是移位? ……………………………… 50
162. 怎么区别省略和隐含? …………………… 50
163. 根据省略的语言环境,省略可以分为哪几类?
       ………………………………………………… 50
164. 省略句和非主谓句有什么区别与联系? … 51
165. 汉语歧义类型主要有哪些? ……………… 51
166. 常见的句法错误有哪些? ………………… 51
167. 修改病句有哪些方法? …………………… 52
168. 什么是复句? ……………………………… 53
169. 根据分句间的意义关系,复句主要可以分为哪两大类? ………………………………… 53
170. 联合复句可分成几类? …………………… 53
171. 偏正复句可分为几类? …………………… 53
172. 怎么辨别顺承关系和并列关系? ………… 54
173. 什么是紧缩复句? ………………………… 54
174. 紧缩复句有哪些常用的固定格式? ……… 54
175. 如何区分紧缩复句与连谓句? …………… 54
176. 什么是意合法? …………………………… 55
177. 什么是传统语法?传统语法有什么特点? … 55
178. 什么是描写语法?描写语法有哪些代表人物和代表作? ………………………………… 55
179. 什么是生成语法?生成语法有什么代表人物和代表作? ………………………………… 56
180. 什么是功能语法?功能语法有什么代表人物? 56
181. 什么是句法分析? ………………………… 56
182. 什么是语义分析? ………………………… 56
183. 什么是语义角色? ………………………… 57
184. 什么是语义特征? ………………………… 57
185. 什么是语义指向? ………………………… 57
186. 语义指向有哪些类型? …………………… 57
187. 什么是语用分析? ………………………… 58
188. "语用"有哪些基本要素? ………………… 58
189. 语用学有哪些研究内容? ………………… 58
190. 语用策略主要有哪些? …………………… 58

修　辞 /59

191. 什么是修辞? ……………………………… 59
192. 语用学和修辞学有什么区别? …………… 59
193. "辞格"是什么?常用的辞格有哪些? …… 59
194. 什么是比喻? ……………………………… 59

195. 比喻有哪些基本类型? ……………… 60	221. 什么是顶真? ……………………… 65
196. 什么是比拟? ………………………… 60	222. 什么是回环? ……………………… 65
197. 比拟有哪些基本类型? ……………… 60	223. 顶真和回环有什么区别? ………… 65
198. 比拟和比喻有什么区别? …………… 60	224. 什么是对比? ……………………… 65
199. 什么是借代? ………………………… 60	225. 对比有哪些基本类型? …………… 66
200. 借代有哪些基本类型? ……………… 61	226. 对比和对偶有什么不同? ………… 66
201. 借代和借喻有什么区别? …………… 61	227. 什么是映衬? ……………………… 66
202. 什么是拈连? ………………………… 61	228. 映衬有哪些基本类型? …………… 66
203. 拈连有哪些基本类型? ……………… 61	229. 映衬和对比有什么区别? ………… 67
204. 什么是夸张? ………………………… 62	230. 什么是反复? ……………………… 67
205. 夸张有哪些基本类型? ……………… 62	231. 反复有哪些基本类型? …………… 67
206. 什么是双关? ………………………… 62	232. 反复和排比有什么区别? ………… 67
207. 双关有哪些基本类型? ……………… 62	233. 反复和重复有什么区别? ………… 67
208. 借喻和语义双关有什么不同? ……… 62	234. 什么是设问? ……………………… 67
209. 什么是仿词? ………………………… 62	235. 什么是反问? ……………………… 68
210. 仿词有哪些基本类型? ……………… 63	236. 设问和反问有什么区别? ………… 68
211. 什么是反语? ………………………… 63	237. 什么是辞格的综合运用? ………… 68
212. 反语有哪些基本类型? ……………… 63	238. 什么是辞格的连用? ……………… 68
213. 什么是对偶? ………………………… 63	239. 什么是辞格的兼用? ……………… 68
214. 对偶有哪些基本类型? ……………… 63	240. 什么是辞格的套用? ……………… 68
215. 什么是排比? ………………………… 64	241. 什么是语体? ……………………… 69
216. 排比有哪些基本类型? ……………… 64	242. 什么是公文语体? ………………… 69
217. 排比和对偶有什么区别? …………… 64	243. 什么是科技语体? ………………… 69
218. 什么是层递? ………………………… 64	244. 什么是政论语体? ………………… 69
219. 层递有哪些基本类型? ……………… 64	245. 什么是文艺语体? ………………… 69
220. 层递和排比有什么区别? …………… 65	246. 文艺语体有哪些类别? …………… 69

第二语言习得

247. 第一语言和母语一样吗? ………… 70	252. 如何辨析认知策略和元认知策略? … 71
248. 如何辨析语言能力和交际能力? … 70	253. 遗忘理论对国际中文教学有哪些启示? … 71
249. 如何辨析学习和习得? …………… 70	254. 作为个体因素中的情感因素主要指什么? … 72
250. 中文作为外语教学和中文作为第二语言教学有什么区别? ………… 70	255. 普拉克特(C. Practor)的"难度等级模式"共分几级? ……………… 72
251. 从学习目的的角度看,第二语言学习动机主要有哪两种类型? ………… 71	256. 美国学者艾杰敏(C. Adjemian)1976 年提出的中介语的特点有哪三个? …………… 72

257. 从心理学上讲，"化石化"的形成原因有哪三个？ …… 73
258. 语际干扰对教师教学的启发是什么？ …… 73
259. 什么是偏误？ …… 73
260. 失误和偏误有什么区别？ …… 73
261. 教师对待偏误的正确态度应是怎样的？ …… 73
262. 什么是过度泛化？ …… 73
263. 中文学习者易发生的语法偏误从形式上看有哪几种情况？ …… 74
264. 什么是"语言—语用偏误"？ …… 74
265. 什么是"社交—语用偏误"？ …… 74
266. 什么是系统偏误？ …… 74
267. 什么是偏误分析？ …… 74
268. 偏误分析的步骤具体有哪些？ …… 74
269. 学习者偏误的来源有哪些？ …… 75
270. 如何辨析语内偏误和语际偏误？ …… 75
271. 偏误分析中，偏误用例分类的原则是什么？ …… 75
272. 偏误用例分析的原则是什么？ …… 75
273. 第二语言习得过程中，一个外国人写出"一个年"这样的词组最可能的原因是什么？ …… 75
274. 为什么外国学生常只称呼老师的姓或名？ …… 75
275. "*可以扔石头到河里去"这一偏误属于哪一层面的哪一类偏误？ …… 76
276. "*好机会[学习中文（的）]"，这是属于哪一层面的什么偏误？其产生的主要原因是什么？ …… 76
277. "越来越"的句子常见偏误有哪些？ …… 76
278. "*真倒霉，自行车人偷了。"如何解释这句话的偏误？ …… 76
279. "*我发现他的中文水平比我非常高。"如何分析这一偏误？ …… 76
280. "*房间被打扫干净了。"这句话的偏误类型是什么？可能的原因呢？ …… 76

第二部分　中文教学方法

概　述 / 77

1. 中文教学包括哪四个部分？ …… 77
2. 中文教学内容可以概括为哪四个方面？ …… 77
3. 中文教学的主要目的有哪些？ …… 77
4. 中文教学的基本原则包括哪些内容？ …… 77
5. 中文教学基本教学原则的总则是什么？ …… 78
6. 课堂教学有哪些局限？ …… 78
7. 一个完整的教学过程应该包括哪些内容？ …… 78
8. 中文教学中，言语交际技能的教学包括哪些内容？ …… 78
9. 视觉型学习者的特点是什么？ …… 78
10. 听觉型学习者的特点是什么？ …… 78
11. 针对初级阶段的中文学习者，教师的语言需要注意什么问题？ …… 78
12. 国际中文教师可以通过哪些方式激发学习者学习中文的兴趣？ …… 79
13. 在教学过程中，教师可以通过哪些方式营造语言情景？ …… 79
14. 中文教学中，教师可以采取哪些策略培养学生的自主学习能力？ …… 79
15. 课堂教学的非言语性行为包括哪些？ …… 79
16. 怎样使中文教学更富有趣味性？ …… 80
17. 什么是语言意识？ …… 80
18. 什么是语用能力？ …… 80
19. 什么是"i+1"理论？ …… 80
20. 什么是普通意念和特殊意念？ …… 80
21. 目前中国国内各大高校采用的教学模式是什么？ …… 80
22. 中文速成教学对其教学对象有什么要求？ …… 81
23. 速成教学的原则有哪些？ …… 81
24. 什么是"情景化教学"？ …… 81
25. 语感培养教学模式的特点是什么？ …… 81

26. 教师对学生的纠错方式主要有哪几种？ …… 81
27. 纠正学生语言错误的常用技巧有哪些？ …… 82
28. 重铸的含义是什么？ …………………… 82
29. 基本控制法的含义是什么？可设计哪些相关练习？ ……………………………………… 82
30. 中文课堂上，针对课文的练习有哪几种？ … 82
31. 课堂上朗读课文有哪些方式？ ………… 83
32. 针对课文篇章结构的训练方式有哪些？ … 83
33. 描述是交际练习的一个项目，它的含义是什么？ …………………………………… 83
34. 教师的提问要注意哪些问题？ ………… 83
35. 什么是定式问答？ ……………………… 83

教学法流派 / 84

36. 第二语言教学法主要流派的特点和代表性教学法是什么？ ……………………………… 84
37. 作为国际中文教师，应当如何看待各种教学法流派？ …………………………………… 84
38. 第二语言教学法的发展趋势是怎样的？ … 84
39. 第二语言教学史上第一个完整的教学法体系是哪种教学法？ ……………………………… 84
40. 语法翻译法有什么特点？ ……………… 85
41. 语法翻译法有哪些不足之处？ ………… 85
42. 什么是"直接法"？ …………………… 85
43. 直接法的语言观是什么？ ……………… 85
44. "培养学习者直接用中文思维的能力"这一基本原则主要脱胎于第二语言教学法哪一流派？ …………………………………………… 85
45. 直接法有哪些主要特点？ ……………… 86
46. 直接法的局限性在哪里？ ……………… 86
47. 情境法的教学过程一般是怎样的？ …… 86
48. "情境导入法"的含义是什么？ ………… 86
49. 听说法的心理学基础是什么？ ………… 86
50. 听说法有哪些优越性？ ………………… 87
51. 听说法的教学过程可分为哪几个阶段？ … 87
52. 视听法的特点是什么？ ………………… 87
53. 认知法的定义是什么？ ………………… 87
54. 什么是团体语言学习法？ ……………… 88
55. 团体语言学习法强调哪六个基本要素？ … 88
56. 默教法的主要特点是什么？ …………… 88
57. 全身反应法的主要教学原则是什么？ … 88
58. 什么是暗示法？ ………………………… 89
59. 自然法的理论基础和理念是什么？ …… 89
60. 自然法把第二语言教学过程分为哪几个阶段？ 89
61. "引导学习者进行有意义的商讨性、交流性学习"这一基本原则主要脱胎于第二语言教学法哪一流派？ ……………………………… 89
62. 什么是"交际法"？ …………………… 89
63. 交际法主要有哪些教学步骤？ ………… 90
64. 交际法明确提出以功能、意念为纲，那么，交际大纲把语言功能分为了哪几类？ ……… 90
65. 什么是"任务型教学法"？ …………… 90

语言技能教学——听力 / 90

66. 在中文教学的不同阶段，语言技能教学有什么不同？ ………………………………… 90
67. 什么是听力理解？ ……………………… 90
68. 中文听力课教学的基本原则是什么？ … 91
69. 听力技能训练过程分为哪几个阶段？ … 91
70. 模仿是单句听力理解训练的基础手段，主要有哪几种练习方式？ ……………………… 91

语言技能教学——口语 / 91

71. 《国际中文教育中文水平等级标准》规定的初等一级口语技能的目标主要有哪些？ …… 91
72. 《国际中文教育中文水平等级标准》规定的初等二级口语技能的目标主要有哪些？ …… 92
73. 《国际中文教育中文水平等级标准》规定的初等三级口语技能的目标主要有哪些？ …… 92
74. 《国际中文教育中文水平等级标准》规定的中等四级口语技能的目标主要有哪些？ …… 92
75. 《国际中文教育中文水平等级标准》规定的中等五级口语技能的目标主要有哪些？ …… 92
76. 《国际中文教育中文水平等级标准》规定的中等六级口语技能的目标主要有哪些？ …… 92
77. 《国际中文教育中文水平等级标准》规定的高等七级口语技能的目标主要有哪些？ …… 92

78. 《国际中文教育中文水平等级标准》规定的高等八级口语技能的目标主要有哪些？ ……… 93
79. 《国际中文教育中文水平等级标准》规定的高等九级口语技能的目标主要有哪些？ ……… 93
80. 在口语课会话练习中，教师针对学生语言本身频繁纠错的行为是否可取？ ……… 93
81. 口语教材的选择有什么要求？ ……… 93
82. 口语教学中，句子的训练一般采用什么模式？ ……… 93
83. 什么是间接问答法？ ……… 94
84. 会话练习在口语教学中的应用有哪些？ ……… 94
85. 会话练习应遵循什么教学模式？ ……… 94
86. 作为一名中文口语教师，应具备哪些基本素质？ ……… 94
87. 简单的成段表达训练有哪些形式？ ……… 94
88. 教师组织辩论活动时应注意哪些问题？ ……… 94
89. "调查与报告"的实施步骤是什么？ ……… 95

语言技能教学——阅读 / 95

90. 中文阅读课教学有哪些基本原则？ ……… 95
91. 略读、泛读、跳读分别指什么？ ……… 95
92. 什么是"自下而上"的阅读模式？ ……… 95
93. 中文阅读障碍产生的原因主要有哪些？ ……… 96
94. 可以通过哪些方法理解长难句？ ……… 96
95. 在细读训练中，适用于训练"查阅"的材料包括哪些？ ……… 96
96. "阅读提示"的含义是什么？ ……… 96
97. "五步提问法"的五个层次由易到难分别是什么？ ……… 96
98. 如何提高留学生的阅读速度？ ……… 97
99. 进行阅读训练时，学生如何猜测词义？ ……… 97
100. 如何组织记叙文的课堂阅读？ ……… 97
101. 判断正误是训练阅读理解能力的一种方法，它的具体操作是什么？ ……… 97
102. "开窗口"是培养学生扩大阅读单位的一种训练方式，它的具体操作是什么？ ……… 98
103. "叠宝塔"是训练阅读速度的一种方法，具体操作是什么？ ……… 98

104. 阅读课的基本环节是什么？ ……… 98
105. 阅读教学的重点是什么？ ……… 98

语言技能教学——写作 / 98

106. 模仿写作的局限性体现在哪里？ ……… 98
107. 什么是过程写作？ ……… 98
108. 在过程写作中，一篇作文的写作大致可分为哪几个阶段？ ……… 99
109. 过程写作这一方法的优势在哪里？ ……… 99
110. 自由写作的特点是什么？ ……… 99
111. 写作教学中的语段教学包括哪几个方面？ ……… 99
112. 中文写作训练主要包括哪些内容？ ……… 99
113. 中文写作课应当遵循哪些原则？ ……… 100
114. 简单应用文的课堂教学步骤一般是怎样的？ 100
115. 初级阶段的学生可以练习哪几种常见应用文？ ……… 100
116. 中文写作教学中，应教给学生的最常用的五种表达方式是什么？ ……… 100
117. 中文写作的训练方法有哪几种？ ……… 100
118. 写作教学时，文体方面应如何安排？ ……… 101
119. 听后写是写作练习的形式之一，它的具体含义是什么？ ……… 101
120. 写作教学中，启事的具体写法是什么？ ……… 101
121. 缩写是写作教学形式的一种，那么，缩写的方法一般有哪几种？ ……… 101
122. 学生在缩写时应避免哪几种情况？ ……… 101
123. 改写也是写作教学的一种方法，那么，形式上的改写一般包括哪些？ ……… 102
124. 改写的基本步骤是什么？ ……… 102

语言要素教学——语音 / 102

125. 对于零起点的学生，语音教学应侧重什么方面？ ……… 102
126. 不同母语学习者的语音学习难点有哪些不同？请举例说明。 ……… 102
127. 教师可以采用哪些方法说明发音原理？ ……… 102
128. 现代汉语中，声母和韵母的拼合关系有什么规律？ ……… 102
129. 在进行实际语音操练时要注意什么？ ……… 103

目 录 | 7

130. 语音教学的重点包括哪些内容? …………… 103
131. 语音指导的方法包括哪些? ………………… 103
132. 语音指导中的"带音法"具体指什么? …… 103
133. 语音指导中的"对比法"具体指什么? …… 104
134. 语音指导中的"夸张法"具体指什么? …… 104
135. 语音练习包括哪些形式? …………………… 104
136. 听辨练习的作用和形式分别有哪些? ……… 104
137. 母语和目的语的语音对比一般分为哪四类情况? ……………………………………………… 104
138. 单音节层面的语音偏误一般有哪几种形式? … 104
139. 教四声时,依照怎样的顺序比较好? ……… 105
140. 有些学生发不好送气音,教师可以采用哪些方法? …………………………………………… 105
141. 利用带音法教授 z、c、s,依照怎样的顺序比较好? ………………………………………… 105
142. 可以运用什么方法教授 zh、ch、sh? …… 105
143. 可以运用什么方法讲练后鼻音 -ng? ……… 105
144. 什么是"定调常用词"? …………………… 106
145. 多音字如何进行辨析? ……………………… 106
146. 什么原因造成很多外国留学生的中文听起来洋腔洋调? ……………………………………… 106
147. "音素教学"的定义是什么? ……………… 106
148. 展示声韵母常见的方法有哪些? …………… 106
149. 语音教学中,如何用带音法教 e? ………… 106
150. 语音练习中的模仿练习包括哪两种? ……… 107
151. 什么是"辨声认读"? ……………………… 107
152. 声调教学中,示范发音的具体要求是什么? … 107
153. 中文学习者"洋腔洋调"现象体现在哪四个方面? …………………………………………… 107
154. 语音教学的基本原则有哪几点? …………… 107
155. 初级阶段的语音教学中,如何确定语音项目的难易程度? ……………………………………… 107
156. 用咬指法教卷舌音的具体方法是什么? …… 108
157. zi、ci、si 中的 -i[ɿ] 和 zhi、chi、shi、ri 的 -i[ʅ] 在发音时的区别是什么? ……………………… 108
158. 汉语词重音和英语词重音的差异是什么? … 108
159. 汉语的语调与英语的语调有什么相同之处? … 108

语言要素教学——汉字 / 108

160. 汉字教学的基本原则包括哪些内容? ……… 108
161. 根据汉字造字原理进行教学的依据是什么? … 109
162. 汉字教学中,对每个汉字要求掌握的程度都一致吗? …………………………………………… 109
163. 汉字教学应该遵循怎样的教学顺序? ……… 109
164. 不同国家和地区的学生学习汉字有什么区别? ……………………………………………… 109
165. 欧美学生书写汉字时常见的错误有哪几种? … 109
166. 为什么汉字的记忆应该放在语境中进行? … 110
167. 汉字教学的重点包括哪些内容? …………… 110
168. 一般讲解汉字分为哪几个环节? …………… 110
169. 汉字练习有哪些形式? ……………………… 110
170. 什么是汉字练习中的部件练习? …………… 110
171. 什么是汉字练习中的析写练习? …………… 110
172. 有哪些常见的汉字练习类型? ……………… 111
173. 如何利用"字族理论"教汉字? …………… 111
174. 如何理解汉字教学中的"先认后写"? …… 111
175. 汉字书写有哪些常见的偏误类型? ………… 111
176. 训练笔顺有哪些方法? ……………………… 111
177. 如何通过归纳推理法,让学生体会部首蕴含的意义? …………………………………………… 112
178. 汉字课堂教学中,常见的展示汉字的方法有哪几种? ………………………………………… 112
179. 有哪些比较有趣或有效的汉字教学方法? … 112
180. 使用卡片展示汉字有哪两种方法? ………… 112

语言要素教学——词汇 / 112

181. 根据词语训练重点的不同,可采取什么样的训练方法? ……………………………………… 112
182. 词汇教学的基本原则包括哪些内容? ……… 113
183. 讲解生词时要注意些什么? ………………… 113
184. 词汇教学的重点包括哪些内容? …………… 113
185. 词汇释义的方法主要有哪些? ……………… 113
186. 词汇练习中的"感知类练习"具体指什么? … 113
187. 词汇练习中的"应用类练习"具体指什么? … 114
188. 在中文学习的初级阶段,宜采用哪些方法解释非抽象词和抽象词? ………………………… 114

189. 词汇教学有哪些基本方法? ……………… 114
190. 词汇教学中的"语素义法"具体指什么? … 114
191. 扩大学生词汇量的方法有哪些? …………… 114
192. 在词汇教学中,"语素扩展法"具体指什么? ……………………………………………… 114
193. 在词汇教学中,"构词教学法"具体指什么? ……………………………………………… 115
194. 猜测词义主要有哪些方法? ………………… 115
195. 类聚法是词汇教学的常用方法,它的含义是什么? ………………………………………… 115
196. 词汇教学中,用翻译法解释词义有何利弊? … 116
197. 词汇教学中,教师如何利用近义词比较的方法解释词义? ………………………………… 116
198. 词汇教学中,生词展示的方法有哪些? …… 116
199. 词汇练习中,理解类练习的主要方法有哪些? ……………………………………………… 116
200. 用旧词解释新词的具体含义是什么? ……… 116
201. 例句释义的具体做法是什么? ……………… 117
202. 造句练习时,老师如何提示学生造句? …… 117
203. 中文作为第二语言的词汇教学的任务是什么? ……………………………………………… 117
204. 词汇学习有哪些具体策略? ………………… 117
205. 如何提高词汇的重现率,帮助学生保持词汇记忆? ……………………………………… 117
206. 第二语言习得中的词语偏误大致在哪几种情况下容易发生? ………………………………… 117
207. 在词汇讲解时,哪几种情况容易引起偏误? … 118
208. 英语母语者如何区分能愿动词"能""会""可以"? ……………………………………… 118
209. 表示"must"否定含义的两种形式是什么?分别对应中文的什么解释? ………………… 118
210. 帮助学生积累词汇的方法有哪些? ………… 118
211. 对于零起点的学生,怎样在课堂上快速增加词汇量? ………………………………………… 118

语言要素教学——语法 / 119

212. 中文作为第二语言教学中,语法教学的目的是什么? ……………………………………… 119
213. 语法教学的基本原则包括哪些内容? ……… 119
214. 初、中、高三个阶段语法教学的侧重有什么不同? ……………………………………………… 119
215. 语法教学的重点包括哪些内容? …………… 119
216. 什么是语法教学中的直观法? ……………… 119
217. 什么是语法教学中的情境导入法? ………… 120
218. 语法教学中的"语境教学法"具体指什么? … 120
219. 语法教学中的"演绎法"具体指什么? …… 120
220. 一般而言,语法教学有哪几种切入形式? … 120
221. 如何理解语法点讲解中的通俗性原则? …… 120
222. 如何用等式法讲授反问句? ………………… 121
223. 如何用替换法讲解"主语 + 谓语 + 趋向补语"这一语法形式? ……………………… 121
224. 如何利用图解法讲授"比"字句? ………… 121
225. 语法教学中,归纳法的含义是什么? ……… 121
226. 语法教学中,时间顺序原则的含义是什么? … 121
227. 语法练习中,常见的变换练习有哪两种? … 122
228. 语法点练习中的复述练习可以分为哪几种? … 122
229. 对语法点的归纳可以采取哪几种方法? …… 122
230. 如何让学生讲解语言点? …………………… 122
231. 用学过的知识练习语法点的作用是什么? … 122
232. 语法点练习中的机械练习主要包括哪些类型? ……………………………………………… 123
233. 语法点练习中的机械练习应注意哪些问题? … 123
234. "他因为病了(家里有事 / 没有完成作业),所以今天没来上课。"上述是语法点替换练习中的哪一种类型? ………………………… 123
235. 英语"it"有哪些与汉语"它"不对应的用法? ……………………………………………… 123
236. 英语情态动词与汉语能愿动词在语法功能上有哪些共同点? ……………………………… 123
237. 英语情态动词"may"表示的含义是什么? … 124

文化教学 / 124

238. 国际中文教学中的语言文化因素包括哪三个方面? ……………………………………… 124
239. 国际中文教学中,文化教学的基本原则有哪些? ……………………………………………… 124

240. 国际中文教学中的文化教学方法有哪些？⋯ 124
241. 国情文化教学材料组织的原理是什么？⋯⋯ 125

教学活动与游戏 / 125

242. 针对幼年语言学习者，教师在设计、组织教学活动时应注意些什么？⋯⋯⋯⋯⋯⋯ 125
243. 针对青少年语言学习者，教师在设计、组织教学活动时应注意些什么？⋯⋯⋯⋯⋯⋯ 125
244. 针对成年语言学习者，教师在设计、组织教学活动时应注意些什么？⋯⋯⋯⋯⋯⋯ 125
245. 国际中文课堂中，游戏设计的原则是什么？⋯ 125
246. 一个好的课堂游戏应具备哪些特点？⋯⋯⋯ 126

板 书 / 126

247. 什么是范写式板书？⋯⋯⋯⋯⋯⋯⋯⋯⋯ 126
248. 什么是分析式板书？⋯⋯⋯⋯⋯⋯⋯⋯⋯ 126
249. 什么是关键词语式板书？⋯⋯⋯⋯⋯⋯⋯ 126

250. 什么是提纲式板书？⋯⋯⋯⋯⋯⋯⋯⋯⋯ 126
251. 教师在设计板书时要注意哪些问题？⋯⋯⋯ 127

现代教学技术 / 127

252. 现代社会有哪些课堂上可使用的教学技术？⋯ 127
253. 现代多媒体技术对中文教学有哪些帮助作用？⋯⋯⋯⋯⋯⋯⋯⋯⋯⋯⋯⋯⋯⋯⋯⋯ 127
254. 中文教学中常用的办公软件有哪些？⋯⋯⋯ 127
255. 中文课堂中使用幻灯片时要注意什么问题？⋯ 127
256. 在幻灯片课件的设计和制作中，色彩能发挥什么作用？⋯⋯⋯⋯⋯⋯⋯⋯⋯⋯⋯⋯ 128
257. 网络教学的主要特点有哪些？⋯⋯⋯⋯⋯ 128
258. 多媒体辅助外语教学有哪些优点？⋯⋯⋯ 128
259. 什么是网络课程？⋯⋯⋯⋯⋯⋯⋯⋯⋯⋯ 128
260. 多媒体教室的基本组成要素有哪些？⋯⋯⋯ 129

第三部分　教学组织与课堂管理

教学标准与教学大纲 / 130

1. 《国际中文教育中文水平等级标准》的编写目的是什么？⋯⋯⋯⋯⋯⋯⋯⋯⋯⋯⋯⋯ 130
2. 《国际中文教育中文水平等级标准》初等水平的主要目标是什么？⋯⋯⋯⋯⋯⋯⋯⋯ 130
3. 《国际中文教育中文水平等级标准》中等水平的主要目标是什么？⋯⋯⋯⋯⋯⋯⋯⋯ 130
4. 《国际中文教育中文水平等级标准》高等水平的主要目标是什么？⋯⋯⋯⋯⋯⋯⋯⋯ 130
5. 《国际中文教育中文水平等级标准》适用范围有哪些？⋯⋯⋯⋯⋯⋯⋯⋯⋯⋯⋯⋯⋯ 131
6. 《国际中文教育中文水平等级标准》中"三等九级"指的是什么？⋯⋯⋯⋯⋯⋯⋯⋯ 131
7. 《国际中文教育中文水平等级标准》中"四维基准"指的是什么？⋯⋯⋯⋯⋯⋯⋯⋯ 131
8. 《国际中文教育中文水平等级标准》中从哪三个方面评价学习者的中文水平？⋯⋯⋯ 131

9. 《国际中文教育中文水平等级标准》中有哪四个语言量化指标？⋯⋯⋯⋯⋯⋯⋯⋯⋯ 131
10. 如何制定科学合理的中文教学大纲？⋯⋯⋯ 131
11. 语法教学大纲的主要特征是什么？⋯⋯⋯⋯ 132
12. 功能教学大纲的主要特征是什么？⋯⋯⋯⋯ 132
13. 结果性大纲和过程性大纲的区别是什么？⋯ 132
14. 在外语教学界被广泛认可的外语能力大纲有哪些？⋯⋯⋯⋯⋯⋯⋯⋯⋯⋯⋯⋯⋯⋯ 132
15. 作为重要的能力标准，ACTFL 大纲是如何描述口语能力水平的？⋯⋯⋯⋯⋯⋯⋯⋯ 133

课程设计 / 133

16. 什么是中文教学课程设计？⋯⋯⋯⋯⋯⋯⋯ 133
17. 中文教学课程设计主要包含哪几个方面？⋯ 133
18. 中文教学课程设计需要考虑哪些因素？⋯⋯ 133
19. 中文教学课程设计应遵循什么原则？⋯⋯⋯ 134

20. 中文教学课程设计的流程是怎样的? ……… 134
21. 教学内容设计主要包含哪些内容? ………… 134
22. 初级中文课可以选择哪些话题? …………… 134
23. 中高级中文课的话题选择需要注意哪些问题? …………………………………………… 135
24. 汉语综合课的特点是什么? ………………… 135
25. 针对幼年学习者的中文教学要注意哪些问题? …………………………………………… 136
26. 针对成年学习者的中文教学要注意哪些问题? …………………………………………… 136
27. 针对不同年龄阶段学生混班的情况,教师该如何设计课程? ………………………………… 136

教学计划 / 136

28. 教学计划决策是什么? ……………………… 136
29. 制定课程教学计划需要从哪些方面入手? … 136
30. 制定学期计划时要考虑哪些方面? ………… 137
31. 什么是教学策略? …………………………… 137
32. 教学策略的选取应如何联系学生的实际? … 137
33. 什么是教学需求? …………………………… 137
34. 教学需求分析主要涉及哪些方面? ………… 137
35. 教学需求的来源有哪些? …………………… 138
36. 确定教学需求的方法有哪些? ……………… 138
37. 在教学设计前,老师需要了解中文学习者的哪些信息? …………………………………… 138
38. 了解学习者的信息主要有哪些途径? ……… 138
39. 关于学生的中文水平,教师需要了解哪些内容? ………………………………………… 138
40. 可以通过哪些方法来了解语言点的难易度和使用频率? ……………………………………… 139
41. 什么是教学目标? …………………………… 139
42. 为什么要制定教学目标? …………………… 139
43. 教学目标的内容主要涉及哪几个层面? …… 139
44. 《国际中文教育中文水平等级标准》的主要内容是什么? ……………………………………… 139
45. 制定教学目标要注意哪些问题? …………… 140
46. 语言教学目标分为哪几个层次? …………… 140
47. 如何根据教学对象的中文水平制定功能化的教学目标? …………………………………… 140
48. 中文课教学任务有哪些分类? ……………… 140
49. 设计语言课教学任务要依据哪些要素? …… 141
50. 教学任务设计的基本原则是什么? ………… 141

教案编写与板书设计 / 141

51. 什么是教案? ………………………………… 141
52. 教案包含哪些基本内容? …………………… 141
53. 教案中的基本信息主要有哪些内容? ……… 141
54. 教师编写教案时,如何确定具体的教学目标? ……………………………………………… 141
55. 在设计教学环节时需要注意哪些方面? …… 142
56. 教学重点和难点有什么联系和区别? ……… 142
57. 确定中文课教学重点需要把握哪些原则? … 142
58. 如何确定中文课教学的难点? ……………… 142
59. 确定课堂教学量需要考虑哪些因素? ……… 142
60. 教案中的"教学过程"具体指什么? ……… 143
61. 板书可以有哪些布局? ……………………… 143
62. 板书需要呈现的基本内容有哪些? ………… 143
63. 板书设计有哪些要求? ……………………… 143

中文教材与教学资源 / 144

64. 中文教材有哪些分类? ……………………… 144
65. 教材选用要遵循哪些原则? ………………… 144
66. 教师分析教材可以从哪些方面入手? ……… 144
67. 教师在教学中如何对教材进行加工处理? … 144
68. 如何编写出生动有趣的中文教材? ………… 144
69. 中文教材编写的针对性原则主要体现在哪些方面? ……………………………………… 145
70. 中文教材语料的选择要依据哪些原则? …… 145
71. 中文教材在选取文化内容时应注意什么? … 145
72. 专门用途的中文教材编写应遵循哪些理念? … 145
73. 中外合编的教材编写模式有何优点? ……… 145
74. 立体化的中文教材有何优势? ……………… 146
75. 教材评估有哪些类型? ……………………… 146
76. 什么是"教学资源"? ……………………… 146
77. 中文教学资源可以分为哪几类? …………… 146
78. 如何整合网络教学资源? …………………… 146

教学组织 / 147

79. 教学组织主要有哪几种形式？ …………… 147
80. 全班教学的组织形式有何优缺点？ ……… 147
81. 中文课堂教学流程设计要遵循哪些原则？ … 147
82. 中文综合课的教学流程主要有哪几种类型？ … 147
83. 中文课的课堂教学主要包含哪几个环节？ … 148
84. 中文课教学环节的整体排序和内部排序分别指什么？ ……………………………… 148
85. 中文课上，复习环节一般采取哪些方式？ … 148
86. 中文课上，可采用哪些导入新课的方法？ … 148
87. 中文课上，新课讲解环节有哪些常见的形式？ ……………………………………… 149
88. 中文课上，操练的流程一般是怎样的？ …… 149
89. 中文课上，操练要遵循哪些原则？ ………… 149
90. 中文课上，处理课后练习要遵循哪些原则？ … 149
91. 中文课上，结课环节有哪些常见的形式？ … 149
92. 中文课上，教师该如何科学利用教学时间？ … 150
93. 中文课上，新课环节中的提问有哪些类型？ … 150
94. 中文课上，提问要遵循哪些原则？ ………… 150
95. 中文教师布置作业要注意哪些方面？ …… 150
96. 如何管理学生的作业？ ……………………… 151
97. 中文教师在批改作业时应注意哪些问题？ … 151
98. 什么是教学日志？ …………………………… 151
99. 教学日志主要从哪几个方面总结？ ………… 151
100. 教具有哪些分类？ ………………………… 151
101. 选用教具的原则是什么？ ………………… 152
102. 使用教具时要注意哪些问题？ …………… 152

教学活动 / 152

103. 什么是教学活动？ ………………………… 152
104. 课堂教学活动有哪些分类？ ……………… 152
105. 教学活动设计的基本要素有哪些？ ……… 152
106. 教学活动设计要遵循哪些基本原则？ …… 152
107. 如何使课堂活动具有可操作性？ ………… 153
108. 课堂活动设计如何体现互动性？ ………… 153
109. 中文课上，小组活动有哪些分组方式？ … 153
110. 有哪些常见的任务型课堂活动？ ………… 153
111. 什么是信息差活动？ ……………………… 154
112. 如何利用信息差设计课堂活动？ ………… 154
113. 中文课常用的语言活动有哪几类？ ……… 154
114. 中文教师如何设计有效的采访类课堂活动？ … 154
115. 中文课上组织课堂游戏的流程是怎样的？ … 154
116. 中文课上组织课堂游戏要注意哪些方面？ … 155
117. 中文教师在课堂游戏中的作用是什么？ … 155

课堂管理 / 155

118. 中文课堂管理主要包含哪些因素？ ……… 155
119. 课堂管理需要遵循哪些原则？ …………… 155
120. 中文教师如何在课堂管理中贯彻公平原则？ … 156
121. 竞争型教育文化和参与型教育文化的特征有何不同？ …………………………… 156
122. 竞争型教育文化与参与型教育文化中的中文课有何不同？ ……………………… 156
123. 可以从哪些方面了解海外学校的中文教学环境？ ……………………………… 156
124. 了解某校的外语教育情况可以从哪些方面入手？ ……………………………… 157
125. 什么是区域中文认知度？ ………………… 157
126. 如何构建良好的教室物理环境？ ………… 157
127. 如何构建良好的课堂心理环境？ ………… 157
128. 合理布置教室需要注意哪些问题？ ……… 158
129. 怎样有效安排学生的座位？ ……………… 158
130. 座位排列主要有哪些形式？ ……………… 158
131. 影响中文课堂气氛的因素有哪些？ ……… 159
132. 中文教师如何在开学第一节课营造良好的课堂气氛？ ……………………………… 159
133. 如何在课堂上营造中文学习的语言环境？ … 159
134. 制定课堂规则时需要注意什么？ ………… 160
135. 与学生共同制定课堂规则的流程是什么？ … 160
136. 学生问题行为产生的因素有哪些？ ……… 160
137. 学生的问题行为主要有哪些类型？ ……… 160
138. 处理学生问题行为的步骤是什么？ ……… 160
139. 怎么应对问题学生？ ……………………… 161
140. 处理课堂偶发事件有哪些方法？ ………… 161
141. 中文教师可以实施哪些奖励机制？ ……… 161
142. 如何检查学生的出勤情况？ ……………… 161

143. 有哪些吸引学生注意力的方法? ………… 162
144. 有的学生逐渐对学习任务失去兴趣怎么办? … 162
145. 有的学生不愿意在中文课堂上开口练习怎么办? ………………………………………… 162
146. 有的学生在中文课堂上总喜欢抢答问题怎么办? ………………………………………… 163
147. 有的学生在分组活动中偷懒怎么办? ……… 163
148. 有的学生在课上骂脏话怎么办? …………… 163
149. 有的学生在中文课上提到政治敏感问题怎么办? ………………………………………… 163
150. 有的学生课上跟你发生正面冲突怎么办? … 164
151. 有的学生上课总是迟到怎么办? …………… 164
152. 有的学生在课上哭了怎么办? ……………… 164
153. 有的学生在课堂上情绪失控怎么办? ……… 164
154. 与学生面谈时需要注意哪些问题? ………… 164
155. 如何处理学生的作弊行为? ………………… 165
156. 中文教师给学生写评语时应注意哪些方面? … 165

课外活动 / 165

157. 校内中文活动主要有哪些形式? …………… 165
158. 课外中文活动的特点及作用是什么? ……… 165
159. 组织课外活动的基本程序是什么? ………… 166
160. 如何根据学习者的性格特点组织课外活动? 166

测试与评估 / 166

161. 语言测试的作用是什么? …………………… 166
162. 按测试的目的分,语言测试有哪几种? …… 166
163. 按评分的客观化程度分,语言测试有哪几种? ………………………………………… 167
164. 按测验方式分,语言测试有哪几种? ……… 167
165. 按分数解释的方法分,语言测试有哪几种? … 167
166. 成绩测试和诊断测试有何异同? …………… 167
167. 成绩测试和水平测试有何不同? …………… 168
168. 学能测试、成绩测试、水平测试、诊断测试分别有哪些测试形式? …………………… 168
169. 客观性测试和主观性测试分别有哪些形式? … 168

170. 什么是信度? ………………………………… 168
171. 影响测试信度的主要因素有哪些? ………… 168
172. 什么是效度? ………………………………… 169
173. 影响测试效度的主要因素有哪些? ………… 169
174. 检测测试的效度需要注意哪些方面? ……… 169
175. 如何判断测试的难易度? …………………… 169
176. 中文教师什么情况下需要进行分班考试? … 169
177. 中文教师如何设计分班考试? ……………… 170
178. 中文教师如何根据分班考试结果进行分班? … 170
179. 常见的语言测试题型有哪些? ……………… 170
180. 直接式口语测试和半直接式口语测试有什么区别? ……………………………………… 170
181. 间接式写作测试和直接式写作测试有什么区别? ……………………………………… 170
182. 教师在选择题型时需要考虑哪些问题? …… 171
183. 选择题在结构上由哪几个部分组成? ……… 171
184. 选择题的题干有哪几种类型? ……………… 171
185. 设计选择题时需要注意哪些问题? ………… 171
186. 中文试卷中选择题题型有何优缺点? ……… 172
187. 中文试卷的填空题题型有何优缺点? ……… 172
188. 设计正误判断题时需要注意哪些问题? …… 172
189. 设计改写句子题时需要注意哪些问题? …… 172
190. 准备听力测试题的材料要注意哪些问题? … 172
191. 中文听力测试材料中能否出现生词? ……… 172
192. 在设计写作能力测试时,应遵循哪些原则? … 173
193. 在中文综合测试中,怎样合理安排测试内容的顺序? …………………………………… 173
194. 编制一套中文测试卷有哪些注意事项? …… 173
195. 设计卷面时要注意哪些问题? ……………… 173
196. 教学评价主要包括哪些方面? ……………… 174
197. 教学评价有哪几种类型? …………………… 174
198. 对教师的评价主要包括哪些内容? ………… 174
199. 对教师的评价主要有哪些方式? …………… 174
200. 对学生进行评价要遵循什么原则? ………… 175

第四部分 中华文化与跨文化交际

中国文化知识

思想学术 / 176
1. 孔孟之道的主要思想是什么? ……… 176
2. 老庄学说的主要思想是什么? ……… 176
3. 墨家学说的主要思想是什么? ……… 176
4. 法家学说的主要思想是什么? ……… 177
5. 什么是"玄学"? ……………………… 177
6. 什么是"朴学"? ……………………… 177

典章制度 / 177
7. 我国的典籍目录有哪些类别? ……… 177
8. "三坟五典"具体指什么? ………… 178
9. 《通典》的具体内容是什么? ……… 178
10. 《文献通考》的具体内容是什么? … 178
11. "四书五经"具体指什么? ………… 178
12. "经、史、子、集"具体指什么? … 178
13. 宗法制的具体内容是什么? ………… 179
14. 分封制的具体内容是什么? ………… 179
15. 中国封建社会的等级观念在颜色上是如何体现的? …………………………………… 179
16. 古代郡县制是如何发展的? ………… 179
17. "道路制"具体指什么? …………… 179
18. 在中国古代官制中,"三台"具体指什么? … 180
19. 《大唐氏族志》中的望族和大姓有哪些? … 180
20. "郡望"具体指什么? ……………… 180
21. 什么是"会馆"? …………………… 180

文化教育 / 181
22. 国子监的职能有哪些? ……………… 181
23. "六学二馆"具体指什么? ………… 181
24. "六艺"具体指什么? ……………… 181
25. 《颜氏家训》的主要内容是什么? … 181
26. 明清科举包括哪些考试? …………… 182
27. 我国的"四大书院"指哪几座书院? … 182
28. 我国著名的藏书楼有哪些? ………… 182
29. 我国最早的石刻文字是什么? ……… 182
30. 什么是"隶变"? …………………… 182
31. 中国古代有关汉字的著作有哪些? … 182
32. "训诂"具体指什么? ……………… 183
33. 我国古代著名的辞书有哪些? ……… 183

历　史 / 183
34. 什么是"仰韶文化"? ……………… 183
35. "春秋五霸"和"战国七雄"具体指什么? … 183
36. "合纵连横"是什么意思? ………… 183
37. "李悝变法"具体指什么? ………… 183
38. "吴起变法"具体指什么? ………… 184
39. 什么是"文景之治"? ……………… 184
40. 什么是"贞观之治"? ……………… 184
41. 什么是"澶渊之盟"? ……………… 184
42. 什么是"靖康之难"? ……………… 184
43. 郑和下西洋途经哪些地方? ………… 184
44. 太平天国运动有哪些代表人物? …… 185
45. 晚清签订了哪些丧权辱国的条约? … 185
46. 什么是"洋务运动"? ……………… 185
47. 什么是"兴中会"? ………………… 185
48. "丝绸之路"途经哪些地方? ……… 186
49. 唐代"海上丝绸之路"途经哪些地方? … 186
50. "二十四史"具体指哪些史书? …… 186
51. 《史记》的体裁有什么特征? ……… 186
52. 请列举中外交流过程中,西方人书写的有关中国的书籍。 ……………………………… 186

地　理 / 187
53. "五岳"指哪几座山? ……………… 187
54. "三壶山"具体指什么? …………… 187
55. "五湖"指哪几片湖泊? …………… 187
56. 我国"四大高原""四大盆地"和"三大平原"各指什么? …………………………… 187
57. 黄河流经哪些省市? ………………… 187
58. 长江流经哪些省市? ………………… 187

59. 中国的菜系是如何分类的? ……………… 188

宗　教 / 188

60. 什么是"法相宗"? ………………………… 188
61. 什么是"律宗"? …………………………… 188
62. "达赖"的称号是如何得来的? …………… 188
63. 道教内部分为哪些宗派? ………………… 189
64. "三清"具体指什么? ……………………… 189
65. 基督教教义的经典是什么? ……………… 189
66. 基督教有哪些派别? ……………………… 189
67. 基督教内部是如何组织的? ……………… 189
68. 中国伊斯兰教"四大清真寺"是哪四座寺庙? … 190
69. 中国有哪些极具特色的清真寺? ………… 190
70. 《古兰经》的主要内容是什么? …………… 190

文　学 / 190

71. 《诗经》的主要内容是什么? ……………… 190
72. 《诗经》的主要表现手法有哪几种? ……… 190
73. 《楚辞》的主要内容有哪些? ……………… 191
74. 先秦历史散文主要有哪些代表作? ……… 191
75. "汉赋四大家"具体指哪四个人? ………… 191
76. 《乐府诗集》主要内容有哪些? …………… 191
77. 什么是"建安文学"? ……………………… 192
78. "山水诗派"的代表人物有哪些? ………… 192
79. 什么是"永明体"? ………………………… 192
80. 唐诗主要有哪些流派? …………………… 192
81. 什么是"古文运动"? ……………………… 193
82. 唐传奇有哪些经典作品? ………………… 193
83. 什么是"花间派"? ………………………… 193
84. 宋词主要有哪些流派? …………………… 193
85. 什么是"江西诗派"? ……………………… 194
86. "唐宋八大家"具体指哪些人? …………… 194
87. 宋元讲史有哪些代表作? ………………… 194
88. "元曲四大家"具体指哪四个人? ………… 194
89. 元杂剧的活动中心发生过怎样的变化? 代表剧目有哪些? ……………………………… 195
90. 《西厢记》的作者是谁? 内容是什么? …… 195
91. 明代散文有哪些派别? …………………… 195
92. 明代戏曲可分为哪两个派别? …………… 195
93. 冯梦龙的"三言"具体指什么? …………… 196
94. 《三国演义》的主要内容是什么? ………… 196
95. 《水浒传》的主要内容是什么? …………… 196
96. 《西游记》的主要内容是什么? …………… 196
97. 《红楼梦》的主要内容是什么? …………… 197
98. 清代著名的散文作品有哪些? …………… 197
99. 古代文人有什么特别的号? ……………… 197

艺　术 / 197

100. 画论中的"六法"具体指什么? ………… 197
101. 画论中的"四格"具体指什么? ………… 198
102. "心师造化"和"迁想妙得"具体指什么? … 198
103. "六朝三杰"指哪三位著名画家? 他们分别有什么独特的成就? …………………… 198
104. 《游春图卷》的作者是谁? 他的主要贡献是什么? ……………………………………… 199
105. 《历代帝王图卷》的作者是谁? 他的主要贡献是什么? ………………………………… 199
106. "画圣"指的是谁? 他在艺术上的主要贡献是什么? ……………………………………… 199
107. 明代有哪些著名的画家? ……………… 199
108. "扬州八怪"指哪些清代书画家? ……… 199
109. "书法九势"具体指什么? ……………… 200
110. 中国古代成就卓越的书法家有哪些? … 200
111. "五音"具体指什么? …………………… 200
112. 目前我国保存最好、音律最全的编钟是什么? ……………………………………… 200
113. 什么是"筶篌"? ………………………… 201
114. "六舞"具体指什么? …………………… 201
115. 什么是"傩舞"? ………………………… 201
116. 京剧是如何形成的? …………………… 201
117. 京剧可以分为哪些流派? ……………… 201
118. 除京剧外,我国还有哪些常见的地方剧种? … 201

建筑与园林 / 202

119. 中国现存的古城主要有哪些? ………… 202
120. 中国古代各主要朝代的都城在哪里? … 202
121. 唐代的城市布局有什么特色? ………… 202
122. "唐三宫"具体指什么? ………………… 203

123. 中国古代殿顶的装饰有什么讲究? ………… 203
124. 北京现存的王府有哪些? ………………… 203
125. "明十三陵"具体指哪些陵墓? …………… 203
126. 明长城有哪几道防线? …………………… 204
127. 中国古代有哪些著名的水利工程? ……… 204
128. 中国的历史名桥有哪些? ………………… 204
129. 中国"四大名刹"指哪几座寺庙? ………… 204
130. 中国古代塔的造型有哪些种类? ………… 205
131. 中国园林可以如何分类? ………………… 205
132. 中国"四大名园"具体指什么? …………… 205
133. 中国"江南三大名楼"具体指什么? ……… 205
134. 徽派民居建筑有哪些特点? ……………… 205

科 技 / 206

135. "七曜"具体指什么? ……………………… 206
136. "干支纪日法"具体指什么? ……………… 206
137. "二十四节气"的具体内容指什么? ……… 206
138. 古代中国人在数学上有哪些成就? ……… 206
139. 中国古代医学著作有哪些? ……………… 206
140. 古代医学中的"四诊八纲"是什么意思? … 207
141. 中医理论中的"金元四大家"是谁? ……… 207
142. 中国古代的"药王"是谁?他有哪些卓越的贡献? ……………………………………… 207
143. 《本草纲目》出版于何时?外传于何时? … 208
144. 中国古代农学著作有哪些? ……………… 208
145. 中国"十大名茶"具体指什么? …………… 208
146. 《茶经》的具体内容是什么? ……………… 208
147. 中国人是如何发明指南针的? …………… 209
148. 中国人是如何发明火药的? ……………… 209
149. 中国人是如何发明造纸术的? …………… 209
150. 中国人是如何发明印刷术的? …………… 209
151. 《天工开物》的主要内容是什么? ………… 209
152. 宋代"五大名窑"具体指什么? …………… 209

节庆礼俗 / 210

153. 春节有哪些传统习俗? …………………… 210
154. 元宵节有哪些传统习俗? ………………… 210
155. "三月三"有哪些传统习俗? ……………… 210
156. 清明节有哪些传统习俗? ………………… 211
157. 端午节有哪些传统习俗? ………………… 211
158. 七夕节有哪些习俗? ……………………… 211
159. 中秋节有哪些习俗? ……………………… 211
160. 重阳节有哪些习俗? ……………………… 212
161. 腊八节有哪些习俗? ……………………… 212
162. 中国传统文化中,不同的颜色分别有什么含义? ………………………………………… 212
163. "六礼"具体指什么? ……………………… 212

典故与名句 / 212

164. "秦晋之好"来源于什么历史典故? ……… 212
165. "问鼎中原"来源于什么历史典故? ……… 213
166. "有恃无恐"来源于什么历史典故? ……… 213
167. "悬梁刺股"讲的是谁的典故? …………… 213
168. "羊左之交"来源于什么历史典故? ……… 213
169. "才高八斗"讲的是谁的典故? …………… 214
170. "鸟尽弓藏,兔死狗烹"讲的是谁的典故? … 214
171. "洛阳纸贵"讲的是谁的典故? …………… 214
172. "士别三日,刮目相待"来源于什么历史典故? ………………………………………… 214
173. "草木皆兵"来源于什么历史典故? ……… 214
174. "破镜重圆"来源于什么历史典故? ……… 215
175. "咏絮才高"讲的是谁的典故? …………… 215
176. "信口雌黄"讲的是谁的典故? …………… 215
177. "请君入瓮"来源于什么历史典故? ……… 215
178. "奉旨填词"讲的是谁的典故? …………… 215
179. "沆瀣一气"讲的是谁的典故? …………… 216
180. "梅妻鹤子"来源于什么历史典故? ……… 216
181. "力透纸背"讲的是谁的典故? …………… 216
182. "胸有成竹"来源于什么历史典故? ……… 216
183. "怀璧其罪"来源于什么历史典故? ……… 216
184. 《论语》中有什么名句? …………………… 217
185. 《孟子》中有什么名句? …………………… 217
186. 《老子》中有什么名句? …………………… 217
187. 《庄子》中有什么名句? …………………… 218
188. 陶渊明有什么名句? ……………………… 218
189. 李白有什么名句? ………………………… 219
190. 杜甫有什么名句? ………………………… 219

191. 白居易有什么名句? ……… 219
192. 苏轼有什么名句? ……… 220
193. 李清照有什么名句? ……… 220
194. 朱熹有什么名句? ……… 220

跨文化交际

195. 对"文化"这一概念应如何理解? ……… 221
196. 文化具有哪些特性? ……… 221
197. "文化冰山理论"具体是什么? ……… 221
198. 什么是"亚文化"? ……… 222
199. "文化全球化"的含义是什么? ……… 222
200. 文化更新的原则有哪些? ……… 222
201. 在多元文化中,"大熔炉"的文化内涵是什么? ……… 222
202. 什么是跨文化交际? ……… 222
203. 跨文化交际能力包括哪几个要素? ……… 222
204. 在跨文化交际中,"策划方略"具体指什么? ……… 223
205. 在跨文化交际中,"话题上指"具体指什么? ……… 223
206. 在跨文化交际中,"编码"和"译码"具体指什么? ……… 223
207. 跨文化训练的方式大致可分为哪几类? ……… 223
208. 跨越文化障碍需要遵循哪些原则? ……… 224
209. 什么是"高语境文化"? ……… 224
210. 什么是"低语境文化"? ……… 224
211. 高语境文化与低语境文化中的冲突有何差异? ……… 224
212. 什么是"民族中心主义"? ……… 225
213. 在跨文化交际中,我们如何克服民族中心主义,争取有效交际? ……… 225
214. 言语行为的"三分法"具体指什么? ……… 225
215. 什么是会话的"合作原则"? ……… 225
216. 什么是会话的"礼貌原则"? ……… 226
217. 什么是"文化休克"? ……… 226
218. "文化休克"的应对策略有哪些? ……… 226
219. 文化适应的过程包括哪几个阶段? ……… 226
220. 什么是"定型观念"? ……… 227
221. 什么是"萨丕尔—沃尔夫假说"? ……… 227
222. 在跨文化交际中,什么是"一般文化的研究方法"和"特殊文化的研究方法"? ……… 227
223. 在跨文化交际中,什么是"移情"? ……… 227
224. 直线式时间观念是怎样的? ……… 227
225. 变通式时间观念是怎样的? ……… 228
226. 轮回式时间观念是怎样的? ……… 228
227. 中国社会"差序格局"具体指什么? ……… 228
228. 中国人的关系取向具体指什么? ……… 228
229. "情感型人际关系取向"具体指什么? ……… 228
230. "工具型人际关系取向"具体指什么? ……… 229
231. 一般来说,中美两国人际关系取向有何差异? ……… 229
232. 中国人具有怎样的面子观念? ……… 229
233. 一般说来,中国人的宴会活动如何安排座位? ……… 229
234. 西方有哪些餐桌礼仪? ……… 230
235. 美国人在话轮转换时常有哪些表现? ……… 230
236. 在交往过程中,西方人赠送礼物会注意什么? ……… 230
237. 在英语国家,在胸前画"十"字的动作有什么内涵? ……… 231
238. 在不同文化中,竖起大拇指的动作内涵有何差异? ……… 231
239. 中国社会的群体取向是怎样的? ……… 231
240. 西方社会的个人取向是怎样的? ……… 231
241. 中国文化的"求稳"心态有哪些表现? ……… 231
242. 西方文化的"求变"心态有哪些表现? ……… 231
243. 中国文化中的人性论是怎样的? ……… 232
244. 西方文化中的人性论是怎样的? ……… 232

245. 中国人的隐私观念是怎样的？ ………… 232
246. 美国人的隐私观念是怎样的？ ………… 232
247. 中国人是怎样调节隐私的？ …………… 232
248. 美国人是怎样调节隐私的？ …………… 233
249. 在中国，人们是如何告别的？ ………… 233
250. 在英语国家，人们是如何告别的？ …… 233
251. 中国人的具象思维是怎样的？ ………… 233
252. 西方人的抽象思维是怎样的？ ………… 233
253. 中国人的整体性思维是怎样的？ ……… 233
254. 西方人的分析性思维是怎样的？ ……… 234
255. 中国人有怎样的道歉习惯？ …………… 234
256. 美国人有怎样的道歉习惯？ …………… 234
257. 在中国文化中，表达"请求"的方式有哪些？
　　　　　　　　　　　　　　　　　　234
258. 在英美文化中，表达"请求"的方式有哪些？
　　　　　　　　　　　　　　　　　　234
259. 中国的称呼系统有何特征？ …………… 235
260. 西方的称呼系统有何特征？ …………… 235
261. 中国人有怎样的邀请习惯？ …………… 235
262. 美国人有怎样的邀请习惯？ …………… 235
263. 中西方在提出要求时有何差异？ ……… 236
264. 中西方在提出批评时有何差异？ ……… 236
265. 中西方教师在课堂教学上有何差异？ … 236
266. 中西方课堂纪律有何差异？ …………… 236
267. 中西方在"胖"一词的使用上有何差异？ … 236
268. 中西方在"老"一词的使用上有何差异？ … 237
269. "黄"这种颜色在中国文化中有怎样的内涵？
　　　　　　　　　　　　　　　　　　237
270. "黄"这种颜色在英语国家有怎样的内涵？ … 237
271. "红"这种颜色在中国文化中有怎样的内涵？
　　　　　　　　　　　　　　　　　　237
272. "红"这种颜色在英语国家有怎样的内涵？ … 237
273. "政治（politics）"在中国有怎样的内涵？ … 238
274. "政治（politics）"在英语国家有怎样的内涵？ ……………………………………… 238
275. "知识分子（intellectual）"在中国有怎样的内涵意义？ ……………………………… 238
276. "知识分子（intellectual）"在英语国家有怎样的内涵？ ……………………………… 238
277. "农民（peasant）"在中国有怎样的内涵？ … 238
278. "农民（peasant）"在英语国家有怎样的内涵？ ……………………………………… 238
279. "龙（dragon）"在中国文化中有怎样的内涵？ ……………………………………… 239
280. "龙（dragon）"在西方文化中有怎样的内涵？ ……………………………………… 239
281. "猫头鹰（owl）"在中国文化中有怎样的内涵？ ……………………………………… 239
282. "猫头鹰（owl）"在英语国家有怎样的内涵？ ……………………………………… 239
283. "孔雀（peacock）"在中国文化中有怎样的内涵？ …………………………………… 239
284. "孔雀（peacock）"在英语国家有怎样的内涵？ …………………………………… 239
285. "狗（dog）"在中国文化中有怎样的内涵？ ……………………………………… 239
286. "狗（dog）"在英语国家有怎样的内涵？ … 240
287. "9"在中国文化中有怎样的内涵？ …… 240
288. 偶数在中国文化中有怎样的内涵意义？ … 240
289. "13"在英语国家有怎样的内涵？ …… 240
290. "7"在西方文化中有怎样的内涵？ …… 240

第五部分　职业道德与专业发展

职业道德 / 241

1. 国际中文教师的综合素质包括哪些内容？ … 241
2. 什么是国际中文教师职业价值观？ ……… 241
3. 国际中文教师的职业价值有何特点？ …… 241
4. 国际中文教师应遵守法律，这里的"法律"具体指什么？ ………………………………… 241

5. 国际中文教师职业道德指什么? ……… 242
6. 国际中文教师职业道德有何特征? ……… 242
7. 国际中文教师职业道德包含哪些方面? ……… 242
8. 国际中文教师职业道德包含哪些内容? ……… 242
9. 良好的国际中文教师职业道德有什么作用? … 243
10. 国际中文教师应该如何提高职业道德水平? … 243

心理素质 / 243

11. 国际中文教师的心理素质指什么? ……… 243
12. 国际中文教师心理素质主要包含哪些内容? … 243
13. 良好的教师心理素质有何意义? ……… 244
14. 国际中文教师的心理健康指什么? ……… 244
15. 国际中文教师心理健康的标准是什么? ……… 244
16. 国际中文教师应具备哪些积极的态度? ……… 244
17. 国际中文教师心理承受力的含义是什么? … 244
18. 国际中文教师提高自身心理承受力有何必要性? ……… 245
19. 良好的心理承受力有哪些具体表现? ……… 245
20. 国际中文教师为什么应学会自我调节? ……… 245
21. 国际中文教师如何评定自身心理健康状况? … 245
22. 国际中文教师出现抑郁的原因可能有哪些? … 245
23. 国际中文教师出现焦虑的原因可能有哪些? … 246
24. 国际中文教师出现抑郁、焦虑,应该如何应对? ……… 246
25. 常见的情绪调节方法有哪些? ……… 246
26. 国际中文教师出现适应问题,应该如何应对? ……… 246
27. 国际中文教师出现心理失衡问题,应该如何应对? ……… 246
28. 国际中文教师如何形成正确的自我意识? … 247
29. 国际中文教师的教育效能感指什么? ……… 247
30. 教育效能感与教师的自我意识有何关系? … 247
31. 教育效能感如何影响国际中文教师的行为? … 247
32. 国际中文教师如何提高教育效能感? ……… 247

人际关系 / 248

33. 国际中文教师需要建立哪些良好的人际关系? ……… 248
34. 在国际中文教育工作中,国际中文教师主要承担哪些角色? ……… 248
35. 国际中文教师应该如何建立良好的师生关系? ……… 248
36. 良好的师生关系有几个发展阶段? ……… 248
37. 国际中文教师如何在中文课堂上促进师生关系? ……… 249
38. 什么是"同理心"? ……… 249
39. 国际中文教师应该如何正确理解同理心? … 249
40. 国际中文教师如何促进对学生的同理心? … 249
41. 国际中文教师不能与学生同理会产生什么后果? ……… 249
42. 国际中文教师应该如何建立良好的同事关系? ……… 249
43. 国际中文教师如何处理好与学校领导的关系? ……… 250
44. 国际中文教师如何获得海外学校领导的支持? ……… 250
45. 国际中文教师如何与家长建立良好的人际关系? ……… 250

教学行为 / 250

46. 国际中文教师着装应该注意哪些事项? ……… 250
47. 什么是"体态语"? ……… 250
48. 什么是"空间语言"? ……… 251
49. 运用体态语对国际中文教师有何帮助? ……… 251
50. 国际中文教师运用体态语需要注意什么问题? ……… 251
51. 国际中文教师需要了解学生哪些方面的差异? ……… 251
52. 国际中文教师如何保持、增强学生中文学习动机? ……… 251
53. 国际中文教师在课堂上应具备何种状态? … 252
54. 国际中文教师除教学以外,还应在课堂上发挥什么作用? ……… 252
55. 国际中文教师表扬学生要注意什么问题? … 252
56. 国际中文教师指出学生问题时要注意什么? … 252
57. 国际中文教师应如何处理个别学生的问题? … 252

58. 国际中文教师与学生沟通要避免哪些不当的言语行为? ... 253
59. 国际中文教师如何积极聆听? ... 253
60. 国际中文教师如何提高聆听的效果? ... 253
61. 国际中文教师如何在聆听过程中回应学生? ... 253
62. 国际中文教师如何写学生评语? ... 254
63. 国际中文教师权威指什么? ... 254
64. 国际中文教师应该如何正确理解教师权威? ... 254
65. 国际中文教师的权威主要有哪些来源? ... 254
66. 哪些因素会影响国际中文教师的威信? ... 254
67. 国际中文教师如何维护与发展教师威信? ... 255
68. 国际中文教师民主型领导方式指什么? ... 255

学校管理 / 255

69. 常见的学校组织结构有哪些? ... 255
70. 什么是学校委员会? ... 255
71. 国际中文教师需要了解任教学校的哪些信息? ... 255
72. 西方国家的教育评价对国际中文教师课堂教学有何影响? ... 255
73. 什么是"社区"? ... 256
74. 国际中文教师为什么应该了解社区组织? ... 256
75. 国际中文教师要从哪些方面了解社区? ... 256
76. 国际中文教师为什么应该了解社区风俗传统? ... 256
77. 国际中文教师为什么应该了解社区成员的情况? ... 256
78. 国际中文教师为什么应该了解社区活动? ... 256
79. 国际中文教师为什么要了解社区设施? ... 256
80. 国际中文教师如何建立学校与社区的良好关系? ... 257
81. 什么是教师工会? ... 257
82. 什么是家长志愿者? ... 257
83. 家长志愿者有何意义? ... 257
84. 国际中文教师如何利用家长志愿者这一形式? ... 257
85. 国际中文教师怎样开好家长会? ... 257
86. 国际中文教师如何准备家长会? ... 258

87. 家长会的一般流程是什么? ... 258
88. 国际中文教师在家长会上应如何向家长说明学生的表现? ... 258
89. 国际中文教师开家长会时应如何与家长交流? ... 258
90. 家长会会后主要有哪些后续工作? ... 259

合作教学 / 259

91. 国际中文教师的合作精神体现在哪些方面? ... 259
92. 国际中文教师树立合作精神有何必要性? ... 259
93. 什么是"合作教学"? ... 259
94. 中外教师有哪些合作教学模式? ... 259
95. 中外教师合作有哪些优势? ... 260
96. 合作教学对国际中文教师有何意义? ... 260
97. 中外教师合作要注意哪些问题? ... 260
98. 中外教师合作教学涉及哪些环节? ... 260
99. 中外教师合作教学要在课前做好哪些工作? ... 260
100. 中外教师合作备课包括哪些内容? ... 261
101. 中外教师如何合作备课? ... 261
102. 中外教师合作备课要注意避免什么问题? ... 261
103. 中外教师如何合作授课? ... 261
104. 中外教师关于教学考核与测评要做好哪些工作? ... 261
105. 什么是中外教师的课后合作? ... 261
106. 如何促进中外教师合作教学? ... 262
107. 中外合作教师如何促进和谐的人际关系? ... 262
108. 中外教师如何加强互动? ... 262

教学反思 / 262

109. 什么是反思性教学? ... 262
110. 反思性教学有何特点? ... 262
111. 反思教学可从哪些方面入手? ... 263
112. 为什么有必要成长为反思性国际中文教师? ... 263
113. 在国际中文教学中,进行反思性教学有何意义? ... 263
114. 反思性教学的一般过程是什么? ... 263
115. 教学反思有哪些类别? ... 264
116. 课前反思包含哪两个层次? ... 264

117. 国际中文教师可以围绕哪些问题来进行课前
　　 反思？………………………………………… 264
118. 课中反思有何特点？………………………… 264
119. 课中反思对教师有何要求？………………… 264
120. 课后反思包括哪些内容？…………………… 265
121. 什么是自发性反思？………………………… 265
122. 什么是理性式反思？………………………… 265
123. 什么是发展性反思？………………………… 265
124. 进行反思性教学的方法有哪些？…………… 265
125. 培养反思性国际中文教师的客观条件有哪些？
　　 …………………………………………………… 266
126. 反思性教学对国际中文教师有何要求？…… 266
127. 国际中文教师写教学反思可遵循什么结构？… 266
128. 教学日志的常用形式有哪些？……………… 266
129. 教学日志的语言有何特点？………………… 267
130. 写教学日志时要注意哪些问题？…………… 267
131. 国际中文教师如何撰写课程报告？………… 267

教学研究 / 267

132. 研究型国际中文教师有何特点？…………… 267
133. 提倡研究型教师有何意义？………………… 267
134. 如何成为研究型国际中文教师？…………… 268
135. 什么是定性研究？…………………………… 268
136. 什么是定量研究？…………………………… 268
137. 定性研究和定量研究有何不同？…………… 268
138. 定性研究和定量研究有何联系？…………… 268
139. 如何评价定性研究？………………………… 268
140. 如何评价定量研究？………………………… 269
141. 教育科学研究的一般过程是什么？………… 269
142. 选择研究问题主要有哪些原则？…………… 269
143. 如何选择研究问题？………………………… 269
144. 选择研究问题有何注意事项？……………… 270
145. 如何明确研究问题？………………………… 270
146. "界定核心概念"指什么？………………… 270
147. 研究变量有哪些？…………………………… 270
148. 研究假设有哪些类型？……………………… 270
149. 有哪些常用的随机取样方式？……………… 271
150. 进行文献回顾有何意义？…………………… 271

151. 常用的期刊论文数据库有哪些？…………… 271
152. 如何收集文献资料？………………………… 271
153. 文献综述主要由哪些内容构成？…………… 272
154. 撰写文献综述有何注意事项？……………… 272
155. 研究设计时要考虑哪些问题？……………… 272
156. 研究方案一般由哪些内容构成？…………… 272
157. 定量研究报告由哪几部分组成？…………… 272
158. 撰写定性研究报告要考虑哪些问题？……… 272
159. 教育科学研究有哪些常用方法？…………… 273
160. 什么是实验研究法？………………………… 273
161. 实验研究法有哪些类型？…………………… 273
162. 实验研究法的一般步骤是什么？…………… 273
163. 实验研究法有什么优点？…………………… 273
164. 实验研究法有什么局限性？………………… 274
165. 什么是调查研究法？………………………… 274
166. 调查研究法有哪些类型？…………………… 274
167. 调查研究法的一般步骤是什么？…………… 274
168. 调查研究法有什么优点？…………………… 274
169. 调查研究法有什么局限性？………………… 275
170. 调查问卷一般由哪几部分组成？…………… 275
171. 编写问卷题目要注意哪些问题？…………… 275
172. 如何排列问卷题目？………………………… 275
173. 如何提高问卷的回收率？…………………… 276
174. 什么是观察研究法？………………………… 276
175. 观察研究法有哪些类型？…………………… 276
176. 观察研究法的一般步骤是什么？…………… 276
177. 观察研究法有什么优点？…………………… 276
178. 观察研究法有什么局限性？………………… 277
179. 什么是行动研究？…………………………… 277
180. 行动研究有何特点？………………………… 277
181. 行动研究主要有哪些模式？………………… 277
182. 行动研究的一般过程是什么？……………… 278
183. 行动研究有什么优点？……………………… 278
184. 行动研究有什么局限性？…………………… 278
185. 行动研究对国际中文教师有何意义？……… 278
186. 实施行动研究对国际中文教师有何具体要
　　 求？……………………………………………… 278

专业发展 / 279

187. 什么是国际中文教师专业发展? ……… 279
188. 国际中文教师专业发展有何特征? ……… 279
189. 教师专业发展的基本内容有哪些? ……… 279
190. 国际中文教师应具备哪些专业知识? ……… 279
191. 国际中文教师的专业能力包括哪些? ……… 279
192. 理想的教师人格有哪些? ……… 279
193. 什么是教师专业思想? ……… 280
194. 什么是教师专业自我? ……… 280
195. 教师发展有哪几个阶段? ……… 280
196. 影响教师专业发展的因素有哪些? ……… 280
197. 国际中文教师专业发展的途径和方法有哪些? ……… 280
198. 国际中文教师应如何制定专业发展规划? … 281
199. 国际中文教学研究相关专业刊物主要有哪些? ……… 281
200. 国际中文教师可以利用的重要网络资源有什么? ……… 281

第一部分　中文教学基础

现代汉语

概　述

1. 什么是"现代汉语"？

   答：现代汉语，即现代汉民族共同语，就是以北京语音为标准音、以北方话为基础方言、以典范的现代白话文著作为语法规范的普通话。通常有广狭二义，狭义的现代汉语仅指普通话，广义的解释还包括汉语的各种方言。

2. 现代汉语的社会变体主要有哪些？

   答：现代汉语的社会变体主要有 5 类：
   （1）性别变体。男性讲话多涉及政治、体育、经济等方面的词语，而女性讲话多涉及日常生活方面的词语。女性的调值一般比较高。
   （2）年龄变体。典型的是青年变体和中老年变体，青年人多使用新词语，体现了青年人的创新和求异的心理，而中老年人多使用旧式词语或相对稳固的词语，反映了中老年人守旧和求稳的心理。
   （3）行业变体。是社会群体内部由于特殊交际需要形成的变体，如股市用语、计算机用语、经济用语等。
   （4）阶层变体。因社会阶层不同而形成的变体，如工人变体、农民变体、军人变体、知识分子变体等。知识分子常选用标准变体，书面词语较多，选用的称谓系统也比较持重，而工人、农民常选择地域变体，偏重口语词，较多选用亲昵的称谓系统。
   （5）社区变体。在香港、澳门、台湾等地以及在海外华人中间形成具有社区特色的变体，主要反映在词汇方面，如"放牛班、公道伯、槟榔西施"等。

3. 现代汉语的功能变体有哪些？

   答：功能变体可以分为口语和书面语两大变体，它们的功能和特点如下：
   （1）口语：灵活简短，用词通俗易懂，多采用俗词和方言词语，多省略句、独词句，多移位、修正、省略、重复等手段，生动活泼，便于口头交际。口语变体有多种形式，如独白、演说、讲解、辩论等。
   （2）书面语：在口语基础上加工而成，用文字记载下来，经过反复思考、斟酌修改，因此显得严谨规范，条理清晰，结构较为复杂，句子比较完整。书面语可以分为法律变体、文艺变体、科技变体等。

4. 现代汉语有哪些主要方言？

答：

方言	分布	次方言（区）/方言片	代表方言
北方方言	长江以北，镇江以西、九江以东的长江南岸沿江地带，四川、云南、贵州、湖北（东南角除外）等省，湖南西北角、广州西北部。	华北官话、西北官话、西南官话、江淮官话	北京话
吴方言	上海市、江苏省长江以南镇江以东地区（不包括镇江）、南通的小部分地区、浙江省的大部分地区、江西东北部、安徽南部和福建西北角。		上海话
湘方言	湖南省大部分地区（西北角除外）、广西北部。	新湘语、老湘语	长沙话
赣方言	江西省大部分地区（东北部沿江地区和南部除外）和湖北省东南、福建西北、安徽西南、湖南东部部分地区。		南昌话
客家方言	广东、广西、福建、江西、台湾等省（自治区）的部分地区和湖南、四川的少数地区。		广东梅县话
闽方言	福建、广东的东部、海南岛和雷州半岛地区、浙江南部和台湾地区。	闽南、闽东、闽北、闽中、莆仙	福州话
粤方言	广东、广西两省（自治区）部分地区以及香港和澳门特区。		广州话

语 音

5. 语音的物理性质包括哪些方面？

答：语音的物理性质包括音高、音强、音长、音色四个方面。说明如下：
（1）音高就是声音的高低，决定于声波的频率。普通话四声的差异主要是由音高决定的。
（2）音强就是声音的强弱，决定于声波的振幅。振幅与音强成正比，振幅越大，声音就越强。振幅的大小取决于发音时用力的大小。普通话里的轻声与音强有关。
（3）音长就是声音的长短，决定于发音体振动持续的时间。
（4）音色又叫音质，就是声音的特色，是不同的声音能够互相区别的最基本的特征，它决定于声波振动的形式。语音的音色取决于发音方式与共鸣器的形状这两个要素。

6. 语音的社会属性体现在哪些方面？

答：语音的社会属性是语音区别于其他声音的本质属性，主要表现在三个方面：

（1）语音的形式和意义的结合是约定俗成的，两者之间没有必然的联系。例如：汉语中将"书"读为"shū"，英语中读为"book[buk]"。

（2）语音必然表现出一定的民族特征和地域特征。例如：汉语的塞音分送气和不送气两类，英、法、德、俄等语言就没有这样的区别。

（3）语音的系统性。一种语言的语音都形成自己的一套系统，主要表现为：
   ① 系统所包含的音素数目及其相互关系，例如普通话里 b-p、d-t、g-k、z-c、zh-ch、j-q，形成不送气和送气的对立。
   ② 有些音在几种语言里都存在，但它们在各自的语音系统中的作用和地位不一样。例如：汉语普通话中 n 和 l 属于不同的音位，可以区别意义，但对四川人和南京人来说，"男子"和"篮子"不分，"女客"和"旅客"不分，没有区别意义的作用。

7. 普通话的声母可以分为哪几类？

答：

发音方法		发音部位	塞音		舌尖前音	舌尖中音	舌尖后音	舌面前音	舌面后音
		声母	双唇音	唇齿音					
塞音	清音	不送气音	b			d			g
		送气音	p			t			k
塞擦音	清音	不送气音			z		zh	j	
		送气音			c		ch	q	
擦音	清音			f	s		sh	x	h
	浊音						r		
鼻音	浊音		m			n			
边音	浊音					l			

8. 普通话的韵母可以分为哪几类？

答：

（1）单韵母：只由一个元音构成，共十个：
   a o e ê i u ü -i[ɿ] -i[ʅ] er

（2）复韵母：由两个或三个元音构成，共十三个，又分为三小类：
   前响复韵母：ai ei ao ou
   后响复韵母：ia ie ua uo üe
   中响复韵母：iao iou uai uei

（3）鼻韵母：由元音和鼻辅音韵尾 -n 或 -ng 结合而成，共十六个，又分为两小类：
  舌尖鼻音韵母：an　en　in　ian　uan　uen　üan　ün
  舌根鼻音韵母：ang　eng　ing　iang　uang　ueng　ong　iong

9. 韵母的"四呼"是指什么？

答：

四呼	韵母
开口呼	凡韵腹或韵头不是 i、u、ü 的韵母
齐齿呼	凡韵腹或韵头是 i 的韵母
合口呼	凡韵腹或韵头是 u 的韵母
撮口呼	凡韵腹或韵头是 ü 的韵母

10. 什么是调值、调型和调号？

答：调值是指音节读音高低、升降、曲折、长短的具体变化值。一般采用赵元任设计的"五度标调法"来确定具体的调值，即把声调的高低值分为五度，建立一个坐标轴，竖轴表示音高，横轴表示音长，竖轴上平均标注 1、2、3、4、5，1 表示音高最低，2 表示低，3 表示中，4 表示高，5 表示最高，这五度只表示相对音高，而不是绝对值。汉语拼音四声的调值分别为 55、35、214、51。

调型指声调高低、升降的变化模式。55 为高平调型，35 为中升调型，214 为曲折调型，51 为全降调型。

调号即声调的符号，指标写声调所用的简单明了的符号。汉语拼音四声的调号分别为 ˉ、ˊ、ˇ、ˋ。

11. 什么是调类？

答：调类是声调的种类，即把调值相同的音节归纳在一起所建立的类别。一种语言或方言里有多少种声调调值，就有多少个调类。普通话的调类有四个：阴平（第一声，55）、阳平（第二声，35）、上声（第三声，214）、去声（第四声，51）。

12. 汉语拼音的声调符号如何标注？

答：声调符号写在韵母的主要元音上面，共有四条原则：
（1）如果韵母中只有一个元音时，就写在这个元音上。如：tā、jīn、hé。
（2）如果韵母中有两个以上的元音，标调顺序是：a→o→e→i→u→ü。如：hǎo、xiě、kǒu。
（3）在 iu 韵母中，声调写在后面的 u 上。如：liù、jiǔ。
（4）i 的上面写声调时，去掉 i 上面的点。如：yī、jīn。

13. 汉语音节有哪些特点？

答：

（1）每个音节最多由 4 个音素组成，最少由 1 个音素组成。例如：床 chuáng（ch、u、a、-ng）、额 é（e）。

（2）每个音节中都必须有元音，如果只有 1 个元音，这个元音就是韵腹；最多 3 个元音，即分别为韵头、韵腹、韵尾。例如：吃 chī（-i 是韵腹）、坏 huài（u 是韵头、a 是韵腹、i 是韵尾）。

（3）汉语音节可以没有辅音，当有辅音时，在音节开头的为声母，在音节末尾的为韵尾。不存在两个辅音连续出现的复辅音形式（zh、ch、sh、-ng 都表示一个辅音）。例如：额 é（无辅音）、呲 cī（辅音 c 为声母）、安 ān（辅音 -n 为韵尾）。

（4）每个音节都有声调（轻声除外）。

14. 元音和辅音最重要的区别是什么？

答：元音发音时，气流通过口腔、鼻腔不受任何阻碍；辅音发音时，气流通过口腔、鼻腔一般要受到某个部位的阻碍。

15. 汉语拼音正词法基本规则主要有哪些？

答：

（1）基本上以词为书写单位。表示一个整体概念的双音节或三音节结构，连写。例如：quánguó（全国）、duìbuqǐ（对不起）。

（2）单音节词重叠，连写；双音节词重叠，分写。例如：shìshi（试试）、tǎolùn tǎolùn（讨论讨论）。

（3）动词与后面的补语，两者都是单音节的，连写；其余情况，分写。例如：tīngqīng（听清）、zǒu chuqu（走出去）、gǎibiān wéi（改编为）。

（4）句子开头的字母大写。例如：Tā qù Běijīng le.（他去北京了。）

（5）专有名词的第一个字母大写。例如：Tiān'ānmén（天安门）、Rénmín Rìbào（人民日报）。

16. 国际音标的特点有哪些？

答：

（1）运用一符一音的原则，音素和符号一一对应，不发生混淆。

（2）符号大部分采用世界通用的拉丁字母小写印刷体，字母形体简明清晰。

（3）拉丁字母不够时，采用了倒写、反写等方式，个别的还采用了希腊字母，且为了标音的精确，允许在字母上添加一些附加符号。

（4）以形体相类似的一组符号代表发音部位相同或发音方法相同的一组音，方便记忆与应用。

17. 什么是语流音变？

答：语流中一连串的音紧密相连，难免相互影响，发音就会产生明显的变化，这种语音变化就是语流音变。常见的语流音变有同化、异化、增音、减音、弱化、脱落等类型。普通话中的变调就是一种典型的语流音变。

18. "一"的变调有哪些？

答：

（1）"一"在阴平、阳平、上声前读为51。如：一张（yì zhāng）、一集（yì jí）、一点（yì diǎn）。

（2）"一"在去声前读为35。如：一个（yí gè）。

（3）"一"在两个相同的动词之间时，变为轻声。如：看一看（kàn yi kàn）、听一听（tīng yi tīng）。

19. "不"的变调有哪些？

答：

（1）"不"在去声前变读为35。如：不但（búdàn）。

（2）"不"在三音节词语中间，常变读为轻声。如：来不来（lái bu lái）、肯不肯（kěn bu kěn）。

20. 第三声的变调有哪些？

答：

（1）当前一个音节为第三声，后一个音节为第一声、第二声或第四声时，前一个第三声调值从214变成21。如：

① 第三声 + 第一声：简单（jiǎndān）、火车（huǒchē）。

② 第三声 + 第二声：打折（dǎzhé）、本来（běnlái）。

③ 第三声 + 第四声：访问（fǎngwèn）、马路（mǎlù）。

（2）当前一个音节为第三声，后一个音节也为第三声时，前一个音节调值从214变成35。如：老虎（lǎohǔ）、九点（jiǔ diǎn）、舞蹈（wǔdǎo）。

（3）当三个第三声音节相连时：

① A/BC——后两个音节在语法或语义上连接比较紧密，则前两个音节有21+35的变化。如：米/老鼠（mǐ/lǎoshǔ）、买/水果（mǎi/shuǐguǒ）、有/理想（yǒu/

lǐxiǎng)。

② AB/C——前两个第三声音节在语法或语义上连接比较紧密，则前两个音节都变成35。如：总统/府（zǒngtǒng/fǔ）、胆小/鬼（dǎnxiǎo/guǐ）、洗澡/水（xǐzǎo/shuǐ）。

21. 语气词"啊"的音变规则是怎样的？

答：

前字尾音	"啊"的音变	写作	举例
a、o、e、i、ê、ü	[iA]	呀	他呀、我呀、我哥呀、弟呀、姐呀、鱼呀
u（包括韵母ao、iao末尾的u）	[uA]	哇	苦哇、好哇
-i[ʅ]、-r	[ʐA]	啊	是啊、店小二啊
-i[ɿ]	[zA]	啊	孩子啊
n	[nA]	哪	难哪
ng	[ŋA]	啊	唱啊

22. 儿化有什么作用？

答：
（1）儿化具有区别词义的作用。如：
  半天（半个白天）——半天儿（很长时间）
  眼（眼睛）——眼儿（很小的孔）
（2）儿化具有区别词性的作用。如：
  画（动词）——画儿（名词）
  尖（形容词）——尖儿（名词）
（3）儿化可以表示小的、可爱的感情色彩，或表示生活中常见的、不重要的事物。如：
  警棍——冰棍儿
  鲨鱼——小金鱼儿

23. 音位和音位变体的关系怎样？

答：音位是一个语音系统中能够区别意义的最小语音单位。一个音位往往包含一些不同的音，这些音就叫作这个音位的"音位变体"。音位和音位变体是一般和个别的关系。一般存在于个别之中，要通过个别才能表现出来。例如：普通话/a/音位的音位变体就有[A]（家）、[a]（快）、[ɑ]（刀）、[ɛ]（边）、[æ]（劝）。

24. 普通话音位 /i/ 有哪些音位变体？

答：

（1）[i]，前高不圆唇舌面元音。在 i、in、ing 三个韵母中作韵腹，如"低、宾、冰"等。这三个韵母对应的零声母音节，如"一、因、应"等，音节的开头有摩擦成分。

（2）[I]，前次高不圆唇舌面元音。在 ai、ei、uai、uei 中作韵尾，如"买、没、坏、会"等。

（3）[j]，前高不圆唇舌面半元音。在齐齿呼韵母 ia、ie、iao、iou、ian、iang 的零声母音节中作韵头，如"压、也、要、有、言、杨"等。

25. 什么是句调？句调有哪几种形式？

答：句调是指贯穿于句子始终的音高升降变化。口语中常见的句调有四种：

（1）降调：前高后低的下降句调。一般用来表示陈述、感叹、祈使等语气。例如："我一定要回家。"（陈述）

（2）升调：前低后高的上升句调。一般用来表示反问、疑问、惊异、号召等语气。例如："难道你还没吃饭？"（反问）

（3）平调：没有明显的升降趋势。一般用来表示严肃、冷淡、含蓄的讥讽等语气。例如："行啦，不要再啰唆啦！"（不耐烦）

（4）曲折调：句调的高低有曲折变化。一般用来表示讽刺、嘲笑、埋怨等复杂的语气。例如："当初你要是和他一样，那就倒霉啰。"（感慨）

汉 字

26. 汉字的造字法有哪些？

答：传统上通常采用"六书"来说明汉字造字法。"六书"是指象形、指事、会意、形声、假借、转注。不过，前四种是造字法，后两种应看作用字法。说明如下：

（1）象形：用线条描画出事物的形象，其字形与字义联系紧密。如："舟、雨"。

（2）指事：大多数指事字是在象形字的基础上添加抽象符号，如："本、末"；也有的指事字是纯抽象符号，如："上、下"。

（3）会意：由两个或两个以上的形旁组合在一起，表示一定的意义。如："林、取"。

（4）形声：由形旁和声旁组合而成。如："扶、园"。

（5）假借：一种同音代替的方法，即借用同音字表示意思，借用的字就叫假借字。例如"汝"，本来是水名，借为第二人称代词。

（6）转注：指部首相同，读音相同或相近，意义上有共同点，可以互相注释的一组字。如："考"和"老"，本义都是长者。

27. 汉字的字体演变过程及各阶段特点有哪些？

答：汉字字体的演变过程为：甲骨文—金文—小篆—隶书—楷书—草书—行书。各阶段详细特点见下表：

字体	特点	例字
甲骨文	由细瘦的线条构成，多直笔，拐弯处多为方笔，棱角分明，图画特征比较明显。	
金文	肥大厚实，丰满圆浑，结构上整齐、匀称、方正，图画特征减少，文字的符号性增强。	
小篆	圆劲均匀，粗细基本一致，线条略带弧形，字形平衡对称。	
隶书	隶书变古汉字的曲折线条为方折，字形方扁，笔画有折无转，并有波挑。	
楷书	工整规范，结构整齐，形体方正，笔画平直，重心平稳，横斜竖直。	
草书	结构简省、笔画连绵。	
行书	介于楷书、草书之间的一种字体，不像草书那样潦草，也不像楷书那样端正。	

28. 汉字的结构模式有哪些？

答：合体字基本结构模式有三大类：左右结构、上下结构、包围结构。还有一些从基本结构变化出来的派生结构，主要有：左中右结构、上中下结构、品字结构、对称结构、半包围结构等。举例如下：

（1）左右结构的汉字：休、到、江、杨
（2）上下结构的汉字：分、盅、花、家
（3）包围结构的汉字：因、回、团、困
（4）左中右结构的汉字：街、辫、衍、狱
（5）上中下结构的汉字：裹、禀、高、意
（6）品字结构的汉字：晶、森、淼、焱
（7）对称结构的汉字：坐、乘、爽、巫
（8）半包围结构的汉字：风、凶、区、庆

29. 汉字的笔形有哪些概括的分类？

答：
（1）八类笔形是指：点、横、折、竖、钩、提、撇、捺。"永"字刚好含有这八种笔形，即有"永"字八法之说。
（2）五类笔形是指：横、竖、撇、点、折。其中，提包含在横内，捺包含在点内。"札"字刚好含有这五种笔形，即有"札"字法之说。

30. 现代汉字笔画的组合关系有哪几种？

答：现代汉字笔画的组合关系有三种：
（1）分离关系：如"三、川"等字，它们的笔画之间都有或大或小的距离。
（2）相接关系：如"工、刀"等字，前一笔和后一笔都是相互连接的关系。
（3）相交关系：如"十、车"等字，前一笔和后一笔都是相互交叉的关系。

31. 什么是笔顺？

答：书写汉字时笔画的走向和次序叫作笔顺。笔顺包括两方面内容：一是笔画的走向，或者称"笔势"，例如横（一）是从左到右，竖（丨）是从上到下；二是笔画出现的先后次序，或者称"笔序"，例如"三"由三笔组成，它们出现的次序是：一 二 三。

32. 汉字的笔顺规则有哪些？

答：笔顺的基本规则有以下 10 条：
（1）从左到右。例如"川"。
（2）从上到下。例如"草"。
（3）先横后竖。横竖相交及竖笔的笔首与横笔相接的字或部件，绝大多数是先横后竖。例如"丰、于、丁"。
（4）先竖后横。多笔横竖笔画相接或相交，最后一个横笔与竖笔相接时，要先竖后横，如"王"。长竖与短横相接时，要先竖后横，如"非"。
（5）先撇后捺。例如"八、人"等。
（6）先撇后折。例如"九、勺"等。但"刀、万、女"等字是先折后撇。
（7）先外后内。部分独体字、两面或三面包围字书写时一般都是先外后内，例如"寸、司、疗、闪"等。但含有"辶""廴"的两面半包围字和缺口在上的三面半包围字则要先内后外，例如"近、建、凵"等。而缺口在右的三面半包围字则是先上后内再左、下，如"区"。
（8）先外后内再封口。全包围结构字都是先写三面，再写内部，最后封口。如"国、田"等。
（9）先中间后两边。例如"办、承、率"等。
（10）包含在主体内和右上角的点最后写。如"瓦、求"等。

33. 现代汉字的印刷体主要有哪几种类型？

答：现代汉字印刷体主要有宋体、仿宋体、楷体、黑体四种。
（1）宋体：笔画严谨，横细竖粗，结构紧密，字形方正。书报的正文一般都用此字体。如：**现代汉语**。
（2）仿宋体：采用宋体的结构、楷书的笔法而形成的，其笔画粗细一致，结构匀称，字形清秀，多用于一些特殊场合，比如诗词的正文、文章的引文、书籍的序言或图片的说明等。如：现代汉语。
（3）楷体：笔画浑圆，笔调灵活，结构端正，字形美观。多用于排印通俗读物、中小学课本和儿童读物。如：现代汉语。
（4）黑体：笔画粗重，横平竖直，笔端统一，字形丰满。多用于标题、标语、广告或文章中表示着重点的部分。如：**现代汉语**。

34. 怎样分辨部件、偏旁和部首？

答：部件是由笔画构成的、能独立运用的、具有组配汉字功能的构字单位。例如笔画点（丶）、点（丶）和提（㇀）构成了部件"氵"，笔画撇点（く）、撇（丿）和横（一）构成了部件"女"，部件"氵"和部件"女"组成了整字"汝"。

偏旁是用二分法对合体字进行一次性切分而获得的结构单位。可以分为"形旁（意符）"和"声旁（音符）"两类，形旁表义，声旁表音。例如"柱"的形旁是"木"，声旁是"主"。

部首是工具书为给汉字分类而专设的部目。部首一般包括两部分：一是形旁，例如"河"的"氵"是部首；二是某些笔画，例如"头"的第一笔"丶"就是部首。

偏旁不等于部件。部件可大可小，当部件是对合体字进行一次性切分而得出的两个单位时，部件相当于偏旁，例如"妈"的部件和偏旁都是"女"和"马"。而当部件是对合体字进行多次切分而得出的多个单位时，部件就比偏旁小，例如"想"的部件是"木""目"和"心"，而偏旁是"相"和"心"。

偏旁也不等于部首。虽然一个字的形旁多数就是这个字的部首，但也存在例外情况，例如"严"，偏旁是"厂"，但部首是"一"，所以这两者并不是完全等同的概念。

35. 现代汉字中独体字的含义是什么？

答：独体字是指无法分离出两个或两个以上部件的汉字，例如"广""甘"等字。有些字笔画相交，结构粘连，但即使笔画很多，由于从字形上不能分解出相离的部件，因而也是独体字，例如"串""事"等字。有些字分解后就是相离而又对称或平行的笔画，这类字也宜看作独体字，例如"合""赤"等字。

36. 现代汉语中，汉字的形音义有哪些关系？

答：

名称	形音义关系	举例说明		
单音单义字	一形一音一义	詈	lì	骂，责骂
多音多义字	一形数音数义	量	liáng	动词：测量
			liàng	名词：数量
				动词：量入为出
异读字	一形数音一义	熟	shú	文读音：成熟、熟练
			shóu	白读音：我和他不熟
异体字	数形一音一义	"并"和"並、併、竝"		前者正体字，后三个异体字
繁简字		"乡"和"鄉"		前者简化字，后者繁体字
同音字	狭义：一形一音数义	"花"（开花）和"花"（花钱）		
	广义：数形一音数义	"带、代、戴、待、袋"		
同形字	一形一音数义（相当于狭义的同音字）	"打"（打架）和"打"（打哪儿来）		
	一形数音数义	"打"（dǎ，打架）和"打"（dá，一打钞票）		

37. 多部件字中合成记号字的来源有哪些？

答：组合成字的部件都是既不表示字音也不表示字义的符号。这类字有的是从古代象形字演变而来的。如："鱼"，古字形写作 ，象形。组成现代汉字字形"鱼"的部件都不能表示鱼的字音或字义。有的原来是形声字，在现代汉字中，它们的形旁和声旁都失去作用，变成了记号。比如："特"，原来是形声字，形旁是"牛"（原指公牛），声旁是"寺"，现代汉字的字义是"特殊的、不平常的"，字音是 tè，原来的形旁、声旁都成了记号。还有的是简化形体，比如："圣"，部件"又"和"土"跟字音、字形都没有关系，是两个记号合成的字。

词　汇

38. 从不同的角度看，语素可以怎么分类？

答：
（1）单音节语素和多音节语素：由一个音节构成的是单音节语素，由两个或两个以上音节组成的是多音节语素。例如："水"（单音节语素）、"咖啡"（多音节语素）。
（2）成词语素和不成词语素：成词语素能独立成为一个单词，包括实词和虚词，例如"他""被"；不成词语素不能独立成为一个单词，即它只是合成词的一个部分，例如："童（心）""历（史）"，括号内的是成词语素，括号外的是不成词语素。
（3）定位语素和不定位语素：定位语素在跟别的词组合时的位置总是固定的，例如："老鼠""老婆"中的"老"总在前面，"桌子""椅子"中的"子"总在后面。不定位语素在跟别的语言单位组合时位置不固定，例如："电"——电话、电费、闪电、静电。

39. 汉语的词是如何构成的？

答：词是由语素构成的，从构词成分来说，语素也可以叫词素。词素分为两大类：词根和词缀。词根是词语结构体的基本构成部分，意义比较实在。例如"电视"中的"电"和"视"，"绳子""石头"中的"绳"和"石"。词缀是词语结构体的附加成分，没有具体的意义，主要起构词作用。例如"绳子"和"石头"中的"子""头"。

40. 怎么区别语素和词？

答：
（1）语素的意义不太确定，也不太稳定。例如："礼貌"中"礼"和"貌"单独的意义就不太好理解。
（2）语素不能独立运用，例如："美丽"和"人民"中的"丽"和"民"不能独立运用；也不能自由地和其他词语组合，"人"和"美"似乎可以独立运用，但这时它们已经是词了，不再是语素。语素永远只能属于构词平面，一旦独立运用，就进入了词汇平面。

41. 现代汉语单纯词有哪些类型？

答：单纯词是指只有一个语素构成的词，主要分为三类：
（1）联绵词：从古汉语中流传下来，单个音节没有意义的双音节词。主要有四种：
① 双声：仿佛、忐忑、参差
② 叠韵：逍遥、叮咛、彷徨
③ 非双声非叠韵：妯娌、玛瑙、鸳鸯
④ 叠音：迢迢、潺潺、皑皑
（2）口语词：溜达、囫囵、嘀咕
（3）音译词：巴士、咖啡、巧克力

42. 现代汉语合成词是如何构造的？

答：合成词是由两个或两个以上语素构成的词。主要有三种构成方式：
（1）重叠词：由词根重叠而成的词，有两种情况：

① AA 式：爸爸、妈妈、仅仅
② AABB 式：大大咧咧、形形色色、密密麻麻
(2) 派生词：由词根和词缀组合而成的词，分为三类：
① 前缀 + 词根：阿姨、老虎、老师
② 词根 + 后缀：椅子、石头、花儿
③ 词根 + 中缀 + 词根：对得起、对不起、土里土气
(3) 复合词：由词根和词根组合而成的词，有以下几种类型：
① 联合式：思想、眉目、东西
② 偏正式：火车、面试、热爱
③ 动宾式：出席、伤心、管家
④ 主谓式：面熟、雪崩、耳鸣
⑤ 中补式：扩大、降低、削弱
⑥ 量补式：书本、人口、花朵

43. 从来源看，现代汉语词汇由哪些部分构成？

答：一般来说，现代汉语词汇的来源系统由七个基本方面构成：传承词、古语词、方言词、社区词、行业词、外来词和新造词语。

(1) 传承词：由于语言的渐变性和继承性，有很大一部分词是延续下来的，称为传承词。传承词大多属于基本词汇，是词汇的核心部分。例如："天、地、人、山、水、国家、树木、庄稼"等。

(2) 古语词：古代汉语中有一些反映某一特定时代的专有词语，现代基本不用，只是出于某种需要，才会偶尔用到，称为古语词。例如："八股、白丁、榜眼、陛下、兵符、朝贡、衮服、储君"等。

(3) 方言词：指限定于某一方言地域内使用的词语。例如："好彩（广州方言）、唠嗑（东北方言）、目珠（闽方言）、交关（上海方言）、洗汤（闽方言）、褂子（北京方言）"等。

(4) 社区词：指只在某个社区流通，反映该社区政治、经济、文化的特有词语。例如："打工皇帝、太空人、公屋、蛇头"等，都是在香港通行的。

(5) 行业词：不同行业的专有词语。例如："手术"是医生用语，"诉讼"是律师用语，"备课"是教师用语。

(6) 外来词：指来自非汉语的其他语言的词语。例如："可口可乐、巴士、刺身、物语、敖包"等。

(7) 新造词语：表示随着社会发展出现的新事物、新概念的词语。例如："电商、微信、快递"等。

44. 现代汉语的熟语系统是如何构成的？

答：熟语是语言中相沿习用的固定结构，现代汉语的熟语系统包括：
（1）成语：是历史上沿用下来或群众中长期流传、见解精辟并含有特定意义的固定词语。如："黄粱美梦""投笔从戎""文质彬彬""知己知彼，百战百胜"等。
（2）谚语：是流传于民间的形象通俗而含义深刻的语句。如："三个臭皮匠，顶个诸葛亮""磨刀不误砍柴工""种瓜得瓜，种豆得豆""失败是成功之母"等。
（3）惯用语：是口语中形成的表达一种习惯含义的固定词组。如："磨洋工""穿小鞋""揭不开锅""生米煮成熟饭"等。
（4）歇后语：是由前后两个相关的部分构成的带有隐喻性质的风趣形象的固定短语，前一半近似于谜面，后一半相当于谜底。如："芝麻开花——节节高""聋子拉二胡——胡扯""老九的弟弟——老十（实）""孔夫子搬家——净是书（输）"等。

45. 怎么区别成语和惯用语？

答：
（1）成语书面色彩浓，多源自古代，如："怒发冲冠、完璧归赵、四面楚歌"等；惯用语口语色彩浓，现代性强，如："走后门、开绿灯、马后炮"等。
（2）成语凝练、含蓄，并且语义丰富；惯用语简单、明快、形象、风趣。
（3）成语多用四字格，多数保留着文言文的色彩；惯用语大多数是三字格，口语里的通俗词语特别多。
（4）惯用语的定型性比成语弱，常可插入一些词语，或者颠倒其中成分的次序，成为一般的语句，而它所表达的习惯意义不受影响，如"走后门"可以说成"走某某人的后门""没有后门可走"等。
（5）成语褒、贬、中性都有，如："文武双全"（褒）、"忘恩负义"（贬）、"车水马龙"（中性）等；惯用语多数是贬义，如："穿小鞋、倒胃口、卖狗皮膏药"等。

46. 词义有哪些分类？

答：词汇意义可分为概念义和色彩义。实词都有一种与概念相联系的核心意义——概念义，此外还可能有附着在概念义上面的色彩义。
（1）概念义：词义中同表达概念有关的意义部分叫作概念义，又叫理性义或主要意义，词典对词目所作的解释主要是概念义。例如："阐释"——阐述并解释。
（2）色彩义：也称附属义，附着在概念义之上，表达人或语境所赋予的特定感受。包括情感色彩、语体色彩和形象色彩。
　①情感色彩分为褒义色彩（如"英雄、奉献、漂亮"等），贬义色彩（如"狡猾、吹捧、小报告"等），还有一些中性词不含褒贬色彩（如"理由、学生、衣服"等）。
　②语体色彩主要分书面语色彩（如"神往、诚挚、珍重"等）和口语色彩（如"脑袋、身子骨儿、数落"等）。

③ 形象色彩是词义中能引起人对事物形象的联想的词义色彩。如"云海、玉带桥、垂柳"等能让人联想到生动的形象。

47. 词语释义主要有哪几种方法？

答：释义的方法主要有以下三种：

（1）定义释义法：采用下定义的方法，相当于逻辑学里的"种＝类＋种差"。例如："旭日"——刚出来的太阳。（"旭日"是"种"，"太阳"是"类"，"刚出来"是种差）

（2）互训释义法：采用同义或反义词语来进行释义。例如："炫目"——耀眼；"冷落"——不热闹；"真情"——真实情况。

（3）描写释义法。例如："萧条"——寂寞冷落，毫无生气。

48. 词义具有哪些性质？

答：

（1）概括性：一般的词指的都是整类事物或现象。词义为了准确地表明这个词所表示的对象的范围，便须舍弃各种具体的个别的特征，概括出对象共同的、本质的特征，这就是词义的概括性。任何一个词的意义都具有概括性。如："人"的词义就舍弃了人在年龄、相貌、性别和种族诸多方面的特征，集中概括了人的社会性。

（2）模糊性：指的是词义的界限不清楚，它来源于词所指的事物边界不清，是客观事物连续性的反映。如："上午、中午、下午"之间没有明确的时间界限。

（3）民族性：不同的语言用什么词表示什么事物可能不同，由此而产生了词义的民族性。如：汉语用"堂哥、堂弟、堂姐、堂妹、表哥、表弟、表姐、表妹"表示与你有血缘关系的同辈，而英语只用"cousin"来表示所有这些与你有血缘关系的同辈。

49. 义项和义素有什么区别？

答：义项是词的理性意义的分项说明。有的词只有一个义项，有的则有两个或两个以上义项。词根据义项的多少可以分为单义词和多义词。词典中词的一条意义即是一条义项。在词典中只有一条义项的词就是单义词，例如"鸟、苹果"等；而有两条或两条以上的义项的词则为多义词，例如"宽、深"等。

义素是最小的不能独立使用的语义单位，本身不能直接出现在语言的使用环境中，是假设的一种语义构成成分，是无音无形的。例如"男人"中就含有"人""男性""成年"等义素，相对应的"女人"则含有"人""女性""成年"等义素。

50. 语义场的层次有什么特点？

答：语义场内部有不同的层次，上一层次中某个词的义素必然为下一层次的各词所具有，而下一层次又必然有自己一些特殊的义素。例如：

"人"是"男人、女人"的共有义素,它是上位词;"男、女"表示性别,是特殊的义素,"男人、女人"是下位词。从逻辑角度看,上下位词是属种关系。

上下位词有相对性,上位词可能还有自己的上位词,相对于自己的上位词来说它是下位词。同样,下位词也可以有自己的下位词。一般来说,一个词总有自己的上位词或下位词,但一些表示关系的词也可以没有上位词,例如"父亲"和"母亲"。有些词可以兼属不同的语义场,这主要是由义项不同所致的。例如:(1)高—夏—蔡—田;(2)高—中—低。"高"在(1)中指姓,在(2)中指位置。

51. 什么是反义词?

答:反义词是意义相反或相对的一组词。构成反义词的这一组词必须属于同一个意义范畴,如长短、重量、时间、处所、速度、面积等,否则无法形成一个类聚。反义词可以是形容词(美丽——丑陋),也可以是动词(增加——减少)或名词(主——仆)。反义词有绝对反义词(生——死)和相对反义词(困难——容易)两种。

52. 怎样区别多义词和同音词?

答:多义词是具有两种以上相互关联的意义的词。例如:"滑":①光滑;滑溜。②滑动;滑行。③油滑;狡诈。④用搪塞或瞒哄的方法混过去。⑤姓。

同音词则是指词的意义完全不同,但语音形式(声、韵、调)完全相同。例如:花钱——开花。

53. 如何辨析近义词?

答:
(1)理性意义方面的区别
① 词义轻重不同。例如:"希望"和"盼望"、"批评"和"批判"、"着急"和"焦急"。
② 词义范围不同。例如:"事情"(一切事)、"事件"(因为特殊原因所引起的较重大的事情)、"事故"(偶然发生的不幸的或不应有的事情)。
③ 集体与个体不同。例如:"树木"和"树"、"河流"和"河"、"人口"和"人"。
④ 搭配对象不同。例如:"发挥"与"发扬","发挥"可以和"作用、力量、创造性"等搭配,"发扬"则与"精神、作风、传统"等搭配。
(2)色彩方面的区别
① 感情色彩不同。例如:"成果"(褒义)、"结果"(中性)和"后果"(贬义)。

② 语体色彩不同。例如："耗费"（多用于书面语）和"花费"（多用于口语）。

（3）词性方面的区别

例如："突然"（形容词，可以作状语、谓语和补语）和"忽然"（副词，只能作状语）。

54. 如何辨析"再"和"又"？

答：两个词虽然都表示动作的重复，但表示的时态不同，"再"用来表达没有发生的动作，是未然态，而"又"用来表达已经发生的动作，是已然态。例如：

① 今天邮局没开门，我明天再去。
　*今天邮局没开门，我明天又去。
② *昨天我再去了邮局，但还是没开门。
　昨天我又去了邮局，但还是没开门。

55. 如何辨析"采用"和"采取"？

答："采用"和"采取"都可以表示"认为合适而选用"，但从搭配习惯的角度来看，"采用"常常指具体的东西，"采取"常常指抽象的东西。比如：

① 采用正确方法（√）　　采取正确方法（√）
② 采用合法手段（√）　　采取合法手段（√）
③ 采用正确态度（×）　　采取正确态度（√）
④ 计划已经被大家采用（√）　计划已经被大家采取（×）
⑤ 采用新技术　（√）　　采取新技术　（×）

56. 如何辨析"温柔"和"温顺"？

答：两个词词义的侧重点不同。"温柔"侧重点在柔和、柔顺，大多形容人。"温顺"侧重点在顺从、不对抗，既可以形容人，也可以形容动物。例如：

① 我的妈妈非常温柔，对我和爸爸说话都是慢声细语的。
　我的妈妈很温顺，很听我爸爸的话。
② *这只小猫很温柔。
　这只小猫很温顺，很听我的话。

57. 如何辨析"热爱"和"酷爱"？

答：两个词词义的轻重和适用范围不同。"酷爱"的程度比"热爱"更深。"热爱"使用范围广，可以用于人和具体事物，也可以用于抽象事物；"酷爱"使用范围较小，多用于事物，不用于人。例如：

① 我热爱我的老师，热爱我的书本，热爱书本上无尽的知识。
② 他酷爱玩滑板。
  *他酷爱他的老师。

58. 如何辨析"财产"和"财富"？

答：两个词词义的范围不同。"财产"指具体的物质财富，如产业、土地、房屋、现金等，是"财富"的一部分，如"继承财产"。"财富"所指的范围较大，指所有具有价值的东西，包括具体的物质方面有价值的东西，也包括精神方面有价值的东西。如"物质财富"和"精神财富"。

59. 如何辨析"签名"和"签字"？

答：两个词词义的语体色彩不同。"签名"常用于非正式场合，名字可以签在书上、纸上甚至衣服上。"签字"多用于正式场合，一般要签在正式文件上，表示负责。例如：
① 作家在书上签名。
  明星在纸上签名。
  球星在衣服上签名。
② 请总经理在这份合作文件上签字。

60. 如何辨析"大概"和"大约"？

答：两个词都可以表示有很大的可能性，但词类不同。"大概"既是副词，也是形容词和名词，因此可以作状语、定语和宾语。"大约"只是副词，一般只作状语。例如：
① 这道题我大概写错了。
  这道题我大约写错了。
② 你告诉我大概的解题思路。
  *你告诉我大约的解题思路。
③ 这道题的答案我只知道个大概。
  *这道题的答案我只知道个大约。

61. 如何辨析"侵犯"和"侵略"？

答：两个词动作行为的主体不同。"侵犯"的行为主体可以是国家，也可以是个人或团体。"侵略"的行为主体一定是国家。例如：
① 你侵犯了我的隐私。
  *你侵略了我的隐私。

② 我们不能允许别国侵犯我国的领土。
我们不能允许别国侵略我国的领土。

62. 如何辨析"美满"和"圆满"？

答：两个词修饰的对象不同。"美满"侧重于美好、完美，一般用于形容生活、家庭等。"圆满"侧重指完备周全，符合愿望，一般用于形容答案、结果等。例如：
① 小张有一个美满的家庭，娇妻爱子，父母双全。
　＊小张有一个圆满的家庭，娇妻爱子，父母双全。
② ＊希望这件事有一个美满的结果。
　希望这件事有一个圆满的结果。

63. 如何辨析"一直"和"从来"？

答：两个词适用的句型不同。"一直"在肯定句和否定句中都可以用。"从来"则常用于否定句，很少用于肯定句，在肯定句中使用时，一般要加上"就"。例如：
① 他一直是个好学生。
　＊他从来是个好学生。
　他从来就是个好学生。
② 他一直不是个好学生。
　他从来不是个好学生。

64. 如何辨析"刚才"和"刚"？

答：
（1）语义上，"刚才"指说话前不久的那个时间，跟"现在"相对；"刚"指动作或事情发生在不久前。例如：
① 刚才来了一个电话，是找你的。
② 我刚来一会儿。
（2）语法上，"刚才"是时间名词，可以作主语、定语、介词的宾语，作状语时可以在主语前或主语后。"刚"是副词，只能作状语，而且只能用在主语后。例如：
① 刚才真热。
　＊刚真热。
② 刚才的事我都忘了。
　＊刚的事我都忘了。
③ 现在比刚才凉快些了。
　＊现在比刚凉快些了。

④ 刚才他打了个电话。
   ＊刚他打了个电话。
⑤ 他刚才打了个电话。
   他刚打了个电话。

65. 如何辨析"就"和"才"？

答：
（1）语义上，在基本相同的语境下，"就"表示动作或事情发生得早，完成得快；"才"正相反，表示说话人认为动作或事情发生得晚，完成得慢。
（2）语法上，句法位置基本相同，用"才"的句子末尾一般不能用"了"。
例如：
① 8点上课，小王7点就来了。
   8点上课，小王9点才来。
② 他在语言学校学习中文，三个月就学完了两本课本。
   她每天上班，忙得很，一年才学完两本课本。
③ 他最近有点儿累，晚上8点就睡觉了。
   她最近要考试，一直复习到晚上12点才睡觉。

66. 如何辨析"不"和"没有"？

答："不"和"没有（没）"都表示否定，但在语义和用法上有区别。
（1）"不"往往表示主观意愿，"没有（没）"则表示客观情况。例如：
① 她不去上海，想去北京。
② 她没去上海，去了北京。
（2）"不"在时间上没有限制，"没有（没）"不能用于将来时。例如：
① 她以前不去，现在不去，将来也不去。
② 她以前没去，现在也没去。
③ ＊她将来也没去。
（3）"不"可以修饰动词或形容词，"没有（没）"原则上只能修饰动词。例如：
① 她不吃不干净的食物。
② 她没吃不干净的食物。
③ ＊她不吃没干净的食物。
（4）"不"可以跟几乎所有的助动词结合，"没有（没）"只能跟部分助动词结合。例如：
① 她不要（／能／能够／肯／敢／会／可以／应该／该）去。
② 她没要（／能／能够／敢）去。
③ ＊她没（会／肯／可以／应该／该）去。

67. 如何辨析"合适"和"适合"？

答：
（1）词类："合适"是形容词，"适合"是动词。
（2）句法功能：
　　① 两词都可以作定语。如：
　　　　a. 合适的衣服
　　　　b. 适合的衣服
　　② 两词都可以作谓语，"合适"后面不能带宾语，"适合"后面可带宾语。如：
　　　　a. 这件衣服她穿着很合适。
　　　　b. 这个词不适合用在这里。
　　③ 两词都可受程度副词修饰，句中出现动作行为的对象时，要变换说法。如：
　　　　a. 这本书很适合留学生读。
　　　　b. 这本书对于留学生来说很合适。

68. 如何辨析"万万"和"千万"？

答：主要是适用的句型不同。"万万"多用于否定句，连接否定或者消极的事物，例如："你万万不能这么做。""万万没有想到她竟然这么大胆。""千万"则没有限制，肯定句、否定句都可以使用，例如："考试的时候你千万要仔细。""过马路的时候千万不要闯红绿灯。"

69. 如何辨析"祝"和"祝贺"？

答：主要是时态不同。"祝"是未然态，用在动作行为或事情发生前，例如："祝你考试顺利！"是在考试之前说的。"祝贺"是已然态，用在动作行为或事情发生后，例如："祝贺你考了第一名！"是在考试之后说的。

70. 如何辨析"差点儿"和"差点儿没"？

答：副词"差点儿"在修饰不希望发生的事情时，肯定和否定的意思相同，都表示没有发生，并且因为没有发生不好的事情而感到庆幸。在修饰希望发生的事情时，肯定和否定的意思不同。肯定结构意思是结果没有发生，并因此感到惋惜；否定结构意思是结果发生了，并因此而感到庆幸。

差点儿/差点儿没
- +不希望发生的事情：差点儿 +V= 差点儿 + 没 +V（庆幸某事没发生）
  〔如：他差点儿感冒了。= 他差点儿没感冒。（没感冒）〕
- +希望发生的事情：差点儿 +V（因某事没发生而感到惋惜）
  〔如：他差点儿就赶上火车了。（没赶上火车）〕
  差点儿 + 没 +V（庆幸某事发生了）
  〔如：他差点儿没赶上火车。（赶上火车了）〕

语 法

71. 现代汉语基本的语法单位是什么？

答：语法单位可以分为四级：语素、词、短语、句子。
（1）语素：是语言中最小的音义结合体，是构词的备用单位。语素和语素组合成词，有的语素可以单独成词。
（2）词：是最小的能够独立运用的语言单位，是构成短语和句子的备用单位。所谓独立运用，是指在句子中能够作为一个单位出现；所谓最小，是指不能扩展，即中间不能插入别的成分。
（3）短语：是语义上和语法上都能搭配的、没有句调的一组词，是造句的备用单位。大多数短语可以加上句调成为句子。
（4）句子：是具有一个句调，能够表达一个相对完整的意思的语言单位。包括句型（主谓句、非主谓句）、句式（主谓谓语句、双宾句、兼语句、连谓句、存现句、比较句、"把"字句、"被"字句等）和句类（陈述句、疑问句、祈使句、感叹句）三个系统。

72. 现代汉语语法有什么特点？

答：
（1）语序的变化对语法结构和语法意义有很大的影响。例如：他们谅解（主谓结构）——谅解他们（动宾结构），语法结构改变，意义也改变。
（2）虚词的应用对语法结构和语法意义有重要的作用。
　① 有或没有虚词对结构关系有很大影响。例如：爸爸妈妈（联合）——爸爸的妈妈（偏正）、写作业（动宾）——写的作业（偏正）。
　② 有或没有虚词对语义有很大改变。例如：北京大学——北京的大学、十斤鲤鱼——十斤的鲤鱼。
　③ 有或没有虚词在语用上有差异。例如：中国文化——中国的文化、木头椅子——木头的椅子。没有"的"，定语强调属性；有"的"，定语强调分类。
（3）词类和句子成分不存在简单的一一对应的关系。如：名词主要功能作主语、宾语，次要功能作定语，局部功能作谓语、状语；动词主要功能作谓语，次要功能作定语，局部功能作主语、宾语、状语；形容词主要功能作定语，次要功能作谓语、状语，局部功能作主语、宾语；副词主要功能作状语。

（4）短语结构和句子结构、词的结构基本一致。

① 现代汉语中，一个短语加上一定的语调和语境，就可以成为句子，去掉语调和语境就只是一个短语。如：

a. 他走了。（句子）

b. 我知道他走了。（短语）

② 短语的结构和词的结构基本一致。如：

结构类型	短语	词
联合	姐姐妹妹	姐妹
偏正	羊皮靴子	皮靴
动宾	管理家务	管家
中补	说得明白	说明
主谓	私人经营	私营

73. 词的形态分为哪几种？

答：词的形态可分两种：一指构形形态，例如重叠"研究研究"；二指构词形态，例如加词缀，"凿"加词缀构成"凿子"。

74. 词的语法功能有哪些表现？

答：词的语法功能指的是词与词的组合能力，有三种表现：

（1）词在语句里充当句子成分的能力，表现在能不能充当句子成分和充当什么句子成分上。实词都能充当句子成分，只是不同类型的词会充当不同的句子成分。例如，在"小鸟回家了"中，名词"小鸟"充当主语，动词"回家"充当谓语，虚词"了"不作句法成分。

（2）实词与另一类实词的组合能力，表现在这一类能不能跟另一类组合，用什么方式组合，组合后发生什么关系等。例如，名词"小鸟"不能和否定副词"不"组合，而动词"回家"则能和否定副词"不"组合。

（3）虚词与实词的组合能力，表现在虚词与什么实词组合，表示什么语法意义等。例如，"的"用在偏正短语里表示修饰和被修饰的关系。

75. 现代汉语词类如何划分？

答：现代汉语把词分为实词和虚词。能够单独充当句法成分，意义实在，既有词汇意义又有语法意义的就是实词。不能充当句法成分、只有语法意义的就是虚词。实词可细分为：

名词、动词、形容词、区别词、数词、量词、副词、代词、拟声词、叹词。虚词可细分为：介词、连词、助词、语气词。不同的语法书对词类的划分可能会有所不同。

76. 名词有哪些种类？

答：名词表示人、事物、时间、处所、方位的名称，可分为：
（1）人／事物名词：老师、狗、花、手机（具体名词），思想、意识、精神、感情（抽象名词），群众、车辆、书籍（集合名词）。
（2）时间名词：今年、夏天、明天、未来。
（3）处所名词：附近、四周、超市、校园。
（4）方位名词：上、下、左、右、前、后、旁边、前面、后边。

77. 名词的语法特征有哪些？

答：
（1）大多可以受数量短语的修饰，如："一个苹果、一辆车"。
（2）主要充当主语、宾语和定语，如："苹果很好吃、我要吃苹果、苹果的颜色"。不能作补语，除了少数名词，一般不能作状语。
（3）不能受否定副词"不"的修饰。对举除外，如："人不人，鬼不鬼"。
（4）一般不能重叠。

78. 时间名词有什么语法特点？

答：
（1）能用在动词"在""到""等到"的后面作宾语。例如："在将来、到现在、等到明年"。
（2）能用"什么时候"提问。例如："A：你什么时候去的上海？B：我昨天去的上海。"
（3）能用"这个时候""那个时候"指代。例如："现在已经十点了，昨天的这个时候你在做什么？"

79. 处所名词有什么语法特点？

答：
（1）能用在动词"在""到"和"往"的后面作宾语。例如："在南边、到北京、往远处看"。
（2）能用"哪儿"提问。例如："A：我在银行。B：你说你在哪儿？"
（3）能用"这儿""那儿"指代。例如："学校对面有一家小饭馆，那儿的菜特别好吃。"

80. 动词有哪些种类？

答：
（1）按照能不能带宾语可以将动词分为及物动词和不及物动词：
　①及物动词：能带宾语，包括受事宾语、施事宾语和处所宾语。例如：吃、喝、打、发扬、打算、停止、受到等。
　②不及物动词：不能带任何宾语。例如：成长、昏迷、交谈、取暖等。
（2）按照意义并参考功能可以将动词分为八类：
　①动作动词：吃、喝、打、打扫、整理等。
　②使令动词：请、派、叫、让、要求等。
　③心理动词：想、爱、喜欢、羡慕、了解等。
　④存现动词：有、在、出现、消失、增加、减少等。
　⑤趋向动词：来、去、过去、上来、下去、回来等。
　⑥能愿动词：能、会、肯、能够、可以等。
　⑦判断动词：是、如、叫、姓、等于等。
　⑧形式动词：加以、给以、予以、致以等。

81. 动词的语法特征有哪些？

答：
（1）主要作谓语或谓语中心，多数能带宾语，如："我想吃苹果。"
（2）能够前加副词"不"，如："我不吃苹果。"多数不能加程度副词。只有表示心理活动的动词和一些能愿动词能够前加程度副词，如："很喜欢"。
（3）动词多数可以后带"着、了、过"等表示动态，如："我正吃着苹果呢"（持续态）、"我吃了个苹果"（实现态）、"我吃过苹果了"（经历态）。
（4）一部分动词可以重叠，表示短暂（动作的动量少或时量少），限于表示可持续的动作的动词。如："想想、研究研究"。

82. 趋向动词有哪些？

答：趋向动词分为单纯趋向动词和复合趋向动词两大类。列表如下：

	上	下	进	出	回	过	起	开
来	上来	下来	进来	出来	回来	过来	起来	开来
去	上去	下去	进去	出去	回去	过去		开去

83. 趋向动词有什么语法特点？

答：

（1）常用在另一个动词后作补语，表示动作的趋向。例如："走上来、滑下来、拿回去"等。但有的语义已经虚化，例如："唱起来"（V+起来：动作开始并继续进行，强调开始）、"说下去"（V+下去：动作已经进行，并将持续进行，强调继续）等。

（2）可以单独作谓语，例如："我来了""我马上下去"等。

84. 什么是能愿动词？

答：能愿动词又叫助动词，表示可能、必要或意愿。语法特点是用在动词前作状语（如"会游泳"），不能重叠，不能带时态助词，可以构成"不V不"的双重否定形式（如"他不敢不来"），可以用"V不V"这种肯定与否定重叠的方式表示询问（如"他能不能喝酒"）。

常用的能愿动词有以下这些：
表可能：能、能够、会、可、可能、可以；
表必要：得（děi）、要、应、该、应该、应当；
表意愿：愿、愿意、肯、敢、要、想。

85. 形容词有哪些语法特征？

答：

（1）多数能够受否定副词"不"和程度副词"很"的修饰，状态形容词除外。例如："不/很漂亮、不/很干净、不/很重要""*不/很雪白、*不/很飞快"。
（2）常作谓语、定语、补语和状语。例如："她很漂亮"（谓语）、"漂亮的眼睛"（定语）、"摔坏了"（补语）、"高兴地笑着"（状语）。
（3）不能带宾语。
（4）部分形容词能够重叠。例如："马虎→马马虎虎""高兴→高高兴兴"。

86. 什么是性质形容词？

答：性质形容词是表示事物的性质的形容词。如："软、硬、甜、苦、红、大、高尚"等。性质形容词不具有程度方面的量，要表达特定的程度，需要借助于特定级别的副词加以修饰。

87. 什么是状态形容词？

答：状态形容词是表示事物的状态的形容词。如："雪白、笔直、通红、绿油油"等。状态形容词本身具有程度方面的量，不需要用程度副词进行修饰。

88. 状态形容词有哪几类？

答：

（1）表示程度的语素＋单音节性质形容词（偏正式），例如："血红、金黄、碧绿、死沉、滚烫、喷香、冰凉"等。

（2）单音节性质形容词/少数单音节名词＋重叠后缀（带叠音后缀式），例如："慢腾腾、红彤彤、赤裸裸、甜滋滋"。

（3）性质形容词/个别名词＋三个非重叠音节（复杂式），例如："灰不溜秋、花不愣登、苦不拉叽、黑咕隆咚"。

（4）双音节形容词的贬义变式。例如："马里马虎、流里流气、邋里邋遢、糊里糊涂"。

89. 怎样区别性质形容词和状态形容词？

答：

形容词	能否受"很"修饰	能否受"不"修饰	双音节形容词的重叠式（不包括已经是重叠式的双音节）
性质形容词	能（很大方）	能（不大方）	AABB（大大方方、热热闹闹）
状态形容词	不能（*很雪白、*很漂漂亮亮）	不能（*不雪白、*不漂漂亮亮）	ABAB（雪白雪白、冰凉冰凉）

90. 名词、动词和形容词有哪些区别和联系？

答：

（1）动词和形容词的语法特性大同小异，可以合称为谓词。

（2）谓词和名词的语法特性是对立的：

		名词	谓词
1	能否经常作主语、宾语	能	不能
2	能否经常作谓语	不能	能
3	能否受"不"修饰	不能	能
4	能否用肯定否定并列式（V不V）提问	不能	绝大多数能
5	能否重叠	不能	部分能
6	意义	人或事物	动作、性状
7	作用	指称	陈述

（3）动词和形容词又各有特性：

		动词	形容词
1	能否带宾语	绝大多数能	不能
2	能否受"很"修饰	多数不能	多数能
3	重叠方式和意义	A（一）A式、ABAB式表示动量少或时量少	AA式、AABB式、ABAB式表示程度加深或者程度适中
4	意义	动作、行为、活动	性质、状态

91. 什么是区别词？

答：区别词表示人和事物的属性，有区分事物的分类的作用。属性往往是相对的，所以区别词一般都是成对或成组的。例如"男—女，阳—阴，金—银，公有—私有，大型—中型—小型，高等—中等—初等"等。

92. 区别词有哪些语法特征？

答：
（1）能直接修饰名词作定语；多数能带"的"形成"的"字短语。例如："慢性咽炎、黑白电视"和"男的、中等的"。
（2）不能作谓语、主语、宾语，组成"的"字短语后可以作主语、宾语。例如："素的我不要，我要吃荤的"。
（3）不能前加"不"，否定时前加"非"。如"非正式的"。

93. 怎么区别区别词和形容词？

答：形容词除能充当定语外，还可以充当谓语、补语和状语，能前加副词"不"和"很"，例如："天气真好、看清了、轻轻地唱着、不／很高兴、不／很潮湿"。而区别词只能充当定语，不能充当谓语、补语等，例如：万能钥匙、金项链。区别词之前不能加"不""很"，例如："*不国有""*很慢性"，如果表示否定，只能用"非"，例如"非公共""非野生（动物）"。

94. 数词有哪些种类？

答：数词表示数目和次序。表示数目的是基数词，表示次序的是序数词。
（1）基数词：包括系数词（一、二、三、四、五、六、七、八、九、十、两）和位数词（十、百、千、万、亿）。系数词可与位数词组成复合基数词（二十、三百、四千、五万、六亿等）。

（2）序数词：一般由系数词或复合基数词前加助词"第／初"组成。例如："第一、第二、初三、初四"等。

95. 数词有哪些语法特征？

答：数词通常要跟量词组合成数量短语，才能作句法成分。例如："十位老师、走一趟"。数量短语通常用作定语或补语、状语。例如："一片浮云、看了一眼、一把抓住"。

96. 如何辨析数词"二"和"两"？

答：

（1）以下情况只能用"二"，不能用"两"：
　① 数数时用"二"不用"两"，如："一、二、三、四"。
　② 多位数中十位、个位上用"二"，如："二十二"。
　③ 表示分数、小数、序数时用"二"，如："三分之二、零点二、第二"。
　④ 在中国传统的重量单位"两"前只能用数词"二"，如："二两米"。

（2）以下情况只能用"两"，不能用"二"：
　① 在个体量词（个、句、只、件、条、张、匹等）、集合量词（家、套、对、双等）、借用量词（碗、盘、瓶、杯等）、动量词（次、回、遍、趟、顿、番等）等量词前用"两"，不用"二"，如："两个人、两句话""两家和亲、两对情侣""两盘饺子、两杯酒""两次拜访、两顿饭"。
　② 表示不定的数目，相当于"几"，如："你再休息两天吧"。
　③ 表示"双方"之意时用"两"，如："两全其美、两难、两可"。

（3）以下情况"二"和"两"可以通用，或者以其一居多：
　①"千、万、亿"的前面，一般通用，如："两／二千八百元""两／二万"。但"千"在"万、亿"后，以用"二"为常，如："三万二千、两亿二千万"。
　② 在度量词前二者都可以，但需要注意：
　　a. 在中国传统的市制度量衡单位前多用"二"，如："二斤（大豆）""二里（路）""二顷（地）"。
　　b. 现在通用的公制度量衡单位前多用"两"，如："两公斤（大豆）""两公里（路）""两公顷（地）"。
　　c. 中国货币单位"块""毛""分"前多用"两"。

97. 量词有哪些种类？

答：

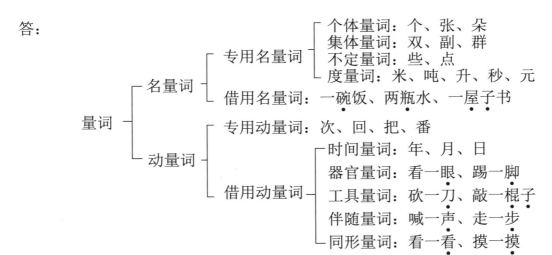

98. 量词有哪些语法特征？

答：

（1）量词总是出现在数词的后边，同数词一起组成数量短语，作定语、状语或补语、宾语等。如："一朵花"（定语）、"一把拉住"（状语）、"听一次"（补语）、"看一本"（宾语）。

（2）一部分单音节量词可以重叠，组成 AA 式，重叠后作定语、主语，一般表示"每一"或"许多"的意思，如："条条大路通罗马"（定语）、"个个都很漂亮"（主语）；少数重叠后作谓语，表示"多"，如"繁星点点"；作状语表示"逐一"，如"代代相传"。由数词和量词组成的数量短语也可以重叠，组成"一 A 一 A"式或"一 AA"式。这种数量短语重叠后作定语，表示数量多，如"一车一车的书""一朵朵花"；作状语则表示按次序进行，如"一箱一箱地运"；作主语表示"每一"，如"一个一个都很精神"。有时不限于数词"一"，如"两杯两杯地端"。

（3）量词有时单独作句子成分，如"馒头论个、油条论根"。在"带（一）份礼物给他"中，可以省略数词"一"，此种用法限于数词"一"。

99. 什么是词的借用？

答：词的借用是一种特殊的用法，在特定的条件下，为了表达上的需要，临时借来一用。例如，名词借用为量词："一碗饭、一屋子书、看一眼"等；或者是"比阿 Q 还阿 Q"，后一个"阿 Q"被借用为形容词，这种是带有修辞作用的借用。

100. 副词有哪些种类？

答：

（1）程度副词：很、非常、最、十分、比较等。

（2）范围副词：都、全、总共、不单、单单等。

（3）语气副词：反正、幸亏、果然、确实、难怪、何必等。

（4）时间副词：已经、刚、正在、总是、曾经等。

（5）情态副词：必须、好像、一定、大概、恐怕、几乎、仿佛、按说等。

（6）否定副词：不、没、未、别、非等。

（7）关联副词：便、也、又、却、再、就等。

101. 副词有哪些语法特征？

答：

（1）副词都能作状语。值得注意的是，在句子里，有一些副词既可以用来修饰谓词，也可以用来修饰名词性成分。如："今天就你一个淘气"。

（2）副词大多数不能单说，只有"不、没有、也许、有点儿、当然、马上、何必、刚好、刚刚、的确"等可以在省略句中单说。例如：
① 甲：吃东西不？ 乙：不。（省略句）
② 你不要再为她操心了，何必呢！（省略句）

（3）部分副词兼有关联作用。如："又说又笑"。

102. 怎么区分形容词和副词？

答：形容词能作谓语、定语、补语和状语，副词只能作状语。例如：
① 她[突然]跑出了教室。（形容词作状语）
② 对别人的建议不能[一概]否定。（副词作状语）

形容词"突然"可以作谓语、定语、补语，如"这件事很突然""突然事件""来得突然"；副词"一概"不能作谓语、定语和补语。

103. 怎么区分时间名词和时间副词？

答：

（1）时间名词包括"从前、过去、刚才、当时、未来、目前"等；时间副词包括"已经、曾经、正在、马上、刚刚、立即"等。

（2）时间名词可以修饰另一个名词，时间副词不可以。如："从前的事"。

（3）时间名词可以作主语、宾语，时间副词不可以。如："现在几点？"

（4）时间名词之前可以加介词，构成介词短语，时间副词不可以。如："关于将来"。

104. 现代汉语中，"是"的用法有哪些？

答：

（1）判断动词，用于主语和宾语之间，表示肯定。

① 表示事物等于什么或属于什么。例如："他是中国人。"在表示等于什么的句子中，主语和宾语可以互换。例如："我是王老师。"＝"王老师是我。"

② 表示事物的特征、质料、情况。例如："这孩子是双眼皮。""这茶盘是景泰蓝。""这一年，人家是丰年，我是歉年。"

③ 表示事物的存在。这类句子的主语一般是表示处所的词语，全句为存现句。例如："靠墙是一张书桌。""教室前面全是水。"

（2）副词，常用在谓语动词、形容词前。如"她是迟到了""今天是很热"，此处"是"需要重读，相当于"的确、确实"的意思。也可与句末语气词"的"构成"是……的"结构，加重肯定语气，如："那样说是可以的。"

105. 代词有哪些种类？

答：代词是具有替代和指示作用的词。包括三类：

（1）人称代词：替代人或事物名称的词。例如：我、咱、你、您、他、她、它、我们、咱们、你们、他们、人家、别人、自己、自个儿、大家、大伙儿。

（2）指示代词：用来指示和区别人或事物的代词，分近指和远指两种。
"这"类为近指代词，例如：这、这儿、这里、这边、这会儿、这样。
"那"类为远指代词，例如：那、那儿、那里、那边、那会儿、那样。

（3）疑问代词：用来表示疑惑并提出问题的词。例如：谁、什么、哪、哪儿、哪里、多会儿、几、多少、怎么、怎么样、怎样。

106. 疑问代词有哪些用法？

答：

（1）任指：句中的疑问代词指任何一个人、任何一件事或任何一种方式等，句子形式通常是"疑问代词＋都／也……"或者"无论／不管＋疑问代词……都／也……"。如："我什么都不知道。""无论谁不来上课都要向老师请假。"

（2）承指：通常用两个同样的疑问代词前后呼应，句子形式通常为"疑问代词A（就）疑问代词A"。如："乖，听话，我说什么就是什么。"

（3）虚指：疑问代词不明确指代某人或某物，只表示一个范围，可能是这个，也可能是那个，即不定指。如："他好像说了什么，我没听清。"

（4）例指：用疑问代词"什么"表示列举，一般用在句首。如："什么张三李四，我都不认识。"

107. 什么是介词？

答：介词通常充当语义成分的标记，依附在实词或短语前面共同构成"介词短语"，整体用于修饰、补充谓词性词语，标明和动作、性状有关的时间、处所、方式、原因、目的、施事、受事、对象等。例如：从、按照、由于、被、关于等。

108. 介词有哪些种类？

答：根据所介引成分的意义类别，常见的介词可分为五类：
（1）表示时间、处所、方向：在、于、从、自、打、当、由、沿、朝、向等。
（2）表示依据、方式方法、工具、比较：根据、据、依照、遵照、按照、按、靠、本着、用、通过、凭借、经过、比等。
（3）表示施事、受事：被、叫、让、由、把、将等。
（4）表示原因或目的：为、因为、以、为了等。
（5）表示关涉对象：对、对于、关于、至于、跟、和、同、与、向、给等。

109. 介词有哪些语法特征？

答：
（1）必须带宾语，二者不可分离。
（2）不能单独充当任何句法成分。
（3）不能连用。有些貌似连用，但实则不在一个层面上。例如："关于替她作弊这件事，我们一定要追究。"（"关于"的宾语是"替她作弊这件事"，"替"的宾语是"她"，两个介词并不在同一层面。）
（4）后面不能加动态助词"着、了、过"。
（5）不能重叠。

110. 什么是连词？

答：连词是用来连接词、短语、分句或句子，表示某种逻辑关系的虚词。连词可以表并列（和、跟）、递进（而且、并且）、转折（但是、虽然）、因果（由于、因为）、选择（还是、或者）、假设（如果、假使）、让步（即使、固然）等关系。

111. 连词有哪些种类？

答：根据所连接的对象，连词可以分为三类：
（1）连接词或短语：和、跟、同、与、及、或等。
（2）连接分句或句子：即使、尽管、因此、因而、况且、虽然、但是、可是、然而、既然、如果、与其、只要等。
（3）既能连接词或短语，又能连接分句或句子：并、并且、而、而且、或者、还是、只有、因为、不论等。

112. 连词有哪些语法特点？

答：

（1）不能单独充当句子成分。

（2）不能被其他词语修饰。

（3）双音节连词既可以位于主语之前，又可以位于主语之后。单音节连词常位于主语之后。例如：

① 不但他会说中文，而且我也会。
② 他不但会说中文，而且会说英文。
③ 我会说中文，他却不会说中文。

113. 怎么区别作为连词的"和"和作为介词的"和"？

答：

（1）连词"和"所连接的两个词语是联合关系，一般可以互换位置而基本意思不变。介词"和"的前后两个名词性词语没有直接的语法关系，更不能互换位置。例如："小张和小李是好朋友"＝"小李和小张是好朋友"，所以"和"是连词；"小张和小李说话"≠"小李和小张说话"，所以"和"是介词。

（2）连词"和"之前不能出现状语，介词"和"前面可以出现状语。例如："小张不和小李是好朋友"无法成立，所以"和"是连词；"小张不和小李说话"可以成立，所以"和"是介词。

（3）连词"和"一般可以略去，可用顿号代替，介词"和"不能略去或改用顿号。例如："小张和小李是好朋友"可以说成"小张、小李是好朋友"，所以"和"是连词；"小张和小李说话"不能说成"小张、小李说话"，所以"和"是介词。

114. "只有……，才……"和"除非……，否则……"有什么区别？

答："只有……"和"除非……"提出的都是唯一条件，对其他条件有排斥性。不同的是"只有……"从正面指定条件，"除非……"从反面推断条件。如：

① 只有各方都有合作的愿望，才能达成协议。
② 除非各方都有合作的愿望，否则不能达成协议。

115. 什么是助词？

答：助词是附着在实词、短语或句子后面表示结构关系或动态等语法意义的一类词。助词必须附着在别的词语的后面或前面，附着在后面的有些读轻声（例如：的、着、似的），附着在前面的不读轻声（例如：所、给、连）。

116. 助词有哪些种类？

答：

类别	意义	助词	例子
结构助词	表示附加成分和中心语之间的关系。	的、地、得、之	我的书、飞快地跑、跑得快、光荣之家
动态助词	动作或性状在变化过程中的情况，反映的是一种动态，而不是事件发生的时间。	了、着、过	吃了饭、吃着饭、吃过饭
比况助词	附着在名词性、动词性、形容词性词语后面表示比喻。	似的、一样、（一）般	花儿似的、跟玩儿一样、疯了一般
其他助词		所、连、给	所见所闻、连孩子都知道、杯子都给打破了

117. 现代汉语主要有哪几个时态助词？

答：

（1）持续态：着，来源于动词"着（zhuó）"，意思是"附着"。用在动词后面，表示动作的进行或状态的持续，例如："写着、看着、唱着"。也可以用在部分单音节形容词的后面，表示性状的持续，例如："忙着、亮着、空着"。

（2）实现态：了，来源于动词"了（liǎo）"，意思是"完结"。用在动词或形容词的后面，表示动作的完成或状态、变化的实现，例如："画了一张画、看了两本书、短了一截"。

（3）经历态：过，来源于动词"过"，意思是"经过"。用在动词或形容词的后面，表示经历过某种动作或变化，例如："见过、吃过、漂亮过"。

118. "了"的主要用法是什么？

答：由于分布和所表达的语义不同，"了"可以分为两个：

（1）了₁，动态助词，用在动词或形容词后，主要表示动作完成或状态、变化的实现，如："我吃了三碗饭""她减肥一个月就瘦了十几斤"。

（2）了₂，语气助词，主要出现在句末，表示事态出现了变化或即将出现变化，如："我已经到家了"（已经发生变化）、"我快要到家了"（将要发生变化）。

119. 哪些情况下不能用"了"？

答：

（1）否定句中用了"没"或"没有"以后，一般不能再用"了"。例如：

　　我根本没说这句话。

　　*我根本没说了这句话。

（2）表示经常性动作行为的动词后不能用"了"。例如：
　　　我常常吃中国饭。
　　＊我常常吃了中国饭。
（3）动词后带动词性宾语时不能用"了"。例如：
　　　我打算买一台电脑。
　　＊我打算了买一台电脑。
（4）动词在直接引语前（或后）不能用"了"。例如：
　　　他对她说："我喜欢你。"
　　＊他对她说了："我喜欢你。"

120. 语气词有哪些种类？

答：依据所表示语气的不同，语气词可以分为四种：
（1）表示陈述语气：的、了、吧、呢、啊、嘛、呗、罢了、而已、也罢、也好。
（2）表示疑问语气：吗（么）、呢、吧、啊。
（3）表示祈使语气：吧、啊。
（4）表示感叹语气：啊。

121. 语气词有哪些语法特征？

答：
（1）附着在全句后面或句中词语的后面有停顿的地方。
（2）常常和句调一起共同表达语气。有的语气词可以表达多种语气，如"啊"可以表示陈述、疑问、祈使、感叹语气；有的语气可以用多个语气词表达，语气意义可能相同，也可能有差别，如陈述语气中，"罢了""而已"意义基本相同。"吗""吧"用于疑问句中时，"吗"表示疑问，"吧"不只是单纯提问，也含有揣测的语气。如："明天他来吗？""明天他来吧？"

122. 如何区别语气词"的"和助词"的"？

答：
（1）看后面能不能添加上相应的名词：能添加是助词，不能添加是语气词。例如：
　　① 他是唱歌的。——他是唱歌的人。（结构助词）
　　② 他是会来的。——＊他是会来的人。（语气词）
（2）看删去"是""的"之后，句子基本意思是否改变：如果改变了，"的"是结构助词，否则就是语气词。例如：
　　① 他是唱歌的。——他唱歌。（说明身份→陈述事实，意思改变：结构助词）
　　② 他是会来的。——他会来。（陈述事实→陈述事实，意思不变：语气词）

（3）对用"是"的句子，可以改为否定句来检验，看否定词加在什么位置上：能加在"是"前，"的"是结构助词；只能加在"是"后，"的"是语气词。例如：
① 他是唱歌的。——他不是唱歌的。（结构助词）
② 他是会来的。——他是不会来的。（语气词）

123. 怎么区别兼类词和同音词？

答：词的兼类是指某个词经常具备两类或几类词的主要语法功能。兼类词一定要声音相同，词义有联系，否则不是兼类词，而是一对同音词。例如，"把头发别起来"和"别去"中的两个"别"没有词义联系，只是读音相同，因此是同音词。"这件事很麻烦，不想再麻烦你了，就怕带给你很多麻烦。"中的三个"麻烦"分别是形容词、动词和名词，但词义有联系，读音也相同，那么就是兼类词。

124. 什么是离合词？

答：离合词的两个语素之间可以插入别的成分，是一种词和短语的中间状态。合起来可以看成是词，分开可以看成是短语。例如："洗澡、散步、睡觉、见面、结婚、帮忙、打架、理发、鞠躬、投票、毕业"等。这些词的特点是：
（1）从概念上看，似乎应该看成词，表达了一个比较固定的完整的概念。
（2）从用法上讲，常作为一个词使用，即两个字挨着出现（"合"），但也可以拆开来使用（"离"）。例如："你洗澡了吗？""冬天你多久洗一次澡？"

125. 什么是短语？

答：短语是词的组合，是意义上和语法上能搭配而没有句调的一组词，所以又叫词组。短语内的词语依靠一定的语法手段组成一定的语法形式，表现出一定的语法（关系）意义。现代汉语词组成短语的语法手段是语序和虚词。

126. 短语包括哪些结构类型？

答：

结构类型		语法关系	例子
偏正短语	定中短语	修饰、限定关系	（昨天）的事
	状中短语		［刚］回来
动宾短语		支配、关涉关系	写|作业、晒|太阳
中补短语		补充关系	写〈完〉了

续表

结构类型	语法关系	例子
联合短语	并列、选择、承接、递进等关系	我和你、米饭或者馒头、讨论并通过、认真而且努力
主谓短语	陈述关系	汽车‖前进、星光‖灿烂、今天‖星期一
同位短语	复指关系	首都北京
连谓短语	连续的几个动作	上街买菜
兼语短语	支配并陈述的关系	选你当班长
方位短语	表示处所、范围或时间	大门外、三天前
量词短语	表示数量或指量	两件、那种
"的"字短语	指称人或事物	想回家的、大的
比况短语	表示比喻或推测	闪电一样、小狗似的、雷鸣般
"所"字短语	指称动作所支配或关涉的对象	所想、所答非所问

127. 短语有哪些功能？

答：短语有两方面的功能：
（1）作句法成分，所有短语都能充当一个更大的短语里的组成成分。
（2）成句，大部分短语加上语调能独立成句。

128. 句子和短语有什么区别？

答：句子和短语是两级语法单位，它们的性质不同。句子是语言运用单位，是动态单位；短语是造句备用单位，是静态单位。它们的区别体现在：
（1）句子有特定的语气、句调，可分为陈述句、疑问句等不同句类；短语没有语气、句调。
（2）短语内部有主语、谓语、动语、宾语、定语、状语、补语、中心语等八种结构成分；句子除了有上述八个结构成分，还多出独立语这种语用成分，共九个。
（3）短语的结构是固定不变的，句子根据表达需要会发生省略、倒装等现象。

129. 带"得"的中补短语有几种类型？

答：主要有三种：
（1）表可能：拿得动、吃得下、扛得起、睡得着、卖得好、修得好。
（2）表状态：洗得干干净净、洗得一地是水、洗得满头大汗、洗得一点儿不剩。
（3）表程度：忙得不行、热得邪乎、怕得要死。

130. 主语可以由哪些成分充当？

答：主语可分名词性主语和谓词性主语。

（1）名词性主语由名词性成分充当，包括名词、数词、名词性的代词和名词性短语，多表示人或事物。

（2）谓词性主语由谓词性成分充当，包括动词、形容词、谓词性的代词、动词性短语、形容词性短语。

131. 主语有哪些语义类型？

答：主语的语义类型可粗分为施事、受事和中性三大类：

（1）施事主语：主语表示发出动作、行为的主体。语义结构是"施事＋动作"。例如："狼‖把小羊咬死了。"

（2）受事主语：主语表示承受动作、行为的客体，也就是动作、行为所涉及的对象。语义结构是"受事＋动作"。例如："小羊‖被狼咬死了。"

（3）中性主语：主语表示非施事、非受事的人或事物，又叫非施受主语。例如："这件事‖不能怪她。"

132. 主语和话题有什么区别？

答：

（1）"主语"是句法概念，"话题"是语用概念。话题是谈话的出发点、关注点，常指明一句话中的已知信息，并往往带有强调语气。例如："人嘛，就是要靠自己。"（主语是"人"，话题是"人嘛"，"嘛"是话题标记，带有强调的语气。）

（2）话题与主语在句中占据的位置不同，话题一般都出现在句首（除非有多个话题，多个话题不可能都在句首），可以由时间、处所状语充当，最多的是由主语充当，此时两者重合；但主语不一定都出现在句首。例如：
① 明天，我要到学校去。（话题为时间状语"明天"，主语为"我"）
② 教室里，孩子们正在打闹。（话题为处所状语"教室里"，主语为"孩子们"）
③ 明天是星期天。（话题和主语都是"明天"）

133. 谓语可以由哪些成分充当？

答：谓语通常由谓词性成分充当，主要包括动词、形容词、主谓短语。在一定条件下也用名词性成分充当，主要包括名词、数量短语。

134. 宾语有哪些语义类型？

答：宾语的语义类型可粗略分为三种：
（1）受事宾语：表示动作、行为直接支配、关涉的人或事物，包括动作的承受者（如"割麦子""打落水狗"）、动作的对象（如"告诉大家""感谢你"）。
（2）施事宾语：表示动作、行为的发出者、主动者，可以是人或是自然界的事物。施事宾语比受事宾语少见，多用于少数特定句型中。如"来了一位客人""走漏了消息""出太阳了"等。
（3）中性宾语：表示施事、受事以外的宾语，即非施非受宾语。还可细分为：
  ① 结果宾语：盖房子、挖坑
  ② 处所宾语：回南方、坐车上
  ③ 时间宾语：熬夜、过中秋节
  ④ 工具宾语：吃大碗、喝小杯
  ⑤ 方式宾语：存活期、寄航空
  ⑥ 原因宾语：避雨、缩水
  ⑦ 目的宾语：交涉过财产问题
  ⑧ 类别宾语：他当班长、我是学生
  ⑨ 存在宾语：那里有鱼
  ⑩ 其他宾语：上年纪、出风头

135. 多层定语的次序一般是怎样的？

答：从离中心语最远的词语算起，多层定语的一般次序是：
（1）表示领属关系的词语（"谁的？"）
（2）表示时间、处所的词语（"什么时候？什么地方？"）
（3）指示代词或量词短语（"多少？"）
（4）动词性词语和主谓短语（"怎样的？"）
（5）形容词性词语（"什么样的？"）
（6）表示性质、类别或范围的名词、动词（"什么？"）
例如：
<u>我们学校</u> <u>80年代</u> <u>两位</u> <u>有二十多年教龄</u> 的 <u>优秀</u> <u>数学</u> 老师也去参加了这次会议。
　（1）　　（2）　（3）　　（4）　　　　（5）（6）

136. 多层状语的次序一般是怎样的？

答：多层状语语序较为复杂，一般取决于谓语内部的逻辑关系和表意的需要。大致的次序是：条件、时间、处所、语气、范围、否定、程度、情态、对象。一般情况是：

（1）表示时间的名词（何时）
（2）表示处所的介词短语（何地）
（3）表示范围的副词（什么范围）
（4）表示情态的形容词（怎么样）
（5）表示对象的介词短语（和谁）

例如：大家 昨天　在会场上　都　热情地　和她　打招呼。
　　　　　（1）　　（2）　（3）　（4）　　（5）

137. 补语主要有哪些类型？

答：

补语类型	补语表达的语义	例子
结果补语	表示动作行为的结果	做〈完〉、吃〈饱〉
趋向补语	表示动作的趋向	走〈进〉屋子、拿〈出来〉
可能补语	表示动作行为的结果或趋向能否实现	记得〈住〉、听不〈见〉
程度补语	表示行为或状态所达到的程度	好〈极〉了、坏〈透〉了
情态补语	表示对动作或状态的描写、说明或评价	玩得〈开心〉、讲得〈很有趣〉
数量补语	表示动作或变化的动量或时量	看了〈三遍〉、住了〈五年〉

138. 如何辨别可能补语和情态补语？

答：可能补语的肯定式有时在字面上与情态补语相同，如"写得好"，但意思不同，前者指"能否写好"，后者指"写得怎么样"。可用否定或提问的方式来区分：

	可能补语	情态补语
否定	写不好	写得不好
提问	他写得好写不好？	他写得好不好？

139. 如何辨别补语和宾语？

答：分辨动词后的成分是补语还是宾语，主要是看标记、关系和词性：
（1）看有无补语标记"得"，有"得"或可插入"得"的就是补语。
（2）看关系。用提问法，看动词后的词语能回答什么。能回答"V什么"的是宾语，能回答"V得〈怎么样〉"的是补语。如"吃饭"和"吃〈干净〉"。
（3）看词性。
　① 宾语主要由名词性成分充当，补语主要由谓词性成分充当。
　② 当宾语和补语都是表时间的名词性成分的时候，用"把"字提宾法鉴别。如"我等了你〈三个小时〉了"和"我浪费了三个小时了"，能用"把"字提到动词

前的是宾语，否则是补语。
③ 动词后面是动量词的就是补语（如"看了三次"），是名量词的就是宾语（如"看了三本"）。

140. 中心语可分为几类？

答：中心语根据同它配对的成分性质的不同可分为三种：
（1）定语中心语：定＋中，通常由名词性词语充当，如"学生的课本"；谓词性词语也可以进入定语中心语的位置，如"科学技术的发展"。
（2）状语中心语：状＋中，通常由谓词性词语充当，例如"他已经来了"；但在名词谓语句里，状语中心语可由名词充当，如"现在已经深秋了"。
（3）补语中心语：中＋补，通常由单个动词或形容词充当，也可以由谓词性短语充当，如"布置得很漂亮、快得像只兔子""他比我爱学习得多"。

141. 现代汉语中有哪些独立语？

答：从表意作用看，有四种：
（1）插入语：使句子严密化，补足句意，包括说话者对话语的态度，或引起听话者的注意。如："毫无疑问、看来、听说"等。
（2）称呼语：用来招呼对方，引起注意。如："春天，你在哪里？"
（3）感叹语：表示感情的呼声，如惊讶、感慨、喜怒哀乐等感情和应对等。如："啊呀，老孙，想不到是你来了。"
（4）拟声语：模拟事物的声音，进行生动形象的描写，以加强表达效果。如："呼——呼——狂风夹着砂石扑来了。"

142. 什么是句型？现代汉语中有哪些常见的句型？

答：句型是按照句子的结构模式划分出来的类，主要包括主谓句和非主谓句两个大类。

句型		例句
主谓句	名词性谓语句	今天星期一。
	动词性谓语句	我们吃橘子。
	形容词性谓语句	天气晴朗。
非主谓句	名词性非主谓句	好大的老鼠！
	动词性非谓语句	请不要说话。
	形容词性非主谓句	好极了！
	特殊非主谓句	啊？

143. 什么是句式？现代汉语中有哪些常见句式？

答：根据句子的局部特征划分出来的句子类型。现代汉语常见的句式见下表：

句式	例句
主谓谓语句	他心地善良。
"把"字句	我把苹果吃了。
"被"字句	树叶被风吹跑了。
存现句	大门上挂着灯笼。
连谓句	他拿着书站在门外。
兼语句	他要求我再说一遍。
双宾句	我给他一本书。
比较句	我比他大三岁。
重动句	他吃饭吃多了。

144. 什么是主谓谓语句？

答：主谓谓语句指由主谓短语充当谓语的句子。全句的主语叫"大主语"，全句的谓语叫"大谓语"；充当谓语的主谓短语的主语叫"小主语"，主谓短语的谓语叫"小谓语"。例如：饭我们都吃完了。其中，"饭"是大主语，"我们都吃完了"是大谓语，"我们"是小主语，"吃"是小谓语。

145. "把"字句有哪些特点？

答：

（1）动词后面常常有别的成分，如补语、宾语、动态助词、动词重叠式等。如："把书放在桌子上、把苹果吃了一半、把茶喝了、把事情说说"。

（2）动词一般都有处置性，就是动词对受事要有影响，所以不及物动词、能愿动词、判断动词、趋向动词和"有、没有"等不能作谓语动词。如："把饭吃光、*把他睡觉"。

（3）"把"的宾语一般说是有定的、已知的人或事物。如："把这本书拿着、把那支笔带上"。

（4）能愿动词、否定词放在"把"字之前。如："我想把门打开。（*我把门想打开。）""我不把门打开。（*我把门不打开。）"

146. "被"字句有哪些特点？

答：

（1）动词一般有处置性。如："垃圾被扔了。""*她被生气了。"

（2）主语所表示的受事必须是有定的。例如："这个杯子被他打破了。""*一个杯子被他打破了。"

（3）能愿动词和表否定、时间等的副词只能放在"被"字前。例如："作弊的行为应该被惩罚。""我们不能被困难吓倒。""这道题已经被他算出来了。"

147. "被"字句有哪些变体？

答：

（1）书面语中保留着"被……所""为……所"的文言格式。这里的"所"是助词，在单音节动词前不能省略，在双音节动词前可以省略。例如：

① 我们全家为生活所迫，到天津谋生。

→*我们全家为生活迫，到天津谋生。

② 他没有被困难所吓倒。

→他没有被困难吓倒。

（2）口语中，经常用"叫、让、给"代替"被"。例如：

① 自行车叫我弟弟骑走了。

② 西瓜全让他吃完了。

③ 小明给流氓打了。

口语中也有"被……给""叫……给""让……给"的被动格式，这里的"给"同样也是结构助词。例如：

① 教室被大家给打扫干净了。

② 薯片全叫他给吃光了。

③ 小明让流氓给打了。

148. 什么是存现句？存现句常常分为哪两类？

答：存现句是表示人或事物存在、出现或消失的句子。可以分为存在句和隐现句两类。

（1）存在句表示什么地方存在什么人或物，还可以分为静态存在句和动态存在句。如：

① 山上有个庙。（静态存在句）

② 屋顶上飘着五星红旗。（动态存在句）

（2）隐现句表示什么地方出现或消失了什么人或物。如：

① 烟囱里冒出一阵阵浓浓的黑烟。（表出现）

② 昨天村里死了两头牛。（表消失）

149. 动态存在句和静态存在句有什么区别？

答：

（1）动词本身有无动作性。例如"是""有"只能表示状态，不能表示动作，因此只能构成静态存在句。

（2）动词是否可以从状态转化为动作。静态存在句中的"着"可以被"了"替换，而动态存在句中的"着"不能用"了"替换，只可以转为一般陈述句。例如：

① 桌上放着一个杯子。（静态存在句）
  →桌上放了一个杯子。
② 天空中盘旋着一只老鹰。（动态存在句）
  →*天空中盘旋了一只老鹰。
  →一只老鹰在天空中盘旋。

150. 什么是连谓句？

答：由连谓短语充当谓语或独立成句的句子叫连谓句。连谓句中前后谓语存在着先后、方式、目的、因果等逻辑关系。例如：

① 奶奶每天都<u>上街</u> <u>买菜</u>。（先后）
② 他<u>开车</u> <u>去上班</u>。（方式和目的）
③ 他<u>爬山</u> <u>摔断了腿</u>。（因果）

151. 什么是兼语句？

答：兼语短语处于句子核心位置的句子叫兼语句。兼语句多含有使令的意思，所以句中前一个谓语多由使令动词充当。常见的使令动词有"使、让、叫、派、命令、吩咐、禁止、请求、选举、教、劝、号召"等。例如："妈妈让我去买酱油。"

152. 怎样区分连谓句和兼语句？

答：最大的区别在于连谓句中两个谓语的主语是同一个，就是整句的主语；而兼语句中第一个谓语的主语是整句的主语，而第二个谓语的主语则是第一个谓语的宾语，两个谓语并不是同一个主语。例如：

① <u>我和他</u> <u>去食堂</u> <u>吃饭</u>。（连谓句）
② <u>他</u> <u>请我</u> <u>吃饭</u>。（兼语句）

153. 什么是双宾句？

答：现代汉语中一个动词既涉及对象又涉及事物，就可能带两个宾语，在语法上体现为双宾句。离动词近的宾语叫近宾语（或间接宾语），一般指人，回答"谁"的问题；离动词远的叫远宾语（或直接宾语），一般指物或事，回答"什么"的问题。例如："小张送我一张球票。"

154. 什么是重动句？

答："重动句"是指同一动词在同一句子里重复出现的句式，也就是句子的谓语动词后带上宾语再重复该动词而后再带补语或宾语的一种语法格式。例如："他看书看困了。"

155. 什么是句类？句类可以分为哪几类？

答：句类是句子按照不同语气功能划分出来的类型。一般分为：
（1）陈述句：用来向听话人报道一件事情的句子。例如："北京在华北平原。"
（2）疑问句：包括疑惑和询问双重意义的句子。例如："你是张老师吗？"
（3）祈使句：向听话人提出要求，希望他做什么或不做什么的句子。例如："禁止乱扔垃圾！"
（4）感叹句：抒发强烈感情的句子。例如："祖国万岁！"

156. 陈述句可以带哪些语气词？分别表达什么意义？

答：陈述句常带的语气词有"的、了、嘛、啦、呢、呗、罢了、而已、也罢、也好"等。这些语气词可以用来表达不同的语气意义。例如：
① 你的身体会慢慢好起来的。
② 我不想看电影了。
③ 这本书明明就是我的嘛。
④ 我们要迟到啦。
⑤ 我去你家的时候，你还很小呢。
⑥ 你体温有点儿高罢了。

"的"表示确实如此；"了"表示情况有了变化；"嘛"表明说话人的态度，强调事情显而易见；"啦"在这里是"了"和"啊"的合音，也是表明说话人的态度，但附加了一种提醒的意味；"呢"带有夸张的意味，把事情往大处说；"罢了"与之相反，把事情往小处说，表示不过如此。

157. 感叹句可以分为几类？

答：
（1）直接用叹词构成的感叹句。例如：
① 哎呀！

② 哼!
(2) 句中有明显标志的,或用副词"多、多么、太、真、好",或用语气词"啊",或使用某些特定的词语。例如:
① 多漂亮的孩子!
② 这只小狗长得真可爱!
③ 张姐是我的知心人啊!
④ 祝你生日快乐!
(3) 句子形式在书面上跟一般的陈述句一样,但句尾用感叹号;口语中语调是先升后降,并且音量加大。抒发的感情可以是惊讶、快乐、悲哀、恐惧、愤怒、厌恶等,要根据语境进行辨析。例如:
① 我们明天全体放假!
② 出太阳了!

158. 从结构的角度看,疑问句有哪些类型?

答:按照结构特点,疑问句可以分为是非问、特指问、选择问、正反问四类。
(1) 是非问:是用疑问词或疑问语调表示疑问点的问句。在结构上和一般的陈述句相同,只要语调变为升调,或者带上疑问语气词,陈述句就变为疑问句。例如:
他去上课。↘
→ 他去上课?↗
→ 他去上课吗?↘↗
(2) 特指问:陈述句中的每一项都可以用疑问代词来替换,从而构成特指问句。例如:"老王下星期坐火车去上海出差。"这句话,可以构成以下几个特指问句:
① 谁下星期坐火车去上海出差?
② 老王什么时候坐火车去上海出差?
③ 老王下星期怎么去上海出差?
④ 老王下星期坐火车去哪儿出差?
⑤ 老王下星期坐火车去上海干吗?
(3) 选择问:提出两种或几种看法,希望听话人选择其中一项来回答。在结构上出现并列的两项或几项,经常用"是……还是……"来连接。例如:"你是要喝可乐还是雪碧?"
(4) 正反问:提出正反两个方面,希望对方从中选择一项回答,回答很简单,选择肯定项或否定项。例如:"甲:你喝不喝可乐? 乙:喝(/不喝)。"

159. 从交际的角度看,疑问句有哪些类型?

答:在语言交际中,疑问句有很多特殊用法,主要是反问句、设问句,还有回声问、附加问等。
(1) 反问句:又叫反诘疑问句,是"无疑而问",通常用肯定形式表示否定的意思,用否定形式表示肯定的意思。是非问和特指问经常用作反问。例如：
① 这件事他能不知道？（＝他知道）
② 谁说我同意了啊？（＝没同意）

（2）设问句：又叫自问自答句，特指问、正反问、选择问等经常用作设问。例如：
① 社会经济发展的源动力是什么？是创新。
② 学开车难不难？不难，只要你掌握规律，很快就能学会。
③ 是读研究生还是去国外做教师？我当然选择去国外做教师。

（3）回声问：重复前一说话人已经说过的全部或部分话语。例如：
① 你是问我姓什么？
② 甲：他上哪儿去了？
　　乙：上哪儿去了？上图书馆去了。

（4）附加问：出现在陈述句后的一种简略形式的是非问句，要求听话人确认或赞同。
例如：
① 你就答应了吧，好不好？
② 我和你哥哥一样大，对吗？

160. 什么是层次分析法？

答：按照语言单位内部结构层次组合的特点，对语言片段进行逐层分析的方法。分析时尽量直接切分出两个直接组成成分，也就是一分为二，所以又叫"二分法"。

（1）从大到小的切分法：

美术老师高兴地拿出三幅油画。（主谓句）

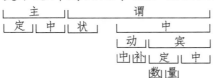

来了一个人。（非主谓句）

来了一个人。

（2）从小到大的组合法：

美术老师高兴地拿出三幅油画。（主谓句）

来了一个人。（非主谓句）
来了一个人。

```
来了 一个 人
 └动宾┘ │  │
       └数量┘
        └定中┘
```

161. 什么是移位？

答：现代汉语的正常语序都是主语在谓语前，动词在宾语前，修饰语在中心语前，补语在动词后。但有时为了表情达意或其他原因，可以改变这种语序，变成谓语在主语前，宾语在动词前等等。这种改变句子常规语序，但句法结构不变，语义关系也基本不变的现象称为移位。移位在口语中很普遍。例如：

① 吃饭了吗，你？
② 我一个人去上海，打算。

162. 怎么区别省略和隐含？

答：省略的成分是可以肯定地补出来的，并且只能有一种补出方式。例如：

① 春风吹到人们的脸上，（人们的脸上）暖洋洋的。
② 甲：你做完作业了吗？
　　乙：（我）做完了。

而隐含虽然在语义上可以体会出来，但是在实际语言中无法补出来，或不必补出来。例如：

③ 他要求放他走。
④ 听说这本书早就借光了。

例③中，"放"前面隐含了"别人"，但"别人"根本不需要补出来。例④中，"借"前隐含了一个所指不明的施事。

163. 根据省略的语言环境，省略可以分为哪几类？

答：根据省略的语言环境，省略可以分为四类：

（1）承前省。被省略的词语已经在上文出现过，省略后不会产生语言理解上的困难。例如："王明长得特别高，（　）穿一件黑夹克。"
（2）蒙后省。被省略的词语可以在下文中找到。例如："（　）吃完早饭，她就上班了。"
（3）对话省。在对话中，一些指称性的代词经常会省略。例如："甲：（你）去哪儿？乙：（我）去食堂。"
（4）自述省。说话人在写信、日记、个人总结、述职报告、心得体会等或在发言时，常将"我"省去。例如："看了这本书，很有感触。（发言）"

164. 省略句和非主谓句有什么区别与联系？

答：省略句和非主谓句是两种不同性质的句子，省略是在语言交际中出现的动态语言现象，非主谓句则属于句子的一种静态结构类型。两者关系是交叉的，即省略句可以是主谓句，也可以是非主谓句，同时，非主谓句可以省略，也可以不省略。例如：

① （我刚要出门，发现外面开始下雨了，说了句：）下雨了。
② 甲：外面下雨了吗？ 乙：下雨了。

例①是非主谓句，它的结构是完整的，不必补上也无法确定要补上什么。而例②中的答句"下雨了"是"外面下雨了"的省略形式，因问句中出现"外面"，答句中省略。所以判定一个句子是省略句还是非主谓句，关键是要结合上下文以及语境来进行分析，孤立的、脱离上下文和语境的句子就无所谓省不省略。

165. 汉语歧义类型主要有哪些？

答：汉语里歧义现象按存在的方式，可以分为口头歧义和书面歧义。口头歧义主要是由同音词造成的，书面歧义可以分为词汇歧义和组合歧义，词汇歧义主要是由词的多义而引起的，组合歧义则比较复杂，可以分为以下几类：

（1）语法组合歧义
① 词类不同。如：饭不热了。（形容词/动词）
② 词和短语。如：存款越多越好。（名词/动宾短语）
③ 结构关系不同。如：进口汽车（动宾/偏正）
④ 结构层次不同。如：现代战争小说（a. 现代/战争小说—偏正，战争/小说—偏正；b. 现代战争/小说—偏正，现代/战争—偏正）
⑤ 结构层次、结构关系不同。如：我们八个人一桌（a. 我们八个人/一桌—主谓，我们/八个人—同位；b. 我们/八个人一桌—主谓，八个人/一桌—主谓）

（2）语义组合歧义
① 语义角色不同。如：提拔中青年干部。（"中青年干部"既可能是受事，也可能是结果）
② 语义指向不同。如：我们学校就去了二十几个人。（a. "就"指向"我们学校"时，说明去的人多；b. "就"指向"二十几个人"时，说明去的人少）

166. 常见的句法错误有哪些？

答：
（1）搭配不当：主要有主语和谓语，动语和宾语，定语、状语、补语与中心语，联合短语中的一部分与配对成分搭配不当四种。例如：
① 昨天我在宿舍写了一篇文章和一幅画。（动语和宾语搭配不当）

②酒吧里快节奏的音乐和迷离闪烁的灯光让人看得眼花缭乱。（联合短语中的一部分与配对成分搭配不当）

(2) 成分残缺和多余：主要分成分残缺和成分多余两种。例如：
① 因为这样好的成绩，得到了老师和同学们的赞扬。（成分残缺）
② 听了妈妈的话，我心里感到又喜悦又满意的心情。（成分多余）

(3) 语序不当：主要有定语、中心语错位，定语、状语错位，状语、补语错位，状语、中心语错位，句中状语错位，多层定语语序错位，多层状语语序不当七种。例如：
① 我国石油的生产，基本供应国内。（定语、中心语错位）
② 许多附近的老人、小孩都来看戏。（多层定语语序错位）

(4) 句式杂糅：主要分两种说法杂糅和前后牵连。例如：
① 为了防止这类事故不再发生，我们加强了交通安全教育。（两种说法杂糅）
② 当老师宣布将这个任务交给我们的时候，我们大家都有既光荣又愉快的感觉是无法形容的。（前后牵连）

167. 修改病句有哪些方法？

答：

(1) 紧缩法：是先检查句子的"主干"，再检查句子的"枝叶"的一种方法。即首先检查主语（中心）、谓语（中心）、宾语（中心）是否搭配、有无多余或残缺等问题。例如："*志愿者们发扬了不怕苦不怕累的精神和团结互助的友情。"紧缩为"志愿者发扬精神和友情"，从而发现"发扬"和"友情"并不能搭配，因此可改为："志愿者们发扬了不怕苦不怕累的精神和团结互助的风格。"

如果句子主干没有毛病，则进一步检查定语、状语和补语与其中心语能否搭配、有无残缺或多余等问题。例如："*我们应该具有渊博的知识和经验。"紧缩为"我们具有知识和经验"后，发现主干并没有问题，但枝叶部分的"渊博"和"经验"的搭配出现了问题，因此可改为："我们应该具有渊博的知识和丰富的经验。"

(2) 类比法：是造出一些同原句相类似的结构和原句比较，来判断原句正误的一种方法。例如："*这儿过了立秋，天气就变得非常凉爽而且干燥多了。"当无法判断正误时，就造几个类似的结构：
① *格外美丽、大方多了。
② *特别温暖湿润多了。
③ *非常亲切而且动人多了。
④ 十分香甜而且可口。
⑤ 险峻而且雄伟多了。

经过对比，发现程度副词"非常、格外、特别"等和"多了"有明显的语义重复，因此可以去掉一个，改为类似于④或⑤的句型。

168. 什么是复句？

答：复句是由两个或两个以上意义上相关、结构上互不作句法成分的分句加上贯通全句的句调构成的。复句前后有隔离性停顿，书面用句号或问号、叹号表示。复句的各分句间一般有句中停顿，书面上用逗号、分号或冒号表示。

169. 根据分句间的意义关系，复句主要可以分为哪两大类？

答：根据分句间的意义关系划分，复句可以分为联合复句、偏正复句两大类。联合复句内各分句间意义上平等、无主从之分。偏正复句内各分句间意义有主有从，也就是有正句和偏句之分。

170. 联合复句可分成几类？

答：

类别	分句关系	常用关联词
并列	标事—并事	也丨又丨同样丨既……又……丨是……不是……丨一边……一边……
顺承	先事—后事	接着丨于是丨就丨一……就（便）……丨刚……就（便）……丨首先……然后……
解说	主事—补事	换句话说丨也就是说丨即是说
选择	选事—选事	或者丨还不如丨还是丨要么……要么……丨是……还是……丨宁可……也不……
递进	基事—递事	而且丨何况丨反而丨不但……而且……丨不但……反而……丨尚且……何况……

171. 偏正复句可分为几类？

答：

类别	分句关系	常用关联词
条件	条件—结果	便丨就丨要不然丨只要……就……丨无论……都……丨只有……才……
假设	假设—转折	如果……那么/就……丨……的话丨即使/哪怕/就算/再……也……
因果	原因—结果	由于丨因为丨既然丨因为……所以……丨之所以……是因为……丨既然……那么……
目的	目的—行为	以便丨借以丨为了丨以免丨省得丨以防
转折	事实—转折	然而丨可是丨只是丨虽然……但是……丨尽管……然而……丨固然……但……

172. 怎么辨别顺承关系和并列关系？

答：顺承关系分句的次序是按照逻辑顺序相继而下，作鱼贯式排列，一般不能变换次序。这跟并列关系不同，并列关系的分句是雁行式排列，往往可以变换次序。例如：
①我冲他笑了笑，然后就走了。（顺承）
②他一边上学，一边打工赚钱。（并列）

173. 什么是紧缩复句？

答：紧缩复句由一般复句紧缩而成，是分句间没有语音停顿，并省略了一些关联词语的特殊复句。如：
①只要天一亮，就出去跑步。（一般复句）
②天一亮就出去跑步。（紧缩复句）

174. 紧缩复句有哪些常用的固定格式？

答：

紧缩复句格式	语义关系	例句
不……不……	假设关系，相当于"如果不……就不……"	钟不敲不响。
不……就……	假设关系，相当于"要是不……就……"	她不想吃就别勉强她。
不……也……	让步关系，相当于"即使不……也……"	你不说我也知道是谁干的。
再……也……	让步关系，相当于"即使再……也……"	这件事再难我也要做。
一……就……	①承接关系 ②条件关系，相当于"只要……就……"	①他一回家就躺床上去了。 ②我一看书就困。
非……不/才	条件关系，相当于"只有……才……"	①他非看完球赛不睡觉。 ②你非要好好学习才能考上大学。
越……越……	倚变关系，后者随着前者的变化而变化	这件事我越想越生气。

175. 如何区分紧缩复句与连谓句？

答：紧缩复句与单句中的连谓句相像，但不相同。紧缩句有假设、条件等关系，且大多数有关联词语；连谓句没有这些关系，也没有关联词语。例如：
①他一坐下来就看书。（紧缩句——有关联词"一……就……"）
②他坐下来看书。（连谓句——无关联词语）

176. 什么是意合法？

答：有一些复句不用任何关联词语，完全依靠语序以及前后分句的语义制约构成，这就是"意合法"。常见的方式有排列次序、结构平行、成分省略、代词复指等。例如：
① 那个黑影跑过来，他大喊了一声。
   他大喊了一声，那个黑影跑过来。（排列次序）
② 人无压力轻飘飘，井无压力不喷油。（结构平行）
③ 上课铃响了，他跑进教室，匆匆和老师打了个招呼，放下书包，坐了下来。（省略共同主语）
④ 十年前的今天，有个小天使降临人间，她就是我的妹妹。（代词复指）

177. 什么是传统语法？传统语法有什么特点？

答：传统语法又称为"规范语法"或"学校语法"，从语法学产生就形成了，在教育界的影响是根深蒂固的。其特点主要是：
（1）分为词法和句法两大部分，并以词法为主，详细讲解各类词在句子中的形态变化和语法作用，句法往往比较简单，主要为词法服务。
（2）划分词类主要依据形态变化，如果缺乏形态变化，就主要根据该词语在句子中充当什么句子成分或者干脆依赖于意义。
（3）注重书面语分析，比较少或者干脆不考虑口语中的变化。
（4）总结出来的语法规则被看作一种规范和标准，要求学习者予以遵守。

178. 什么是描写语法？描写语法有哪些代表人物和代表作？

答：描写语法又称为"结构主义语法"，它是在对传统语法批判的基础上形成的。其理论的创始人是瑞士的语言学家索绪尔（Saussure），经典著作是《普通语言学教程》（1916），提出了一整套结构主义语言学理论。后来发展为三个分支学派：布拉格学派、哥本哈根学派和美国描写语言学派。其中以美国描写语言学派的影响最大，它的代表人物是美国的布龙菲尔德（Bloomfield），经典著作是《语言论》（1933），制定了描写语言结构的基本原则和一系列方法。其主要观点如下：
（1）区分语言和言语，认为语言学要研究的是语言，而不研究言语；区分语言的共时和历时，认为语言学家要关心的是共时的客观记录和描写，可以不考虑历史的原因。
（2）语言是一个严密的结构系统，语言学家要重点研究语言结构内部的各个成分之间的结构关系，提出"组合关系"和"聚合关系"这两大结构关系。
（3）注意语言的特征，强调形式的描写与分析，提出根据"分布"来划分词类的标准。有意无意地排斥意义的作用。
（4）强调语言结构内部的层次，提出"直接成分分析法"对句法结构进行层次分析。

179. 什么是生成语法？生成语法有什么代表人物和代表作？

答：生成语法又叫"转换语法"或"形式语法"。它是在对描写语法理论批判的基础上形成的。创始人是美国的乔姆斯基（Chomsky），代表作是《句法结构》（1957）和《句法理论要略》（1965）。这一理论的提出被称为"语言学史上的一场革命"，在几十年里进行过多次修正和补充。其主要观点如下：

（1）人脑中有天生的语言能力，当输入一定的语言材料，它就会自动识别并加工出一套规则系统，然后用这套系统产生出无数新的合法的句子来。
（2）语言学家要研究的就是这种语言能力，语法就是要对这种语言生成能力进行描写。这种描写既要是静态的，也要是动态的，即要探索语言是如何产生的。
（3）把语言结构分为"深层结构"和"表层结构"两部分，并且找出从深层结构如何转换为表层结构的规则以及制约转换的条件。
（4）强调建立适用于世界各种语言的"普遍语法"，各种语言的差异只是"参数"不同而已。

180. 什么是功能语法？功能语法有什么代表人物？

答：功能语法强调交际是语言的基本功能。功能语法实际上有很多流派，国内影响最大的是系统功能语法，代表人物是英国语言学家韩礼德（Halliday）。他们把功能分为"概念功能""人际功能"和"语篇功能"。其主要观点如下：

（1）语法研究的重心不是语言结构本身，而是言语功能。语言结构不是任意的，一切都可能在语言的使用中得到解释。
（2）以功能为基础，而不是以形式为基础。认为语言从本质上讲，是一个意义系统。每一类功能下面还可以分出若干个子功能系统。如：概念功能包括及物性系统、语态系统、归属系统、度量系统，人际功能包括语气系统、情态系统、语调系统，语篇系统包括主位系统、信息系统、衔接系统。

181. 什么是句法分析？

答：句法分析是语法分析的三个层面之一。即找出句法结构中的句法成分、指明构成成分的词语类别和词、语、句的整体类型或格式等，也就是对语法单位之间的结构关系和语法单位的类型进行的分析。例如：

她打破了我的杯子。（主谓句）

182. 什么是语义分析？

答：语法分析的三个层面之一。指对语法单位之间的语义关系的分析，即动作与施事、受事、与事、工具、时间、处所等关系以及领属、同位、方式等；此外，还包括语义角色、语义指向、语义特征等的分析。例如："她打破了我的杯子"中"她"是施事，"打"是动作，"杯子"是受事，"我"是与事，"我"和"杯子"之间存在领属关系。

183. 什么是语义角色？

答："语义角色"指词语组合时双方所发生的意义关系的名称。例如，下面一句的动词跟其他词语发生语义关系，就有"动作"与"时间""处所""施事""受事""与事""工具""结果"这些语义角色名称：

  昨天 他的弟弟 在校园里 与同学小李 用木棒 把疯狗 打   死了。
 （时间） （施事） （处所） （与事） （工具） （受事） （动作） （结果）

184. 什么是语义特征？

答："语义特征"指词语在句法结构中互相比较时显出的语义特点。例如"榕树死了"可以说，"木头死了"不能说，两者句法相同，都是"名+动+了"，可以组成合法的主谓结构。但从语义特征看，"榕树"的语义特征是[+生物]，"木头"的语义特征是[−生物]，而"死"显然只能和生物体搭配。

185. 什么是语义指向？

答："语义指向"指句法结构中甲成分与乙成分有语义联系及语义所指的方向。例如"我和他都只有一个弟弟"，状语"都"与主语"我和他"有意义联系，是前指，状语"只"指向宾语"一个弟弟"，是后指。

186. 语义指向有哪些类型？

答：
（1）补语的语义指向
  ① 前指动词。例如：你写快了，慢一点儿！（=你写+写快了）
  ② 前指主语。例如：我写累了。（=我写+我累了）
  ③ 后指宾语。例如：你写完了作业再休息。（=你写作业+作业完了）
  ④ 前指"把"的宾语。例如：把墨水都写光了。（=用墨水写作业+墨水光了）
（2）状语的语义指向
  ① 后指中心语。例如：我经常跑步。
  ② 前指主语。描写动作者在进行某一动作时的表情、姿态、心理状态等。例如：她高兴地看着我。（她高兴）
  ③ 后指宾语。例如：一群大雁向南飞去，整齐地排成一个"人"字。（排成一个整齐的"人"字）

④ 前指介词"把"的宾语。例如：他把小王满意地打发走了。（小王满意）

187. 什么是语用分析？

答：语用分析是语法分析的三个层面之一。包括话题和说明、表达重点、语境、省略和倒装、语气和语调（停顿、重音、句调的升降）等的分析，也就是语言符号与它的使用者、使用环境之间的关系的分析。例如："她打破了我的杯子"在具体语境中，使用不同的重音方式会有不同的焦点和意义。当重音在"她"时，则强调不是别人，而是她打破了我的杯子；当重音在"我"时，则强调他打破的不是别人的杯子，而是我的；当重音在"杯子"时，则强调她打破的不是我的碗，而是我的杯子。除此之外，还可以对这句话的语气、语境、话题和说明等进行分析。

188. "语用"有哪些基本要素？

答：语用是一个交际行为过程，由四个基本要素构成：
（1）发话者：语言信息的发出者或说话人。
（2）受话者：语言信息的接受者或听话人。
（3）话语内容：发话者用语言符号所表达的具体内容。
（4）语境：语言使用的环境，就是言语行为发生的环境。

189. 语用学有哪些研究内容？

答：语用学包括大语用、中语用和小语用。大语用是指语言学的交叉学科，如社会语言学、心理语言学、神经语言学等。中语用包括言语行为、语境、指示、预设、语用含义、会话含义、合作原则和礼貌原则、话语结构等。小语用是指与句法有关的主体、述体、焦点、表达重心、语气和口气、评议以及与语用有关的句式变化、语序变化等。

190. 语用策略主要有哪些？

答：
（1）从已知信息到未知信息的策略。即先传递已知信息，再传递未知信息。
（2）语境信息优于话语信息的策略。语境能够提供的信息要优于话语本身的信息，凡受话者可以从语境中获得的信息原则上都可以不表现为话语形式，除非有必要特别强调它。
（3）语面意义和言外之意的表达选择策略。要表达同一个意思可以选择各种不同的话语表达方式。

修 辞

191. 什么是修辞?

答:
（1）用作名词的"修辞"有两种含义：一是指客观存在的修辞现象，如"修辞属于言语现象"；二是指修辞知识或修辞学，如"要学点修辞""语法和修辞是两门学科"。
（2）用作动词的"修辞"则是指依据题旨情境，运用特定手段，以加强语言表达效果的活动，如"要变不善修辞为长于修辞"。
（3）通常情况下，概括地把"修辞"理解为对语言的修饰和调整，即对语言进行综合的艺术加工。

192. 语用学和修辞学有什么区别?

答：语用学和修辞学都研究语言的运用，但是两者是有区别的：
（1）研究目的不同。语用学注重解释性，目的在于分析语言运用的原则，建立意义解释理论，寻找语言运用的规律；修辞学注重规范性、变异性和实用性，注重研究修辞手段与技巧。
（2）研究方法不同。语用学注重理论解释和推理分析；修辞学注重运用归纳的方法，如修辞格的确立、语言变异的表现方式等。
（3）研究内容不同。语用学以言语行为、会话结构、预设、含义、指标语、信息结构等为具体研究内容；修辞学以词语、句子、辞格的交际特色、语体风格等为具体的研究内容。
（4）研究的要求不同。语用学重在研究话语交际的"编码—输出—传递—接收—解码"全过程；修辞学是语用学里面的一个分支学科。传统修辞学重在研究词语的锤炼、句式的选择和修辞格的运用。

193. "辞格"是什么？常用的辞格有哪些?

答：辞格也称"修辞格""修辞方式"或"修辞格式"，是在语境里巧妙运用语言而构成特有模式，以提高表达效果的方法。

常用的辞格主要有比喻、比拟、借代、拈连、夸张、双关、仿词、反语、对偶、排比、层递、顶真、回环、对比、映衬、反复、设问、反问等。

194. 什么是比喻?

答：比喻就是打比方，是用本质不同又有相似点的事物描绘事物或说明道理的辞格，也叫"譬喻"。比喻里被比方的事物叫"本体"，用来打比方的事物叫"喻体"，联系二者的词语叫"喻词"。

195. 比喻有哪些基本类型？

答：根据比喻的构成要素（本体、喻体、喻词）的不同，比喻可分为明喻、暗喻、借喻三大类。

(1) 明喻：本体和喻体都出现，常用喻词有"像、好像、似、好比、犹如、有如、如、仿佛、像……一样（一般、似的）"。例如："这片荷叶就像一把伞。"

(2) 暗喻：又叫"隐喻"，本体和喻体也都出现，常用喻词有"是、变为、变成、成为、等于"。例如："她就是一只母老虎。"

(3) 借喻：本体和喻词都不出现，借用喻体直接代替本体。例如："我似乎打了一个寒噤；我就知道，我们之间已经隔了一层可悲的厚障壁了。"（用喻体"厚障壁"比喻"我"和闰土间的隔阂）

196. 什么是比拟？

答：根据想象把物当作人来写或把人当作物来写，或把甲物当作乙物来写，这种辞格叫比拟。被比拟的事物称为"本体"，用来比拟的事物称为"拟体"。

197. 比拟有哪些基本类型？

答：比拟可分为拟人和拟物两大类。

(1) 拟人。例如：

矮小而年高的垂柳，用苍绿的叶子抚摸着快熟的庄稼；密集的芦苇，细心地护卫着脚下偷偷开放的野花。

(2) 拟物。例如：

那肥大的荷叶下面，有一个人的脸，下半截身子长在水里。那不是水生吗？

198. 比拟和比喻有什么区别？

答：比拟和比喻有某些相似点，都是两事物相比。不同点是比喻重点在"喻"，即以乙事物"喻"甲事物，甲乙两事物一主一从；比拟的重点在"拟"，即将甲事物"当作"乙事物来写，甲乙两事物彼此交融，浑然一体。

199. 什么是借代？

答：不直说某人或某事物的名称，借同它密切相关的名称去代替，这种辞格叫借代，也叫"换名"。被代替的事物称为"本体"，用来代替的事物叫"借体"。

200. 借代有哪些基本类型？

答：借代的方式主要有以下几类：
(1) 特征、标志代本体。例如：
弟弟看见白大褂走了进来，立刻就紧张起来。（"白大褂"代替"医生"）
(2) 专名代泛称。例如：
李昌钰，当代最有影响的法制人物，有人说他是中国的福尔摩斯。（"福尔摩斯"代替"优秀的破案专家"）
(3) 具体代抽象。例如：
无非是怕说错了丢"乌纱帽"。（具体的"乌纱帽"代替抽象的"官职"）
(4) 部分代整体。例如：
我们要爱护公园的一草一木。（"一草一木"代替"植被"）
(5) 结果代原因。例如：
比赛到了最关键的一局，大家都替他捏着把汗。（"捏着把汗"是"担心"的结果）
借代的方式还有很多，诸如以作者代作品，以牌号、以数字、动作代本体等。

201. 借代和借喻有什么区别？

答：借代和借喻有相近的地方，但借喻是喻中有代，借代则是代而不喻；借喻侧重"相似性"，借代则侧重"相关性"；借喻往往可以改为明喻或暗喻，借代则不能。例如：
① 那边来了个红领巾。（借代，借"红领巾"这个少先队员的标志物来代替少先队员）
② 我似乎打了一个寒噤；我就知道，我们之间已经隔了一层可悲的厚障壁了。（借喻，借"厚障壁"比喻"我"和闰土间的隔阂）

202. 什么是拈连？

答：利用上下文的联系，把用于甲事物的词语巧妙地用于乙事物，这种辞格叫拈连，又叫"顺拈"。甲事物一般都是具体的，多数在前；乙事物一般都是抽象的，多数在后。

203. 拈连有哪些基本类型？

答：拈连可分为全式拈连和略式拈连两大类：
(1) 全式拈连：甲乙两事物都出现，拈连词语不可少。例如：
他们种下了一片果树，也种下了丰收的希望。（把用于"果树"的"种""拈"来"连"在"丰收的希望"上，使原本不能搭配的结构巧妙地拈连起来）
(2) 略式拈连：甲事物省略，或甲事物中的拈连词语省略，乙事物必须出现，借助上下文，省略的内容还是清楚的。例如：
我只是伫立凝望，觉得这一条紫藤萝瀑布不只在我眼前，也在我心上流过。（省略了甲事物中的拈连词语"流过"）

204. 什么是夸张？

答：故意言过其实，对客观的人、事物做扩大、缩小或超前的描述，这种辞格叫夸张。它对事物的某方面的特征加以合情合理的渲染，使人感到虽不真实，却胜似真实。

205. 夸张有哪些基本类型？

答：夸张可分为扩大、缩小、超前三类。
（1）扩大夸张。例如：
隔壁千家醉，开坛十里香。
（2）缩小夸张。例如：
草原上的星星悬得特别低，好像只要你高兴，随时都可以摘下一把来。
（3）超前夸张。例如：
与两个美女一起喝酒，酒杯还没端起来，人就醉了。

206. 什么是双关？

答：利用语音或语义条件，有意使语句同时关顾表面和内里两种意思，言在此而意在彼，这种辞格叫双关。恰当地运用双关，一方面可使语言幽默风趣；另一方面也能适应某种特殊语境的需要使语言表达含蓄曲折、生动活泼，以增强表现力。

207. 双关有哪些基本类型？

答：就构成的条件看，双关可分为谐音双关和语义双关两大类。
（1）谐音双关。例如：
拉着胡子上船——牵须过渡。（谦虚过度）
（2）语义双关。例如：
新事业从头做起，旧现象一手推平。（理发店春联）

208. 借喻和语义双关有什么不同？

答：借喻是以喻体代本体，说的是喻体事物，要表达的是本体事物，是比喻与被比喻的关系，目的在于使抽象深奥的事物表达得具体、生动、简洁。而语义双关表达的是两种意思，借一个词语或句子的意义关顾两个事物，表里意思不一，目的在于收到含蓄委婉、幽默风趣的效果。

209. 什么是仿词？

答：根据表达的需要，更换现成词语中的某个语素，临时仿造出的词语，这种辞格叫仿词。仿词是仿拟形式之一，仿拟还包括仿句和仿调。

210. 仿词有哪些基本类型？

答：仿词可分为音仿和义仿。

（1）音仿。例如：

十一月，广州还是秋高气爽的季节，北国名城哈尔滨早已草木皆"冰"了。（仿"草木皆兵"）

（2）义仿。例如：

我走过阳关大道，也跨过独木小桥。有时候歪打正着，有时候也正打歪着。（仿"歪打正着"而造"正打歪着"）

211. 什么是反语？

答：故意使用与本来意思相反的词语或句子来表达本意，这种辞格叫反语，也叫"倒反"或"反话"。反语的字面意思和实际要表达的意思正好相反。

212. 反语有哪些基本类型？

答：反语可分为以正当反和以反当正两类。

（1）以正当反。例如：

有几个"慈祥"的老板到菜场去收集一些菜叶，用盐一浸，这就是他们难得的"佳肴"。（"慈祥"实际是"凶恶"，"佳肴"实际是"猪食"）

（2）以反当正。例如：

几个女人有点儿失望，也有些伤心，各人在心里骂着自己的狠心贼。（"狠心贼"就是"丈夫"，并没有恶意，反而显示出女人与丈夫的亲密）

213. 什么是对偶？

答：结构相同或基本相同、字数相等、意义上密切相连的两个短语或句子，对称地排列，这种辞格叫对偶。对偶从形式上看，音节均匀，节律感强；从内容上看，凝练集中，概括力强。

214. 对偶有哪些基本类型？

答：对偶就上句和下句在意义上的联系可大致分为正对、反对和串对三类。

（1）正对：上下句从两个角度、两个侧面说明同一事理。例如：

宝剑锋从磨砺出，梅花香自苦寒来。

（2）反对：上下句表示一般的相反关系或矛盾对立关系。例如：

锲而舍之，朽木不折；锲而不舍，金石可镂。

（3）串对：上下句内容根据事物的发展过程或因果、条件、假设等方面的关联，连成复句，一顺而下，也叫"流水对"。例如：

野火烧不尽，春风吹又生。

215. 什么是排比？

答：把结构相同或相似、语气一致、意思密切关联的句子或句法成分排列起来，使内容和语势增强，这种辞格叫排比。排比有突出的表达力。

216. 排比有哪些基本类型？

答：排比可分为句子排比和句法成分排比两类。

（1）句子排比。例如：

沙漠开始出现了绿洲，不毛之地长出了庄稼，濯濯童山披上了锦裳，水库和运河像闪亮的镜子和一条衣带一样布满山谷和原野。

（2）句法成分排比。例如：

在这里，蓝天明月，秃顶的山，单调的黄土，浅濑的水，似乎都是最恰当不过的背景，无可更换。

217. 排比和对偶有什么区别？

答：

（1）排比是三项或更多项的平行排列，对偶只是两项的对称排列。
（2）排比每项的字数可以不完全相等，对偶两项的字数必须相等。
（3）排比常反复使用相同的词语，对偶力避字面的重复。

218. 什么是层递？

答：根据事物的逻辑关系，连用内容递升或递降的语句，表达层层递进的事理，这种辞格叫层递。无论是递升或递降，都是层层深入的。

219. 层递有哪些基本类型？

答：层递分为递升和递降两类。
（1）递升：按照事物的发展，由小到大，由少到多，由低到高……去排列。例如：

时间一天天地过去，一月一月地过去，一年一年地过去，真理老人所撒的种子，也一天一天地生长，一月一月地开花，一年一年地结果。一粒种子变成一百粒，一万粒，千万粒……

（2）递降：按照事物的变化，由大到小，由多到少，由高到低……去排列。例如：

他一直是魂思梦想着打飞机，眼前飞过一只雁，一只麻雀，一只蝴蝶，一只蜻蜓，他都要拿枪瞄瞄。

220. 层递和排比有什么区别？

答：

（1）层递着眼于内容上具有等次性（级差性），构成层递的几个语句在内容上必须是递升或递降的；排比主要着眼于内容上的平列性，构成排比的内容是一个问题的几个方面，或相关的几个问题。

（2）层递在结构上不强调相同或相似，往往不用相同的词语；排比在结构上必须相同或相似，往往要用相同的词语。

221. 什么是顶真？

答：用上一句结尾的词语或句子做下一句的起头，使前后的句子头尾蝉联，上递下接，这种辞格叫顶真，也叫联珠。例如：

大肚能容，容天下难容之事；开口便笑，笑世间可笑之人。

222. 什么是回环？

答：把前后语句组织成穿梭一样地循环往复的形式，用以表达不同事物间的有机联系，这种辞格叫回环。回环可使语句整齐匀称，能揭示事物的辩证关系，使语意精辟警策。例如：

一个人倒下去，千万人站起来；千万人站起来，一个人倒下去。

223. 顶真和回环有什么区别？

答：顶真是反映事物间的顺接或联结关系的，它从一个事物到另一个事物，顺连而下，其轨迹是直线形，不是递升或递降（这又与层递不同）。回环是在词语相同的情况下，巧妙地变换词语顺序，利用它们不同结构关系的不同含义形成回环往复的语言形式，反映从甲事物到乙事物，又从乙事物到甲事物，其轨迹是圆周形。它反映事物之间相互依存或密切关联的关系。

224. 什么是对比？

答：对比是把两种不同事物或者同一事物的两个方面放在一起相互比较的一种辞格，

也叫"对照"。对比可以使客观存在的对立统一关系表达得更集中、更突出。

225. 对比有哪些基本类型？

答：对比可以分为两体对比和一体两面对比两类。

（1）两体对比：把两种根本对立的事物放在一起进行对照。例如：
看文学大师们的创作，有时用简：惜墨如金，力求数字乃至一字传神；有时使繁：用墨如泼，汩汩滔滔，虽十、百、千字亦在所不惜。

（2）一体两面对比：把同一事物的正反两个方面放在一起来说。例如：
时间是勤奋者的财富，创造者的宝库；时间是懒惰者的包袱，浪费者的坟墓。

226. 对比和对偶有什么不同？

答：

（1）对比的基本特点是内容上"对立"，对偶的基本特点是形式上"对称"。

（2）对比是从意义上说的，它要求意义相反或相对，而不管结构形式如何；对偶主要是从结构形式上说的，它要求结构对称、字数相等。

（3）对偶里的"反对"就意义上说是对比，就形式说是对偶，这是辞格的兼属现象。当然，对比不一定都是对偶，这要取决于它的结构形式是否"对称"。

227. 什么是映衬？

答：为了突出主体事物，用类似的或相反的、相异的事物作陪衬的辞格叫映衬，也叫"衬托"。

228. 映衬有哪些基本类型？

答：映衬可分为正衬和反衬两类。

（1）正衬：利用同主体事物相类似的事物作陪衬。例如：
俗话说：人逢喜事精神爽。偏巧，这天又风和日暖，一路上山溪婉转，鸟语花香。莲子虽然没上花轿，心里依然是喜气洋洋。（以景衬情，用"风和日暖""鸟语花香"等正面的形象衬托喜悦的心情）

（2）反衬：从反面衬托，利用同主体事物相反或相异的事物作陪衬。例如：
我曾亲眼看见大片大片熟透的稻子被敌人浇上汽油，烧在地里；整棵整棵苹果树挂上了炸弹，腿断腰斜，横在半山坡上。……但是就在昨天破坏的果树园里，东风一吹，满园子摆动着一片彩云似的花朵。（以过去各种悲惨的情景从反面衬托现在的美好）

229. 映衬和对比有什么区别？

答：映衬与对比不同。映衬有主次之分，陪衬事物是说明被陪衬事物的，是用来突出被陪衬事物的。对比是表明对立事物的，两种对立的事物并无主次之分，而是相互依存的。

230. 什么是反复？

答：特意使用同一个词语或句子等语言单位两次以上，以强调、突出相关内容，加强语气，增加表达感染力，这种辞格叫反复。

231. 反复有哪些基本类型？

答：反复可分为连续反复和间隔反复两类。
（1）连续反复：接连重复相同的词语或句子，中间没有其他词语出现。例如：
周总理，我们的好总理，你在哪里呵，你在哪里？
（2）间隔反复：相同词语或句子间隔出现，即有别的词语或句子隔开。例如：
风雪一天比一天大，人们的干劲一天比一天猛，砍下的毛竹一天比一天堆得高，为竹滑道修的架在两座高山之间的竹桥，也一天比一天往上长。

232. 反复和排比有什么区别？

答：
（1）反复着眼于词语与句子字面的重复；排比着眼于结构相同或相似、意义相近、语气一致。
（2）反复的修辞作用是强调突出；排比的修辞作用是增强气势。

233. 反复和重复有什么区别？

答：重复是一种语病，使人感到内容贫乏，语言累赘；反复则是一种常用的修辞手段。运用反复，是为了突出要表达的中心意思，强调感情。如果没有充实的内容、强烈的感情，而一味地采用反复的形式，那只能造成重复累赘。

234. 什么是设问？

答：无疑而问，自问自答，以引导读者注意和思考问题，这种辞格叫设问。例如：
春天在哪里？春天在我们的教室里，在我们的操场上。

235. 什么是反问？

答：反问也是无疑而问，明知故问，又叫"激问"。但它只问不答，把要表达的确定意思包含在问句里。否定句用反问语气说出来，就表达肯定的意思；肯定句用反问语气说出来，就表达否定的意思。例如：

（1）难道我们不该努力学习吗？
（2）冬天来了，春天还会远吗？

236. 设问和反问有什么区别？

答：设问和反问都是无疑而问，但是有明显的区别。

（1）设问是有问有答，或自问自答，或问而让对方思考答案；反问是明确地表示有肯定或否定的意思，寓答于问，有问无答。
（2）设问主要是提出问题，引起注意，启发思考；反问则主要是加强语气，用确定的语气表明作者的思想。

237. 什么是辞格的综合运用？

答：一组语句里，同时使用几种辞格，就是多种辞格综合运用。辞格综合运用可以收到几重修辞效果。综合运用常见的有连用、兼用、套用三种基本类型。

238. 什么是辞格的连用？

答：辞格的连用是指在一段文字中接连使用同类辞格或异类辞格。例如：

（1）一个人就像一个分数，他的实际才能好比分子，而对自己的估计好比分母；分母愈大，则分数的值愈小。（同类辞格连用：比喻）
（2）几十年的辛苦劳作使他脸上的皱纹像黄土高原的纵横沟壑，注满了岁月的艰难；事态的炎凉又让他本就拘谨的嘴合得更紧了，仿佛已有几个世纪也未曾吐过一个字儿。（异类辞格连用：比喻、夸张）

239. 什么是辞格的兼用？

答：辞格的兼用是指一句话同时兼用多种辞格，也叫"兼格"。例如：
　　真正的铜墙铁壁是什么？是群众，是千百万真心实意地拥护革命的群众。（设问和比喻的兼用）

240. 什么是辞格的套用？

答：辞格的套用是指一种辞格里又包含着其他辞格，分层组合，形成大套小的包容关系。

例如：

　　看吧，狂风紧紧抱起一层层巨浪，恶狠狠地将它们甩到悬崖上，把这些大块的翡翠摔成尘雾和碎末。（比拟套比喻）

241. 什么是语体？

答：语体是为了适应不同的交际需要而形成的语文体式，它是修辞规律的间接体现者。根据交际目的不同，语体可分为公文语体、科技语体、政论语体和文艺语体。

242. 什么是公文语体？

答：公文语体也称事务语体，指适用于机关、团体联系事务的通用公文和专用公文。它包括机关团体的文件、法令、条约、照会、公报，包括社会团体和企事业单位的合同、规章、协议书、计划、调查报告等形式。公文语体最重要、最根本的要求是明确性、简要性和规格性。

243. 什么是科技语体？

答：科技语体主要用于科技领域，是适应科学技术的内容、范围和交际需要而形成的，可分为专门科技语体和通俗科技语体。
（1）专门科技语体指专著、科学论文、科学报告、科技教材、实验报告、技术标准以及读书笔记等用的语体。它最重要、最根本的要求是精确性和严密性，不追求艺术美。
（2）通俗科技语体主要指一些普及性的通俗科技读物用的语体。

244. 什么是政论语体？

答：政论语体也称宣传鼓动语体或时评语体，是适应社会政治生活领域的交际需要而形成的。包括社论、时评、宣言、声明、新闻报道、文艺批评和思想杂谈等。它的主要特征是宣传鼓动性和严密的逻辑性。

245. 什么是文艺语体？

答：文艺语体也称艺术语体，是通过艺术形象来反映社会生活而形成的语文体式。在运用语言的声音、意义、色彩和结构等方面，文艺语体努力追求艺术化，给人以美的享受。文艺语体的语言具有形象性和情感性，这是区别于其他语体的主要特征。

246. 文艺语体有哪些类别？

答：文艺语体可分为散文体、韵文体和戏剧体三类，它们各具特点。

（1）散文体：指小说、散文和特写等用的语体。在语言运用方面的主要特点就是多样化。

（2）韵文体：包括诗歌、词曲和快板等。韵文的语言富有音乐美，非常讲究韵律和节奏。

（3）戏剧体：指话剧、歌剧和地方戏等用的语体。戏剧的语言特点是个性化、口语化。

第二语言习得

247. 第一语言和母语一样吗？

答：第一语言是指人出生以后首先接触并获得的语言，第一语言是相对于第二语言而言的，是按人们获得语言先后顺序区分的概念。母语是指本国、本民族的语言，是相对于外语而言的，是按国家、民族的界限来区分的。一般情况下母语是人们的第一语言，但不能把两者等同起来。

248. 如何辨析语言能力和交际能力？

答："语言能力"是美国语言学家乔姆斯基（Avram Noam Chomsky）所提出的，指人们所具有的语言知识，是一种内化了的包括语音、词汇、语法等的语言规则体系。"交际能力"是海姆斯（D. Hymes）提出的，他认为一个人的语言能力不仅指能说出合乎语法的句子，还包括能否在一定的语言环境中恰当地使用语言的能力，也就是在不同的场合、地点对不同的人进行成功交际的能力，也即运用语言（或非语言手段）进行社会交往的能力。

249. 如何辨析学习和习得？

答："学习"是指在课堂环境下有专门的教师指导，严格按照教学大纲和课本，通过讲解、练习、记忆等活动，有计划、有系统，也是有意识地对语言规则的掌握，典型的例子是成人在学校学习第二语言。"习得"是在自然的语言环境中，通过旨在沟通意义的言语交际活动，不知不觉地获得一种语言，典型的例子是儿童习得第一语言。

250. 中文作为外语教学和中文作为第二语言教学有什么区别？

答："中文作为外语教学"，指的是在非中文环境下对中文非母语或第一语言的学习者所进行的中文教学。与之相对的是"中文作为第二语言教学"，指的是在中文环境下对中文非母语或第一语言的学习者所进行的中文教学。

251. 从学习目的的角度看，第二语言学习动机主要有哪两种类型？

答：第二语言学习动机可以分为融合型动机和工具型动机。

（1）融合型动机：为了跟目的语社团直接进行交际，与目的语文化有更多的接触，甚至想进一步融合到第二语言社团中成为其一员。融合型动机的学习者学习第二语言时能体会到乐趣，不觉枯燥厌烦，更易于掌握第二语言。

（2）工具型动机：把第二语言用作工具的实际目的，如寻找工作、查阅资料等。工具型动机的学习者希望通过利用第二语言达到自己的目标，以提高自己的知识水平，改善自己的社会地位等。

252. 如何辨析认知策略和元认知策略？

答：

（1）"认知策略"是一般性认知策略，可以概括为以下五个方面：

① 求解。学习者对新接触的语言材料首先要做了解，主要是通过已有的语言知识和具体的语言情境进行猜测，并通过各种办法证实自己的假设。

② 推理。学习者通过原有的知识以及新获得的知识，进行分析、归纳等思维活动，以内化规则。这一过程中可能会出现偏误的迁移、过度泛化或简化。

③ 实践。学习者通过大量练习或言语交际活动，从模仿、重复、记忆到运用，以熟练地掌握目的语。

④ 记忆。学习者通过记笔记、朗读、复述、比较、复习等方法，记住所学的规则和语言材料。

⑤ 监控。学习者对自己的语言方面或交际方面的错误加以纠正。

（2）"元认知策略"是一种深层次的认知策略，可以概括为以下四个方面：

① 计划。根据认知活动的性质、任务和目标来制定活动计划，确定认知策略。如预先了解教材内容，确定重点内容并进行预先演练。

② 监控。学习者在学习过程中做到自我监控，注意理解和表达是否正确。

③ 评估。根据反馈的信息，自我检查和评估学习策略的运用和学习的成绩、效果。

④ 调节。根据评估结果，调节学习策略和学习进度，对出现的问题提出弥补措施。

253. 遗忘理论对国际中文教学有哪些启示？

答：

（1）从识记的时间来看，遗忘的进程并不是均衡的，可总结为"先快后慢"，所以新教授的知识要让学生及时温习。

（2）从识记的内容来看，有意义内容的识记比无意义内容的识记遗忘得慢，学习者感兴趣的材料比其不感兴趣的材料遗忘得慢，所以课堂教学应注意有意义内容的输入，并且要尽可能使教学内容生动有趣。

（3）从识记的方式来看，信息如果结合一定的情景并通过视觉、听觉等多渠道输入，比孤立地呈现、单渠道输入遗忘得慢，所以教学应注意情景设置，以及调动多种感官输入知识。

254. 作为个体因素中的情感因素主要指什么？

答：情感因素在第二语言习得中起着极其重要的作用，作为个体因素中的情感因素包括：动机、态度、性格。

255. 普拉克特（C. Practor）的"难度等级模式"共分几级？

答：美国语言学家普拉克特提出的"难度等级模式"将语言难度分为六级，从零级到五级，级数越高难度越大。

（1）零级：指两种语言中相同的成分，在学习中产生正迁移，而不会发生困难。如英语和汉语都是"动词+宾语"的语序，因此英语学习者在学习汉语这一结构时没有困难。

（2）一级：在第一语言中分开的两个语言项目，在目的语中合成一项。如英语中的单数第三人称代词有 he 和 she 的区别，而汉语在读音中则不分，都读 tā，英语学习者要忽略第三人称男性、女性的区别，而用同一个 tā。

（3）二级：第一语言中有而目的语中没有的语言项目，学生必须避免使用。如英语语音中的 [ð][θ]，汉语中没有，英语为母语的学生学汉语要防止其介入性干扰。

（4）三级：第一语言中的某个语言项目在目的语中虽有相应的项目，但在项目的形式、分布和使用方面又有着差异，学习者必须把它作为目的语的新项目重新习得。例如汉语和英语都有被动句，但汉语中除了有标记的由"被""叫""让"等表示的被动句外，大量的则是无标记被动句，还有像"是……的"等表示被动的句子，英语学习者要在其原有的英语被动式知识的基础上，重新认识汉语的被动句，否则就会因英语的影响而造出错句或无法理解"饭吃了"这样的句子。

（5）四级：目的语中的某个语言项目，在其第一语言中没有相应的项目，学习者在习得这些全新的项目时会产生阻碍性干扰。如以英语为第一语言的学习者在学习汉语的声调、汉字以及语法的"把"字句及多种补语时，都会感到一定的困难。

（6）五级：第一语言中的一个语言项目到了目的语中分成两个或两个以上的项目。如英语动词 visit，可译为汉语中的"参观""访问""看望"三个动词，各与不同的宾语组合，需要学生逐项加以区别，才能在目的语中正确使用。

256. 美国学者艾杰敏（C. Adjemian）1976 年提出的中介语的特点有哪三个？

答：可渗透性、"化石化"现象、反复性。

257. 从心理学上讲,"化石化"的形成原因有哪三个?

答:
(1) 学习外语的成年人大脑灵活性的减退。
(2) 成年人由于抽象思维活动能力的发展对目的语规则进行不正确的归纳总结。
(3) 语言"自我"造成的对目的语"移情作用"的阻滞。

258. 语际干扰对教师教学的启发是什么?

答:由于"语际干扰"的存在,教师在备课时要注意中文与学生母语或第一外语的对比分析,及时发现一些潜在的差异,预测干扰项,并在课堂上提醒学生注意。另外,还应根据学生所出现的普遍问题,进行深入分析,找出原因,从而引导学生走出误区。

259. 什么是偏误?

答:第二语言学习者在使用语言时表现出的规律性的错误就是"偏误",这种错误具有系统性、规律性。偏误一般分为语际偏误和语内偏误。语际偏误指由母语负迁移引起的偏误,如:"*我结婚他。"语内偏误指目的语内部的发展偏误,如:"*我想出来老师昨天说的话了。"

260. 失误和偏误有什么区别?

答:"失误"是指偶然产生的口误或笔误,这种错误没有什么规律,说话者一旦意识到马上可以自己改正,这类错误不反映说话者的语言能力。"偏误"则是因为目的语掌握不好而产生的一种规律性错误,一般学习者自己难以察觉,也不易改正。

261. 教师对待偏误的正确态度应是怎样的?

答:
(1) 正视偏误,对偏误有全面而深入的认识。偏误是第二语言习得过程中必然存在的正常现象,学习者正是通过不断克服偏误掌握目的语的。
(2) 利用偏误分析的相关知识,预测学习者可能发生的偏误及来源,在教学中掌握主动,提供正确的示范。
(3) 纠正学习者的偏误要讲求方法科学、得当,启发学生自己发现并改正偏误。

262. 什么是过度泛化?

答:主要指学习者(特别是外语学习者)把他所学的有限的、不充分的目的语知识,用类推的办法不适当地扩大适用范围,套用在目的语新的语言现象上而造成的偏误。

263. 中文学习者易发生的语法偏误从形式上看有哪几种情况？

答：一般有四种情况：
(1) 必要成分的遗漏。
(2) 某些成分的误加。
(3) 词语或句式的误用，主要表现为近义词之间和特殊句式的误用。
(4) 语序错误，主要包括状语后置、副词前置、定语后置、疑问代词前置、处所宾语后置等几种情况。

264. 什么是"语言—语用偏误"？

答："语言—语用偏误"是在使用句式和词语时，由于思维方式、习惯或观察事物的角度和范围的差异等原因所造成的不得体性。例如，中文和英语在回答是非问句时的着眼点不同：中文中，回答是非问句时，是对提问者所说的话作肯定或否定的回答，而英语对是非问句的肯定或否定回答则是表达应答人自己的意向，并不考虑是否与问句语气相承。

265. 什么是"社交—语用偏误"？

答："社交—语用偏误"是指在社会交往中中文学习者出现的不符合中国社会习惯和文化心理的语用偏误。例如，在中国人的习惯里，对长辈、师尊不以姓名相称，而要使用如"吴先生""吴老师"之类的称谓，一些来自西方国家的中文学习者依据原有的文化习惯，往往产生此类偏误。

266. 什么是系统偏误？

答：系统偏误指第二语言习得过程中，学习者正逐渐发现并形成目的语规则和系统，但还不能正确地运用这些规则，因而出现的规律性错误。

267. 什么是偏误分析？

答：偏误分析是对学习者在第二语言习得过程中所产生的偏误进行系统的分析，研究其来源，揭示学习者的中介语体系，从而了解第二语言习得的过程与规律。

268. 偏误分析的步骤具体有哪些？

答：美国语言学家科德（S. P. Corder）把偏误分析分为五个步骤：
(1) 搜集供分析的语料：从第二语言学习者的口头和书面表达中或听力理解中选择供分析用的语料。

（2）鉴别偏误：首先要区分是有规律性的偏误还是偶然的失误，同时还要区分是结构形式的偏误还是语用的偏误。
（3）对偏误进行分类。
（4）解释偏误产生的原因。
（5）评估偏误的严重程度，是否影响到交际。

269. 学习者偏误的来源有哪些？

答：语际迁移、语内迁移、学习语境、交际策略、文化迁移。

270. 如何辨析语内偏误和语际偏误？

答："语内偏误"是指第二语言学习者在学习过程中由于对目的语规则掌握不全面或因错误推断而造成的偏误。"语际偏误"是指由于第一语言的干扰造成的偏误。

271. 偏误分析中，偏误用例分类的原则是什么？

答：
（1）差异大于共性的应分开讨论。
（2）共性大于差异的应归入一类进行讨论。

272. 偏误用例分析的原则是什么？

答：
（1）对偏误的解释必须合乎语言规则。
（2）应从最能说明问题的角度进行分析。
（3）力求深入浅出。

273. 第二语言习得过程中，一个外国人写出"一个年"这样的词组最可能的原因是什么？

答：将目的语知识过度泛化。他们很可能先学了"一个星期""一个月"这样的词组，然后将这里的量词"个"用在了"年"上。

274. 为什么外国学生常只称呼老师的姓或名？

答：这是母语文化对外语学习造成干扰，从而产生的偏误。因为有的国家的学生对老师只以姓相称，以示尊敬；或只以名相称，以示亲切。对他们本国的老师这样称呼时，老师会感到高兴，但在中国，这样称呼却是不得体的。

275. "*可以扔石头到河里去"这一偏误属于哪一层面的哪一类偏误？

答：属于语法层面的句式的误代，该用"把"字句时用了较为简单的句式代替。在基础阶段，这种偏误常表现为：在该使用某种句式时没有使用，而是用已经熟悉的、较简单的句式代替；或者不该使用某个句式时却使用了。这两种情况的结果都是造出母语者不能接受的句子。

276. "*好机会［学习中文（的）］"，这是属于哪一层面的什么偏误？其产生的主要原因是什么？

答：这一偏误属于语法层面的单个成分错序中的定语错序。出现定语后置偏误的主要原因是母语的干扰。在英语中，定语一般都是后置的。而关于是否用了"的"，又说明学生在掌握中文定语的程度上是有差别的。

277. "越来越"的句子常见偏误有哪些？

答：
（1）所修饰的词语前带有表示程度高的副词，如"*越来越很美"。
（2）修饰的词语后带了不适当的补语，如"*越来越热起来了"。
（3）修饰了行为动词，如"*越来越长大了"。
（4）修饰了主谓短语或句子，如"*越来越天气冷了"。

278. "*真倒霉，自行车人偷了。"如何解释这句话的偏误？

答：这是"被"字句的偏误，受事主语与施动者同时出现时未用"被"。应改为"真倒霉，自行车被人偷了。"

279. "*我发现他的中文水平比我非常高。"如何分析这一偏误？

答："比"字句中，表示比较的结果或差别的词语前不能用表示程度的副词，如"很""非常""十分"等作状语。如果实在要表示差别大，可在后面用表示程度的补语。上述句子可改为："我发现他的中文水平比我高不少。"

280. "*房间被打扫干净了。"这句话的偏误类型是什么？可能的原因呢？

答：误加。原因很可能是目的语规则的泛化，"被"只适用于一部分有使动意义的动词。汉语中有为数不少的动词，在表示被动意义时不能使用"被"，用了反而变成误加。类似的偏误如"*这篇作文被修改完了"等。

第二部分 中文教学方法

概　述

1. 中文教学包括哪四个部分？

   答：
   （1）中文教学的基本原则和方法；
   （2）语言要素教学，其中包括现代汉语语音、词汇、语法、汉字的相关知识；
   （3）中文技能教学，主要包括听说读写教学的方法和技巧；
   （4）现代教育技术的应用。

2. 中文教学内容可以概括为哪四个方面？

   答：语言要素、语言技能、言语交际技能、相关文化知识。

3. 中文教学的主要目的有哪些？

   答：
   （1）掌握中文基础知识和听说读写的基本技能，培养运用中文进行交际的能力。
   （2）培养自学中文的能力，增强学习中文的兴趣。
   （3）掌握中文的文化因素，了解中国国情、中华文化，提高文化素养。

4. 中文教学的基本原则包括哪些内容？

   答：中文教学的基本原则有十条，分别是：
   （1）激发学习者学习中文的兴趣。
   （2）最大限度地为学习者提供学习中文的机会。
   （3）引导学习者进行有意义的商讨性、交流性学习。
   （4）最大限度地帮助学生减少错误。
   （5）培养学习者直接用中文思维的能力。
   （6）培养学习者的中文语言意识。
   （7）合理设置中文典型情景。
   （8）培养学习者的综合中文技能。
   （9）培养学习者自主学习中文的能力。
   （10）培养学习者的中文社会语用能力。

5. 中文教学基本教学原则的总则是什么？

答：掌握中文的基础知识和基本技能，培养运用中文进行交际的能力。

6. 课堂教学有哪些局限？

答：
（1）通过课堂接触目的语的时间极为有限，目的语的输入量无法与自然习得相比。
（2）课堂教学所提供的不都是真实的语言材料，与实际生活中的语言尚有距离。
（3）课堂教学难以提供真实的交际情景，学生很难进行真实的交际活动。

7. 一个完整的教学过程应该包括哪些内容？

答：每一个完整的教学过程都可以从大到小划分为四级单位，依次是：教学单位、教学环节、教学步骤和教学行为。其中，一个教学单位可以划分为若干教学环节，每一个教学环节都是由一个或数个教学步骤构成的，教学行为是最小的单位。

8. 中文教学中，言语交际技能的教学包括哪些内容？

答：言语交际技能不仅要求言语的正确性，还要求言语的得体性，即在一定的语言环境中恰当地使用语言。它一般包括语用规则、话语规则和交际策略等。

9. 视觉型学习者的特点是什么？

答：视觉型学习者往往需要借助视觉信息的辅助才能有效学习，例如在课堂上需要借助图片、字卡、视频等视觉辅助手段，这类学习者喜欢参与阅读类活动。

10. 听觉型学习者的特点是什么？

答：听觉型学习者喜欢通过听的方式来学习，他们的语音及口语学习能力较强。这类学习者喜欢大声朗读，有声语言能够帮助他们更好地学习。

11. 针对初级阶段的中文学习者，教师的语言需要注意什么问题？

答：发音尽量夸张，语速放慢。多用基本词汇，以及结构完整的单句，少使用复合句或从句，陈述句多于疑问句。话语多重复、多解释，可适当夹杂学习者的母语或媒介语。同时附带大量手势、动作和表情。

12. **国际中文教师可以通过哪些方式激发学习者学习中文的兴趣？**

    答：
    （1）课上可以通过丰富有趣的课堂活动、轻松幽默的课堂话语和活泼生动的提问方式激发学生学习中文的动力和持续学习的热情。
    （2）课后建立有效的中文学习共同体，为学生提供种类多样的课外活动，营造自然舒适的语言氛围，有利于培养学生的学习兴趣。
    （3）教材的精美实用、教室环境的整洁优美等也会使学生感到轻松愉悦，从而爱上学习中文。

13. **在教学过程中，教师可以通过哪些方式营造语言情景？**

    答：
    （1）可以利用实物、图片和多媒体等调动学生的视觉、听觉、触觉等各种感官来直接感知并内化为知识。
    （2）可以通过表情、动作创设情景，也可以间接设置中文典型情景，即教师根据教学目标预设一些情景，让学生感受语言的使用条件。例如，举例说明情景、角色扮演、模拟情景等。

14. **中文教学中，教师可以采取哪些策略培养学生的自主学习能力？**

    答：
    （1）注重学生的个性化特点，遵循一定的教学原则和语言学习规律，因材施教。
    （2）引导学生自主学习，注重学习方法的传授，鼓励学生自主寻找解决问题的方法。
    （3）鼓励学生自主学习与合作学习相结合，自主学习并非独自学习，而是倡导与合作学习相结合，以学生为中心，通过师生互动和生生互动，完成共同的学习目标。

15. **课堂教学的非言语性行为包括哪些？**

    答：
    （1）位置移动。
    （2）身体的局部动作。教师身体的局部动作可以对学生的态度、情绪、学习等产生有意义的影响，包括面部表情和眼神交往等。
    （3）适宜停顿。
    （4）示范操作。

16. 怎样使中文教学更富有趣味性？

答：
（1）选取带有一定趣味性的课本或材料。
（2）教师在课堂教学中尽量使用幽默风趣的语言，并辅以一定的表情或动作。
（3）围绕学生实际生活组织语言交流，给学生一些有趣的话题等，营造轻松的环境。
（4）自己制作有趣的教具等。

17. 什么是语言意识？

答：所谓语言意识，是指一个人对语言特点、功能的敏感性和主动认识的能力。良好的语言意识可以促进第二语言的学习。语言意识越强，接受第二语言的能力就越强。

18. 什么是语用能力？

答：美国语言学家利奇（Geoffrey Leech）认为语用能力可分为语用语言能力和社会语用能力。前者指运用语言实施言语行为的能力，后者指在交际行为中根据情景或社会变量来改变言语行为策略的能力。社会语用能力是更高层次的语用能力，包括根据社会语境的变化懂得如何改变交际内容和语言形式、懂得选择表达怎样的人际意义（如礼貌原则）以及实施什么类型的言语行为。

19. 什么是"i+1"理论？

答：美国语言教育家克拉申（Stephen D. Krashen）曾提出"i+1"理论，其中"i"代表学生现有的语言水平，"1"为难度级别。"i+1"即教师给学生提供的语言材料要比学生现已掌握的语言水平高一些，不可过易或过难。

20. 什么是普通意念和特殊意念？

答：普通意念指与功能相关的时、空、数量等关系，例如时间、空间、数量等，适用于各类话题和背景，是所有学习者都必须掌握的。特殊意念指由话题直接决定的词汇项目，例如爱好、身份、家庭、社会、自然、行业等等。

21. 目前中国国内各大高校采用的教学模式是什么？

答：以综合课打头，按技能设课。

22. 中文速成教学对其教学对象有什么要求？

答：速成班要求学生应具有明确的学习目的、强烈的学习欲望，他们中的绝大多数把中文作为职业活动的直接内容，学习积极性高，有较强的紧迫感和学习压力，珍惜学习机会和学习时间。还要求学生自身的素质较高，社会文化知识丰富。此外，还要求学生具有相同或相近的文化背景和母语，避免因文化差异减弱教学效果。另外对学生的年龄、文化程度、身体状况也有一定的要求。

23. 速成教学的原则有哪些？

答：
（1）遵循语言学习和教学的规律。
（2）教学方法应符合规范，包括讲练内容的规范、教学环节的程式化、各课型之间保持统一等。
（3）分级教学原则和激励促进手段。
（4）整体教学与个别教学相结合。

24. 什么是"情景化教学"？

答：情景是指话语出现和使用的特定场合。情景化教学是指利用和创造特定句子或更大语言单位出现的情景，使学生沉浸在丰富的、自然或半自然的语言习得环境中，接触、输入、习得相关的语言材料，并生成、输出相应的话语的教学法。

25. 语感培养教学模式的特点是什么？

答：
（1）自然的语感培养与自觉的语感培养相结合。
（2）以字词教学为核心，根据中文的特点和规律展开操练。
（3）以意义、功能、表达为重点，适当兼顾结构形式分析。

26. 教师对学生的纠错方式主要有哪几种？

答：主要有六种方式，分别是：
（1）明确纠正。直接指出错误，并给出正确答案。
（2）重述。用正确的语言形式重新表述学生要表达的意思，对学生的话语做全部或部分修正，但不明确指出错误。
（3）重复。重复学生的话语，伴随上升语调或重音以突出错误，引起学生注意。
（4）请求澄清。要求学生重新组织话语。

（5）引导。通过特定的语言和技巧引导学生自我修正，如有意停顿让学生填充正确答案。

（6）元语言提示。对学生的语言形式给予评论或提出质疑，不给学生正确答案，而用元语言提示相对明确地指出学生的错误，让学生自我纠正。

27. 纠正学生语言错误的常用技巧有哪些？

答：

（1）再次询问。一般来说，学生犯错误很可能是因为粗心或不能熟记语言材料的结果，有时只需老师稍加提醒就能自己改正。

（2）请学生再说一遍。学生说错后，老师应立即请他再说一遍刚才的话，学生会马上意识到自己刚才说错了，再说一遍就会说对。

（3）由老师领着全班学生说一遍。跟说是集体的活动，可以减轻个别同学的紧张感。

（4）总结归纳。在归纳总结阶段，板书是比较好的纠错方式，纠错的内容应该是较为普遍的错误。

28. 重铸的含义是什么？

答：重铸是口语训练中六种更正性反馈策略之一，是指将学生的偏误句用正确的方式重述一遍，而不改变原来的意义。

29. 基本控制法的含义是什么？可设计哪些相关练习？

答：基本控制法是口语会话训练的一种形式，是指教师确定话题，设置一定的情景，规定练习的功能项目和使用的句式，学生可自由选择结构、词语的一种练习方法。如：教师可设计一些不完整对话，让学生根据情况完成对话；或利用视听材料，让学生进行配音练习等。

30. 中文课堂上，针对课文的练习有哪几种？

答：

（1）分角色复述。在学生初步掌握了课文内容后，由学生按课文中出现的人物，分角色复述课文内容。

（2）人物替换练习。在学生基本掌握了课文或教师设计的基本对话后，由教师设计出适合所学语言点的新人物进行练习。

（3）情景替换练习。由教师设计出适合所学语言点的新情景，组织学生进行课堂操练。

31. 课堂上朗读课文有哪些方式？

答：
（1）教师领读，由教师亲自示范，学生跟读。
（2）学生领读，可请发音优秀的学生领读，其余学生跟读。
（3）录音领读，教师播放录音示范，学生跟读。
（4）分组朗读，可让学生分角色朗读，模拟交际对话情景。
（5）全体齐读。

32. 针对课文篇章结构的训练方式有哪些？

答：
（1）复述课文，即让学生按照课文复述内容，教师可适当提供框架和关键词。
（2）转述课文，即改变叙述角度讲述课文内容。
（3）演绎课文，让学生根据课文内容模拟情景进行表演，教师应预先强调一些需要使用的重要词语、句式，在此基础上鼓励学生自由发挥。

33. 描述是交际练习的一个项目，它的含义是什么？

答：描述即让学生对周围环境或自己的情况等进行说明。如：学习方位词时，老师可以问学生："你的宿舍在哪里？"然后让学生描述一下宿舍的位置。

34. 教师的提问要注意哪些问题？

答：
（1）提问类型多样化，如理解新知识的问题、检查复习的问题、训练技能的问题、开放型问题等。
（2）提问方式上，要面向全班，尽量保证学生机会均等。
（3）提问的难度要适中。
（4）提问过后，认真倾听，并对答案给予反馈。

35. 什么是定式问答？

答：定式问答就是由教师提问，要求学生用指定的句型或者词汇，根据自身情况回答教师的问题。例如：
　　要求使用的句式：一……就……
　　教　师：你回家以后做什么？
　　学生甲：我一回家就吃饭。
　　学生乙：我一回家就写作业。

教学法流派

36. 第二语言教学法主要流派的特点和代表性教学法是什么？

答：

流派	特点	第二语言教学法
认知派	强调学习者对语言规则的理解和自觉掌握	语法翻译法、自觉对比法、认知法
经验派	强调通过大量的模仿和操练形成习惯	直接法、情景法、阅读法、听说法、视听法
人本派	强调以学生为中心，教为学服务，在教学中重视情感因素的作用，建立和谐的同学和师生关系，充分发挥学生的主动性	团体语言学习法、默教法、暗示法、全身反应法
功能派	受社会语言学、功能主义语言学的影响，重视培养学生的语言交际能力	交际法

37. 作为国际中文教师，应当如何看待各种教学法流派？

答：教师应系统全面地了解、研究各种教学法，从理论、设计、步骤等层面深入学习，取长补短，客观辩证地看待各种教学法流派，认识到其产生的必然性和合理性，看到教学法之间存在的对立排斥、继承发展的关系，认识到新旧教学法长期共存的关系。

38. 第二语言教学法的发展趋势是怎样的？

答：
（1）不同的教学法流派在保持自己特色的同时，出现了综合化的趋势。
（2）在探讨学生习得规律的基础上研究教学规律，为教学法的发展提供了更科学的基础。
（3）培养运用目的语进行交际的能力正逐步成为第二语言教学目的的共识。
（4）以学生为中心，更加重视教学中的情感因素和人际关系。
（5）灵活运用现代化教学手段，迎接日新月异的挑战。

39. 第二语言教学史上第一个完整的教学法体系是哪种教学法？

答：语法翻译法。始于19世纪40年代，又称"传统法"或"古典法"，是以系统的语法知识为纲，依靠母语，通过翻译的手段，主要培养第二语言读写能力的教学法。

40. 语法翻译法有什么特点？

答：

（1）以理解目的语的书面语言、培养阅读能力和写作能力以及发展智力为主要目标，不重视口语和听力的教学。

（2）以系统的语法知识为教学的主要内容，语法教学采用演绎法，对语法规则进行详细的分析，要求学生熟记并通过翻译练习加以巩固。

（3）词汇的选择完全由课文内容所决定，用对译的生词表进行教学；句子是讲授和练习的基本单位。

（4）用母语进行教学，翻译是主要的教学手段、练习手段和测评手段。

（5）强调学习规范的书面语，注重原文，阅读文学名著。

41. 语法翻译法有哪些不足之处？

答：

（1）忽视语音教学和口语教学，缺乏听说能力的训练。

（2）过分依赖学习者的母语和翻译手段。

（3）过分重视语法规则的教学，教学内容枯燥。

（4）不太利于语言交际能力的培养。

42. 什么是"直接法"？

答：又称"改革法"或"自然法"，19世纪末20世纪初产生于西欧，主要在法国和德国。它是与语法翻译法相对立的教学法，主张以口语教学为基础，按幼儿习得母语的自然过程，用目的语直接与客观事物相联系而不依赖母语、不用翻译的第二语言教学法。

43. 直接法的语言观是什么？

答：直接法认为语言是一种习惯，语言的运用依靠感觉和记忆而不是思维。其产生的背景为：语言学的进一步发展促使当时的语言学家对欧洲的几种主要语言做了较为全面的分析和对比，研究的结果表明不同语言的语法结构和词汇并不存在完全等值的关系。而当时语音学的发展，国际音标的制定，也为口语教学创造了条件。

44. "培养学习者直接用中文思维的能力"这一基本原则主要脱胎于第二语言教学法哪一流派？

答：主要来源于"直接法"。作为语法翻译法的对立物，它提倡直接用外语教外语。直接法有一个重要原则——直接联系原则，即建立语言与外界经验的直接联系，中文教师可以在教学中有意识地建立学生的"中文思维"能力，用中文学习中文。

45. 直接法有哪些主要特点？

答：
（1）将目的语与其所表示的事物直接联系，而不通过母语翻译。
（2）不是先学习语法规则，而是通过直接感知的方法，以模仿、操练、记忆为主形成语言习惯，学习到一定阶段时，再进行必要的语法规则总结。
（3）认为口语是第一性的，先听说后读写，重视语音教学。
（4）以句子为教学的基本单位，而不是从单音或孤立的单词开始。
（5）以当代通用的语言为基本材料，学习生动的、活的语言，而不是一些名著中典雅却不常用的语言。

46. 直接法的局限性在哪里？

答：
（1）过分强调幼儿学习母语的规律，而对成人学习第二语言的特点认识不足。
（2）过分排斥母语，对母语在第二语言教学中的作用认识不够。
（3）强调口语教学，对读写等能力的培养不够重视。
（4）过分强调模仿，对人的主观能动性强调不够。
（5）对教师的言语技能要求太高，在实际操作中存在困难。

47. 情境法的教学过程一般是怎样的？

答：
（1）教师多次示范某一新的词语或结构，让学生集体模仿。
（2）对学生进行个别语音操练。
（3）运用已知句型进行问答练习以引进新的句型或结构。
（4）通过造句、问答、填空等方式练习新句型。
（5）反馈，并尽量让学生自己纠正错误。

48. "情境导入法"的含义是什么？

答：情境导入法是指教师设置一个具体的情境，并通过问答、讲故事等方式引出所要讲解语法点的教学方法。

49. 听说法的心理学基础是什么？

答：听说法的心理学基础是行为主义心理学，行为主义把人和动物的行为都纳入刺激—反应这一轨道之中，特别是美国行为主义心理学家斯金纳（B. F. Skinner）的操作行为主义，他认为言语行为是通过刺激与反应的联结并加以强化而形成的习惯，强调第二语言教学要通过大量的模仿和反复操练以培养新的语言习惯。

50. 听说法有哪些优越性？

答：听说法的出现是第二语言教学法发展史上的一个里程碑，在理论和实践方面都促进了第二语言教学法的发展。听说法第一次自觉地把语言学和心理学理论作为教学法的理论基础，使第二语言教学法建立在更为坚固的科学基础上。其有一套完整的教学法体系，提出许多合乎第二语言教学规律的重要原则和教学方法，重视对现代化教学手段的利用。

51. 听说法的教学过程可分为哪几个阶段？

答：按照美国学者特瓦德尔（W. F. Twaddell）的归纳，听说法的教学过程可分为：
（1）认知：教师向学生展示新的语言材料，并可借助于实物、情境等使学生理解语言材料的意义。
（2）模仿：教师反复示范，学生准确地模仿。
（3）重复：反复地练习，练习形式可多样，如选择、填空等。不断进行已模仿材料的重现，达到让学生识记的目的。
（4）变换：用变换句子结构的练习（句子扩展、句型转换等）给学生活用的机会。
（5）选择：用问答、对话等方式，让学生用已学词语或句型描述特定的事件或场景，进一步活用。

52. 视听法的特点是什么？

答：
（1）视觉感知与听觉感知相结合。利用声、光、电等现代化技术手段展示语言材料，比单凭听觉或视觉在理解、记忆语言材料方面效果更好。
（2）语言与情景紧密结合。视听法从日常生活情景中选择、安排语言材料，并创造接近于真实的情景进行听说读写活动。
（3）整体结构感知。如教词汇和语法时，通过图像所呈现的情景，先进行整体感知，再从语段和句子开始进行教学，教学顺序是：成段对话→句子→单词→语素。
（4）先口语教学，后书面语教学。听说领先，教材以对话为主，进行集中强化教学。

53. 认知法的定义是什么？

答：认知法又称认知—符号法，20世纪60年代产生于美国。它主张在第二语言学习中发挥学习者智力的作用，通过有意识地学习语音、词汇和语法知识，理解并掌握语言规则，并能从听说读写这四个方面全面地、创造性地运用语言。

54. 什么是团体语言学习法？

答：也称"咨询法"，20世纪60年代初创立于美国，代表人物是美国心理学家柯伦（C. A. Curran）。这是一种采用小组集体讨论的形式，教师和学生处于医生和病人的关系，并把学习过程看成是咨询过程的第二语言学习方法。

55. 团体语言学习法强调哪六个基本要素？

答：包括安全感、注意力、进取心、记忆力、思考和辨别。
（1）安全感：教师放弃权威地位，完全尊重、信赖学生，师生双方相互营造轻松愉快的氛围。
（2）注意力和进取心：在轻松愉快的氛围中，学生的主动性和积极性得以发挥，注意力更集中，在学习的过程中自信心也随之增强。
（3）记忆力和思考：课堂上要留有充足的静默时间，让学生对所学内容进行思考、吸收和记忆。
（4）辨别：学生对语音、词汇、语法等的正误能加以辨别，提高语言运用的准确性。

56. 默教法的主要特点是什么？

答：
（1）以学生为主体，教师只是作为启蒙者为学习者创造一个有利于学习的环境。学习主要依靠学生自己。
（2）教师的沉默是默教法的最大特点。
（3）教师一般不改正学生的错误，并强调学生之间的交互活动。
（4）将词汇看作是语言学习的核心，强调词汇的选择，用少量的词创造大量的句子。

57. 全身反应法的主要教学原则是什么？

答：
（1）教学的总目标是培养学生的口语能力，但在培养表达能力之前应先培养其对目的语的理解能力，也就是先进行充分的听力理解训练后才转入说的训练。
（2）通过全身动作的反应来训练理解能力，有利于学习者掌握目的语。
（3）在学习者已经准备好并有了说目的语的需求时，再让他们开始学习说话，说的训练也是从让学习者向同学发指令开始。
（4）要减轻学生的心理压力，使学生在少焦虑的状态下学习语言并获得成就感。

58. 什么是暗示法？

    答：暗示法是由保加利亚教育家罗扎诺夫（G. Lozanov）于20世纪60年代中期创立的第二语言教学法，又称"启示法"。这是一种强调通过暗示，同时开发人的身心两方面的潜力，激发高度的学习动机，将有意识和无意识的活动相结合，让学习者在放松而又注意力高度集中的心理状态下进行有效学习的教学方法。暗示法认为人的大脑在无忧无虑的情况下可以产生超常的认知能力和记忆能力，从而提高学习效果。

59. 自然法的理论基础和理念是什么？

    答：自然法以语言交际理论和克拉申的五个假说为理论基础。其认为应当把培养用语言进行有效的交际能力作为初级语言教学的目标，而不是一味追求语法上的完美无缺。课堂教学以习得为主，要进行注重内容而非结构形式的交际活动。理解在自然法中起着很重要的作用，应让学习者通过可理解的输入，多接触目的语。课堂气氛要活跃、轻松，从学习者的需求和兴趣出发来组织课堂活动。

60. 自然法把第二语言教学过程分为哪几个阶段？

    答：
    （1）表达前阶段。也即集中发展听力理解的"沉默阶段"。
    （2）早期表达阶段。学习者在掌握约500个词的基础上依靠自己的习得能力进行表达活动，在此阶段对学习者的错误一般不过多纠正，以免将其注意力从语言内容引向语言形式。
    （3）扩展表达阶段。进一步发展表达能力，常采用角色扮演、自由对话、小组讨论等形式。

61. "引导学习者进行有意义的商讨性、交流性学习"这一基本原则主要脱胎于第二语言教学法哪一流派？

    答：主要来源于"交际法"。它以语言功能和意念项目为纲，培养在特定的社会语境中运用语言进行交际的能力。交际法的主要特色是以学生为中心，让学生通过语义协商，学习如何对所学内容进行适当的理解诠释，以实现沟通交流的目的。

62. 什么是"交际法"？

    答：又称"交际语言教学"，较早称为"功能法""意念—功能法"，产生于20世纪70年代初西欧共同体国家，中心在英国，是以语言功能和意念项目为纲，培养在特定的社会语境中运用语言进行交际的能力的第二语言教学法。交际法的语言观认为，语言是表达意义的系统，其基本功能是社会交际。交际法注重培养语言交际能力，更强调语言的流利性、可接受性和得体性。

63. 交际法主要有哪些教学步骤？

答：
（1）教师展示语言材料（真实、连贯的对话）。
（2）学生对每段对话进行口头练习。
（3）学生学习对话中出现的基本交际表达法和语言结构，教师帮助学生发现并总结语言结构规则。
（4）在教师提供的交际情景中，学生运用学习的表达法和语言规则进行交际活动，教师适时指导，以培养学生在实际生活中的交际能力。

64. 交际法明确提出以功能、意念为纲，那么，交际大纲把语言功能分为了哪几类？

答：
（1）传达与了解实际情况，如询问、报告等。
（2）表达或了解理智性的态度，如同意、接受、必须等。
（3）表达或了解道义上的态度，如道歉、原谅等。
（4）表达或了解情感性的态度，如高兴、喜欢、希望等。
（5）请人做事，如建议、请求等。
（6）社交，如问候、告别、祝酒等。

65. 什么是"任务型教学法"？

答：任务型教学法是交际法的延伸和发展，该教学法提倡让学生通过完成任务来学习语言。其将语言教学的基本理念转化为具有实践意义的课堂教学行为，将形式化的语言项目融入语言活动中，鼓励学生在真实的场景中去探究、运用，从而习得语言。

语言技能教学——听力

66. 在中文教学的不同阶段，语言技能教学有什么不同？

答：在中文教学的不同阶段，教学目标和侧重点均有所差异。从初级到高级，语言能力的综合训练贯穿始终，但针对学生的需求和语言学习的规律，各技能之间既保持一定的协调，也有一个优先培养的问题。在语言学习的初期，适宜将口头理解和表达能力的训练放在首位，兼顾书面表达；到了中高级阶段，会根据学生的兴趣或专业侧重，逐渐增加书面理解和表达的比重。

67. 什么是听力理解？

答：听力理解的本质是通过语音接收言语信息，并通过大脑对信息进行解码。听力理解的过程其实是一个语音建构意义的过程，简单来说就是，听话者先感知说话者语流中的每一个音节以及其他的言语信息，然后运用大脑中原有的知识，对这些言语信息做出解释，进而揭示所接收的语音的含义。

68. 中文听力课教学的基本原则是什么？

答：

（1）强调大量输入和可理解输入。听力课教学应提供大量的听力材料，训练学生熟悉语音并理解意义，逐步提高解码速度，所提供的听力材料应生动、有趣、适宜，尽可能还原自然语言场景，保证输入的可理解性。

（2）以听为主，以练为辅，听练结合。在听的基础上设计多种多样的练习，训练学生的听力技巧。

69. 听力技能训练过程分为哪几个阶段？

答：可分为听前、听中、听后三个阶段。

（1）听前阶段要扫除障碍，激活语言知识、背景知识和技能储备，激发兴趣，引起并集中注意力。

（2）听中阶段要保证听力训练的完整性，训练学生跨越障碍和捕捉关键信息的能力。

（3）听后阶段要检查听力理解的效果，使学生深入理解听力材料，巩固语言知识，加深对策略技巧的体会。

70. 模仿是单句听力理解训练的基础手段，主要有哪几种练习方式？

答：
（1）模仿停顿。
（2）模仿句重音。
（3）模仿句调。

语言技能教学——口语

71.《国际中文教育中文水平等级标准》规定的初等一级口语技能的目标主要有哪些？

答：在言语交际能力上，学习者应能够就最熟悉的话题进行简短或被动的交流，完成最基本的社会交际。在话题任务内容上，话题涉及个人信息、日常起居、饮食、交通、兴趣爱好等，学习者能够完成与之相关的交际任务，例如：能够对不同交际对象使用最简单的礼貌用语；能够辨识公共环境中的某些简单信息并询问确认等。

72.《国际中文教育中文水平等级标准》规定的初等二级口语技能的目标主要有哪些？

答：在言语交际能力上，学习者应能够就较熟悉的话题进行简短的交流，完成简单的社会交际。在话题任务内容上，话题涉及基本社交、家庭生活、学习安排、购物、用餐、个人感受等，学习者能够完成与之相关的交际任务，例如：能够和朋友在中餐馆点餐并交流喜好；能够辨识、填写入学表格中的信息等。

73.《国际中文教育中文水平等级标准》规定的初等三级口语技能的目标主要有哪些？

答：在言语交际能力上，学习者应能够就基本的日常生活、学习和工作话题进行简短的交流，完成日常的社会交际。在话题任务内容上，话题涉及出行经历、课程情况、文体活动、节日习俗、教育、职业等，学习者能够完成与之相关的交际任务，例如：能够与人交流有关春节等传统节日的出行安排及节日习俗；能够发出比较正式的口头邀请，回应别人的邀请等。

74.《国际中文教育中文水平等级标准》规定的中等四级口语技能的目标主要有哪些？

答：在言语交际能力上，学习者应能够就较复杂的日常生活、学习、工作等话题进行基本完整、连贯、有效的社会交际。在话题任务内容上，话题涉及社区生活、健康状况、校园生活、日常办公、动物、植物等，学习者能够完成与之相关的交际任务，例如：能够在就医时简单说明病情，与医生沟通；能够编写简单的兼职广告，回复对方的问询。

75.《国际中文教育中文水平等级标准》规定的中等五级口语技能的目标主要有哪些？

答：在言语交际能力上，学习者应能够就复杂的生活、学习、工作等话题进行较为完整、顺畅、有效的社会交际。在话题任务内容上，话题涉及人际关系、生活方式、学习方法、自然环境、社会现象等，学习者能够完成与之相关的交际任务，例如：能够就生活中常见的社会现象进行交流或沟通看法；能够回复邮件，介绍自己的学习方法及建议等。

76.《国际中文教育中文水平等级标准》规定的中等六级口语技能的目标主要有哪些？

答：在言语交际能力上，学习者应能够就一些专业领域的学习和工作话题进行较为丰富、流畅、得体的社会交际。在话题任务内容上，话题涉及社会交往、公司事务、矛盾纷争、社会新闻、中外比较等，学习者能够完成与之相关的交际任务，例如：能够在非正式场合谈论历史、文化等方面的中外差异；能够大致读懂社会新闻，做出评论等。

77.《国际中文教育中文水平等级标准》规定的高等七级口语技能的目标主要有哪些？

答：在言语交际能力上，学习者应能够就较为广泛和较高层次的话题进行基本规范、流利、得体的社会交际。在话题任务内容上，话题涉及社交礼仪、科学技术、文艺、体育、心理情感、专业课程等，学习者能够完成与之相关的交际任务，例如：能够在比较正式的会议上，与参会者进行交流；能够基本读懂专业课程的学习资料，完成课程作业等。

78. 《国际中文教育中文水平等级标准》规定的高等八级口语技能的目标主要有哪些？

答：在言语交际能力上，学习者应能够就各类高层次或专业话题进行较为规范、流利、得体的社会交际。在话题任务内容上，话题涉及语言文字、政治经济、法律事务、哲学、历史等，学习者能够完成与之相关的交际任务，例如：能够就哲学、宗教、时事等话题进行比较有深度的讨论和交流；能够在遇到纠纷时表达观点，提出质疑，申诉理由等。

79. 《国际中文教育中文水平等级标准》规定的高等九级口语技能的目标主要有哪些？

答：在言语交际能力上，学习者应能够综合运用各种技能，在各种情境下，就各类话题进行规范、流利，得体的社会交际。在话题任务内容上，话题涉及学术研究、政策法规、商业贸易、国际事务等，学习者能够完成与之相关的交际任务，例如：能够参与正式场合的商业谈判，与对方交流辩论；能够读懂政策法规、研究报告等正式语体的文件，充分得体地发表评论。

80. 在口语课会话练习中，教师针对学生语言本身频繁纠错的行为是否可取？

答：不可取。口语课的会话练习重视交流，不过多强调语言形式的掌握。因此教师在指导过程中应注重引导学生流畅地表达，顺利地完成交际任务，而对学生的语言结构方面的缺点和错误不宜当场过多纠正，以避免阻碍交际的顺利进行，影响说话人的积极性。教师应引导学生利用自身的监控系统来帮助改变对某一语言规则的认识。这样的会话练习，学习者动力大、自信心强、焦虑少，语言习得的成功率比较高。

81. 口语教材的选择有什么要求？

答：口语教材应该以贯彻交际法为宜，以功能项目编排课文内容，一课为一个功能项目。如初级阶段所涉及的功能项目，一般是日常生活和学习中具有实用价值的语言项目，如称呼、介绍、反对、喜爱等，而每一课中都有与此相关的表达方式、会话练习等。

82. 口语教学中，句子的训练一般采用什么模式？

答：PPP 教学模式，即句型展示（Presentation）——机械练习（Practice）——交际表达（Production）。

教师先利用实物、图片、情景等方法展示将要学习的句型，接着让学生通过机械练习（模仿、替换、句式变换、句子扩展等）掌握该句子的表达形式，最后，采用问答模式进行具体的交际训练来帮助学生在情境中理解并运用句子。

83. 什么是间接问答法？

答：间接问答指老师问学生 A 一组问题，内容是关于学生 B 的，学生 A 不知道答案，他必须问学生 B 后才能回答。如"是……的"句的练习。

84. 会话练习在口语教学中的应用有哪些？

答：会话练习在初中高级口语教学中普遍使用，尤其是初级阶段，口语课文多以会话形式出现，课堂训练也以会话形式为主。

85. 会话练习应遵循什么教学模式？

答：会话练习的模式是：展示——理解——练习。展示指老师阅读课文或播放录音；理解指老师引导学生理解对话内容，可采用提问、判断等方式；练习的方式有很多，会话练习一般采用分组形式。

86. 作为一名中文口语教师，应具备哪些基本素质？

答：
（1）掌握与学生沟通的艺术。
（2）掌握一定的课堂表演技巧。
（3）具有指挥的才能。
（4）学会导演的本领。

87. 简单的成段表达训练有哪些形式？

答：
（1）连句成段：学生需依逻辑将单句连成语段。
（2）看图说话：如利用世界地图介绍某国家的地理位置，利用全家福照片介绍家庭成员，等等。
（3）复述或转述文章：教师可适当板书给出关键词、重点句型的提示，鼓励学生灵活运用关联词，以及省略、替代等手段，使语段更自然、更有条理。

88. 教师组织辩论活动时应注意哪些问题？

答：
（1）每次组织辩论都要有一个明确的语言学习目的，比如突出某些语言项目等。学习目的应在学生准备辩论以前就明确地说出。不能只定题目而不规定语言项目。

（2）辩论题目要有可辩性，选择容易引起争论的或学生正在关注的话题。

（3）精心安排辩论的组织和步骤，提前将学生分组并明确要求，请他们分组准备。

89. "调查与报告"的实施步骤是什么？

答："调查与报告"是中高级口语课上常用的练习方式之一，它的实施步骤主要有：
（1）老师向学生布置调查的作业，公布一些题目让学生自选。
（2）向学生介绍调查方法及调查时用的称呼和礼貌用语，如"向您请教一个问题可以吗""打扰您了"等。
（3）要求学生事先列出调查目录，以便调查时填写。
（4）举行调查报告会，请学生上台报告调查过程和结果。
（5）提问环节，针对报告中不明白的地方可让别人提问。
（6）老师总结大家的调查报告，并纠正一些错误。

语言技能教学——阅读

90. 中文阅读课教学有哪些基本原则？

答：
（1）突出技能训练。阅读课的目的不仅是帮助学生读懂文章，还要通过有针对性的训练帮助学生形成第二语言的阅读能力。
（2）阅读材料易读有趣。材料的难度可随学习者水平的提高而相应增加，循序渐进。
（3）保证阅读量。阅读能力的提高，有赖于大量的阅读实践，这一点必不可少。

91. 略读、泛读、跳读分别指什么？

答：
（1）略读，就是为了了解文章主旨，或掌握文章大意而进行的快速阅读。
（2）泛读，又称粗读，这是一种消遣性阅读，阅读过程流畅轻松，其理解是综合性的。
（3）跳读，又称掠读，即在阅读中忽略无关内容，快速查找需要的信息，如时间、地点、人物等。

92. 什么是"自下而上"的阅读模式？

答："自下而上"的阅读模式是从句子结构上来说的，美国心理学家高夫（Gough）最先提出了这一模式。"下"指的是句子中的底层结构，如词素、词语；"上"指的是句子中的上层结构——整句。所以"自下而上"的阅读模式即指阅读理解时从句子中的词素和词语入手，逐步升级到对整句的理解，高夫认为这是一种信息的单向流动过程。

93. 中文阅读障碍产生的原因主要有哪些？

答：中文阅读障碍产生的原因主要包括词汇量不足、语法知识不足、表达方式熟悉程度不足、相关文化知识信息掌握不足等等。

94. 可以通过哪些方法理解长难句？

答：
（1）压缩句子。忽略句中相对不重要的成分，保留重要成分，进而理解句意。
（2）抽取主干。句子的主干包括主语、谓语、宾语，遇到长难句时，找出句子主干有助于理解句意。
（3）抓关键词和标志词。关键词就是对句意起决定作用的词，标志词是指能够表示句子的结构关系的词。
（4）抓关联词语。关联词往往能提示分句间的逻辑关系，从而有助于理解整个长句的意思。
（5）理解特殊句式。特殊句式包括"把"字句、"被"字句、主谓谓语句、兼语句等。
（6）熟悉常用修辞格式。常用的修辞包括比喻、比拟、夸张、对偶等。

95. 在细读训练中，适用于训练"查阅"的材料包括哪些？

答："查阅"在细读训练中是一种帮助学生理解文章的有效方法，适用于训练"查阅"的材料有：
（1）地图上的主要城市、地名。
（2）列车、飞机航班时刻表。
（3）饭店的菜单。
（4）广播、电视节目表。
（5）招聘广告等。

96. "阅读提示"的含义是什么？

答：阅读提示即简单介绍将要阅读的课文的有关情况，包括介绍阅读材料的内容、文体、时代背景、文化背景、作者等。它的目的是为学生提供理解时的必要背景知识，激发阅读兴趣。在进行阅读提示时，应鼓励学生积极参与，例如可用提问的方式引导学生对文章作者、时代等进行介绍。

97. "五步提问法"的五个层次由易到难分别是什么？

答："五步提问法"是阅读课上针对课文提问的五个层次：
（1）是非题。即学生只要回答是或不是，对或不对等。

（2）引用原文进行回答。学生可以在读过的材料中找到现成的答案。

（3）选择题。学生从老师给出的三至四个答案中选出正确答案。

（4）归纳性或思考性答案。答案并非现成的，学生需要从阅读材料中或从作者的观点中归纳出答案。

（5）谈自己的看法。学生需要在理解材料的基础上，运用自己的知识储备对文中的人物、事件等作出评价。

98. 如何提高留学生的阅读速度？

答：
（1）逐步扩大阅读单位。
（2）猜测词义。
（3）越过障碍。
（4）找关键词语。

99. 进行阅读训练时，学生如何猜测词义？

答：
（1）根据上下文猜测。
（2）根据构词法猜测。
（3）根据相近的词语猜测。
（4）利用学过的语言知识猜测长难句的意思。

100. 如何组织记叙文的课堂阅读？

答：
（1）先就课文中的人物，主要事件，发生的时间、地点等提出几个基本问题。
（2）限时阅读，读后回答上述问题。
（3）提出深层问题。
（4）再次限时阅读，解决问题。
（5）逐段细读，学生可以就词语、语法等不理解的地方提问。
（6）教师针对段落提问。
（7）总结性的提问或练习，有时间还可做一些查阅练习。

101. 判断正误是训练阅读理解能力的一种方法，它的具体操作是什么？

答：教师就文章的表层和深层意思设计若干句子，这些句子有与阅读材料的内容相符的，也有不相符的，也有部分符合部分不符的。总之，将这些句子混杂在一起，让学生根据自己对课文的理解来判断这些句子的正误，以此来检查学生的理解程度。

102. "开窗口"是培养学生扩大阅读单位的一种训练方式，它的具体操作是什么？

答：用一张卡片，在上面挖一个长方形的孔，盖在一组词上，然后将卡片由上而下逐行迅速移动，阅读孔里显露出的词组。读完一组词后，接着回答问题，检查阅读效果。

103. "叠宝塔"是训练阅读速度的一种方法，具体操作是什么？

答：把文章印成宝塔形，逐行加宽，使学生读时一行一顿，不断扩大学生的阅读单位，逐步摆脱一词一顿的习惯。

104. 阅读课的基本环节是什么？

答：复习旧课、阅读技能训练、阅读实践、词汇学习、总结（布置作业）。

105. 阅读教学的重点是什么？

答：
（1）帮助学生积累阅读目的语读物所需知识，如阅读报刊时的技巧和应注意的问题等。
（2）通过训练阅读微技能提高学生阅读能力，阅读微技能包括推测词义的能力、跳跃障碍的能力、概括内容的能力等。

语言技能教学——写作

106. 模仿写作的局限性体现在哪里？

答：模仿写作的局限表现为，在写作内容和形式上都设置了一定的框架，限制了思想表达的自由发挥，仅靠模仿并不能让学生真正学会写作。语篇不是词汇、语法的简单堆砌，而是语言、文化、心理等的综合体现，模仿写作练习可能会误导学生将写作的重心只放在形式上。

107. 什么是过程写作？

答：过程写作是近年来受交际语言教学理论的影响，盛行于西方教育体系写作课程的一种教学方法。其注重过程的引导，鼓励学生对语言运用和文章结构进行反复思考、修改。过程写作更关注学生写作的进步过程，而非横向比较个人成绩的高低。常见的过程写作教学内容以叙议结合的命题作文、话题作文、材料作文以及应用文为主。

108. 在过程写作中，一篇作文的写作大致可分为哪几个阶段？

    答：
    （1）准备阶段：选择话题，提出写作构想，列出思路图或提纲，收集相关材料。
    （2）起草阶段：教师带领学生揣摩、学习范文，落实对作文的反复修改，鼓励在草拟时着眼于文章的整体架构和内容的表达，不必过分专注于语言的准确性，重视学生之间的点评互鉴。
    （3）修改阶段：教师对语法、用词等进行批改，给出评判性评语。将写作作为一个过程来指导，能够充分利用书面表达可反复修改的优势，力求使文章准确、完美。

109. 过程写作这一方法的优势在哪里？

    答：过程写作强调学习者自我意识的发挥，关注人的认知心理对语言能力的作用，为思维的表达提供了良好的出路，体现出语言成长的合理性和真实性。写作成为一个循序渐进、逐步完善的过程，减轻了学习者的心理压力。在过程写作中，每个环节师生双方都积极参与，体现出交互式教学的优势。充分的讨论和修改时间，给予学习者更多思索的机会，使他们能更加深入地理解和运用语言形式，以发挥出最佳写作水平。

110. 自由写作的特点是什么？

    答：自由写作强调写作的动力、写作的量，关注内容的表达。自由写作强调头脑放松，打通思路，激发灵感，将脑中的想法尽数记录下来，而不必担心词汇、语法、标点的使用等其他问题，保证大脑处于活跃的状态，确保思维的连贯性和意义的完备性。这种内容居于首位，形式居于次位的思想体现出自由写作对语言功能的重视。

111. 写作教学中的语段教学包括哪几个方面？

    答：
    （1）把语段训练作为语篇训练的基础，而在时间短或学生中文基础薄弱的情况下，尤其应该如此。
    （2）分析学生作文中的语病时，既要着眼于词语、句子，也要着眼于语段。

112. 中文写作训练主要包括哪些内容？

    答：主要包括语言知识和表达方式。其中语言知识包括标点符号、书写格式、文体、语体、修辞等；表达方式包括叙述、描写、说明、议论、抒情等。

113. 中文写作课应当遵循哪些原则？

答：
（1）注重书面语表达方式的训练，即教学重点应放在书面语的篇章结构、格式、标点符号的书写等方面。
（2）读写结合，以读带写。在写作前，教师都应给学生提供范文，先分析然后让学生模仿范文格式书写。
（3）写作内容要具体。教师应给学生明确的提示，包括给出题目，并告诉学生应如何写，要注意的方面等。
（4）写作内容具有真实性。教师给出的题目应让学生有感而发，不能脱离实际。

114. 简单应用文的课堂教学步骤一般是怎样的？

答：
（1）教师展示范文。
（2）教师带领学生一起分析范文的结构、用词等。
（3）教师给出一定的情境甚至词语，让学生自己练习写作。
（4）教师修改并评价学生的作文，也可以让全班同学一起分析，加深印象。

115. 初级阶段的学生可以练习哪几种常见应用文？

答：
（1）表格（包括登记表、银行申请表、快递单等）。让学生了解中文表格常见的结构及填写注意事项等。
（2）信件（包括信封）。
（3）便条（包括留言条、请假条等）。让学生注意便条的特定用语并要求会实际运用。
（4）应用信件（包括祝贺信、申请信、意见信等）。学生应该学会写不同的社交信件，并明确因收信人身份不同，所用的词语、格式等也要注意有差别。

116. 中文写作教学中，应教给学生的最常用的五种表达方式是什么？

答：叙述、描写、抒情、议论和说明。

117. 中文写作的训练方法有哪几种？

答：
（1）写作与口头作文相结合。
（2）写作与阅读相结合。
（3）写作与视听相结合。

（4）命题与非命题相结合。

（5）语段与篇章相结合。

118. 写作教学时，文体方面应如何安排？

答：初中级阶段应以记叙文、应用文为主，而高级阶段则应以说明文、议论文为主。

119. 听后写是写作练习的形式之一，它的具体含义是什么？

答："听后写"是指在听完以后，让学生用自己的语言重新组织材料，写出一篇内容与原文基本相同的文章来。听的时候只要能够听懂故事内容即可，不必将每句话都记住，而写的时候学生也可以自主选择词语、句子等，只需将故事的来龙去脉和基本情节理清即可。

120. 写作教学中，启事的具体写法是什么？

答：第一行中间写启事的名称，如"招领启事"。然后另起一行空两格写启事的内容，把要告诉大家的事情或对大家提出的请求写清楚。最后，另起一行在右下方分两行写启事者的姓名或单位名称及写明启事的日期。

121. 缩写是写作教学形式的一种，那么，缩写的方法一般有哪几种？

答：缩写的方法一般分为两种：
（1）根据文章的中心要点摘录原文的语句，基本摄取原文的重点段落，不做大的改动，最后将保留的文字连缀成文。写时需注意段与段、句与句的衔接和逻辑关系。
（2）抓住文章重点对原文重新进行组织编排。在原文的基础上选择重点，重新组织材料，取其原意进行概括，常常是一部分保留原文，一部分用自己的话来概括。写时需要注意语言的概括性和准确性。

122. 学生在缩写时应避免哪几种情况？

答：
（1）由于对文章理解不够而偏离原文中心思想或重点不突出。
（2）无目的地舍去或采用一些句子或段落。
（3）写成评论或读后感。

123. 改写也是写作教学的一种方法，那么，形式上的改写一般包括哪些？

　　答：体裁的改变、结构的调整、人称的改变、表达方式的改变等。

124. 改写的基本步骤是什么？

　　答：
　　（1）改写前，应先认真通读全文，领会文章大意。
　　（2）在通读的基础上确定题目和中心思想。
　　（3）确定题目和中心思想之后，根据准备采用的具体形式进行构思。可先列提纲，再仔细考虑情节的安排、人物的描写等。

语言要素教学——语音

125. 对于零起点的学生，语音教学应侧重什么方面？

　　答：对于零起点学生的语音教学，主要的教学内容应是声、韵、调和音节，教学目标应该为能正确感知、分辨和模仿普通话语音表达的相关方面，其他内容是次要的。

126. 不同母语学习者的语音学习难点有哪些不同？请举例说明。

　　答：国际中文教学的对象分布在世界各地，教师需加强语音教学的针对性。例如阿拉伯语地区的学生在韵母上的困难更大一些；缅甸语、越南语、泰语也是声调语言，这些国家学习者的汉语发音问题表现为以母语声调、调值、调域代替汉语声调；英语母语者发舌面元音 ü 常常会出现困难。

127. 教师可以采用哪些方法说明发音原理？

　　答：
　　（1）直观法，向学生展示口形，如开口度、舌位高低、唇形圆展等。
　　（2）实物法，如用纸片表现气流强弱，区分送气音与不送气音的差异。
　　（3）图表法，如用声母表讲解声母，用韵母表讲解韵母，用四声升降图演示声调的升降和曲折变化等。

128. 现代汉语中，声母和韵母的拼合关系有什么规律？

　　答：现代汉语中，从声母出发，声韵母拼合的规则主要有：
　　（1）双唇音 b、p、m 和舌尖中音 d、t 能与开口呼、齐齿呼、合口呼韵母相拼，不能与撮口呼相拼，其中，双唇音 b、p、m 与合口呼相拼时仅限于 u。

（2）唇齿音 f，舌面后音 g、k、h，舌尖前音 z、c、s，舌尖后音 zh、ch、sh、r 能与开口呼、合口呼韵母相拼，不能与齐齿呼、撮口呼韵母相拼，其中，唇齿音 f 与合口呼相拼时仅限于 u。

（3）舌面前音 j、q、x 能与齐齿呼、撮口呼韵母相拼，不能与开口呼、合口呼韵母相拼。

（4）舌尖中音 n、l 能与开口呼、齐齿呼、合口呼、撮口呼韵母相拼。零声母音节在四呼中都有。

从韵母出发，声韵母拼合的规则还有：

（1）o 只能与双唇音 b、p、m 和唇齿音 f 相拼，但 uo 不能与双唇音 b、p、m 和唇齿音 f 相拼。

（2）ong 没有零声母音节，但 ueng 只有零声母音节。

（3）-i[ɿ] 只能与舌尖前音 z、c、s 相拼，-i[ʅ] 只能与舌尖后音 zh、ch、sh、r 相拼。-i[ɿ] 和 -i[ʅ] 都没有零声母音节。

（4）er 只有零声母音节。

129. 在进行实际语音操练时要注意什么？

答：
（1）以技能训练为主，知识讲解为辅。
（2）自觉模仿，勤于实践。
（3）重视后语音教学阶段，注意以交际的句子为基本单位进行语音教学，让学生在语流中掌握语音。

130. 语音教学的重点包括哪些内容？

答：语音教学一般要把握以下重点内容：声韵母、声调、音节、连读变调、轻声、儿化、重音、停顿、句调和语气。

131. 语音指导的方法包括哪些？

答：语音指导的方法包括带音法、借助体态或实物法、描述法、对比法、夸张法等。

132. 语音指导中的"带音法"具体指什么？

答：用一个已学过的音素或者母语中存在的音素带出另一个发音部位和方法相关的新音素，或者以一个容易发的音带出另一个发音部位和方法与之相近的较难发的音，例如发 o 咧嘴带 e，发 i 唇变圆带 ü。

133. 语音指导中的"对比法"具体指什么？

答：对比法包括汉外对比和汉语内部对比。如把汉语语音系统与学生母语语音系统进行对比，找出两者差别，以便于指导学生突破难点。汉语的送气音和不送气音、清辅音与浊辅音、前后鼻音韵尾等，都适合通过对比加强认识和把握。

134. 语音指导中的"夸张法"具体指什么？

答：在展示和指导学生发音时，为了加深印象，可以用适当的方法突出汉语某些音的发音特点。在初级语音阶段，适当地运用夸张的手法，扩大音与音、调与调之间的差别，有助于帮助学生理解、模仿汉语的发音。

135. 语音练习包括哪些形式？

答：语音练习包括模仿练习、认读练习、听辨练习、读写练习、绕口令、趣味发音游戏等。

136. 听辨练习的作用和形式分别有哪些？

答：听辨练习可以提高学生对声、韵、调的分辨能力，在此基础上提高学生的发音能力。形式包括指辨、选择、辨别正误、填空等。

137. 母语和目的语的语音对比一般分为哪四类情况？

答：
（1）母语有，目的语无。对以中文为目的语的学习者来说，这类语音项目不用学。
（2）母语和目的语相同。教学中可以利用正迁移，难度小。
（3）母语无，目的语有。教授和学习这种语音项目的难度较高。
（4）母语和目的语近似。从二语习得的角度来看，近似但不同的语音不易被察觉，学习难度大。

138. 单音节层面的语音偏误一般有哪几种形式？

答：单音节层面的语音偏误一般有三种形式：
（1）错读成另外一个音节。
（2）学生用自己母语里相似的音来代替汉语的音素。
（3）发音过头，指某个音素的发音部位偏离或发音方法不当。

139. 教四声时，依照怎样的顺序比较好？

答：第一声→第四声→第二声→第三声。这是按照由易到难的顺序安排的，第一声最容易，掌握了第一声之后，从第一声的高度快速下降可发出第四声，第二声与第四声相反，学生会有一个升降对比的意识。在学生对声调的升降变化有了直观的感受之后，学习最难的第三声，可以相对轻松易懂一些。

140. 有些学生发不好送气音，教师可以采用哪些方法？

答：
（1）对比法，将不送气音和送气音成对展示，在读送气音时示范可夸张一些，让学生听辨、跟读。
（2）吹纸条法，教师提前准备一些小纸条，在示范送气音时把纸条垂直提在嘴前，发出送气音，让学生看到纸条闪动的状态，将纸条发给学生自行体会、练习。类似的还有吹掌心法等。

141. 利用带音法教授 z、c、s，依照怎样的顺序比较好？

答：s→z→c。s是擦音，相对容易发音，且大多数语言中都存在此音，学生不会感到很困难。z和c都是塞擦音，z是不送气音，c是送气音，c的发音较难。可以先引导学生发s，找到发音部位后，舌尖稍用力，练习发z，然后舌尖保持不动，气流加大，发出c。

142. 可以运用什么方法教授 zh、ch、sh？

答：
（1）图画演示法，利用挂图，或手绘发音舌位示意图，伴以语音示范，讲解发音方法。
（2）手型演示法，教师利用双手的不同部位代表口腔上颚、舌头等。这种手型发音演示法可以加深学生的直观印象。
（3）含糖法，把一些较大的糖果含在舌下，迫使舌头隆起，练习发音。

143. 可以运用什么方法讲练后鼻音 -ng？

答：仰头法。首先告诉学生后鼻音的发音部位靠后，让学生身体坐直，先发 a，渐渐仰头，直至发出 ang。之后可以依次练习 o→ong，e→eng，i→ing。

144. 什么是"定调常用词"?

答:教师在教授声调之初,有意识地选择一些常用词,让学生反复练习,以此作为定调,之后学生在学习和生活中,就能以这些词为准找到准确的调值。例如教授三声在语流中的发音时,可以选取"火车""打折""展览""美丽"等词作为定调词。

145. 多音字如何进行辨析?

答:可以从发音和意义等角度对多音字进行辨析,采用组词法,例如:教——教师(jiào,指导)、教中文(jiāo,传授);中——家中(zhōng,在一定范围内,里面)、猜中(zhòng,表示正对上)。

146. 什么原因造成很多外国留学生的中文听起来洋腔洋调?

答:有三个原因:

(1)声调是汉语区别于其他大多数语言的特征之一,声调参与汉语的表意,因而至关重要,但对很多留学生而言却是难题,常常出现声调发不准的情况。

(2)来自不同国家或地区的留学生在汉语语音方面有各自的难点,如日本学生容易把zh、ch、sh念成j、q、x;以法语、意大利语等为母语的学生发不好送气音;以英语为母语的学生常将送气音与不送气音混淆,等等。

(3)汉语的节奏性和韵律性较强,如果掌握不好节奏韵律,或断句有误,也会造成洋腔洋调的问题。

147. "音素教学"的定义是什么?

答:音素教学指语音训练从汉语单字的音素(声母、韵母)以及声调的单项训练开始,逐步过渡到词组、句子和会话练习。

148. 展示声韵母常见的方法有哪些?

答:

(1)图表法。利用声韵母表将要学的语音展示给学生或利用发音部位图让学生了解发音方法。

(2)板书法。教师将要学的语音项目直接写在黑板上。

(3)发音示范法。教师直接示范发音。

149. 语音教学中,如何用带音法教 e?

答:先让学生发 o,并拖长 o 的发音,教师用手指嘴并示意学生嘴角向两边慢慢咧开,使唇形由圆到扁,这样就能发出 e 的音了。

150. 语音练习中的模仿练习包括哪两种？

    答：
    （1）集体模仿，即齐读。让全班学生或部分学生一起重复教师或录音的发音。
    （2）单独模仿，即单读。让学生个别地重复老师或录音的发音，这样有利于发现学生发音的缺点并及时纠正。

151. 什么是"辨声认读"？

    答：辨声认读指将容易出现认读错误的声母或由这些声母拼合而成的双音节词排列在一起，让学生进行辨别声母的认读，比如送气音和不送气音。

152. 声调教学中，示范发音的具体要求是什么？

    答：声调教学中的示范发音是指教师通过发音，将声调的声音形象地诉诸学生的听觉器官。发音示范是最基本的展示声调的方法，在开始时，应该适当延长发音过程，强调音高的变化，给学生留下较为深刻的印象。

153. 中文学习者"洋腔洋调"现象体现在哪四个方面？

    答：
    （1）单字音节层面。
    （2）语流音变层面。
    （3）语调层面。
    （4）语调与语义的配置关系层面。

154. 语音教学的基本原则有哪几点？

    答：
    （1）以示范和模仿为主，语音理论指点为辅。
    （2）由易到难。
    （3）确定和突出难点，从而提高语音教学的针对性和训练的有效性。
    （4）注重音素教学和语流教学相结合。
    （5）语音教学应该贯穿整个教学过程，适应初、中、高不同阶段的教学目标。

155. 初级阶段的语音教学中，如何确定语音项目的难易程度？

    答：
    （1）根据汉语语音的特点，通过语音对比来分析。

（2）根据学习者的特点及学习者的母语来确定。

156. 用咬指法教卷舌音的具体方法是什么？

答：将食指伸进口中，用食指顶住舌尖背面，然后用牙齿轻轻咬住食指的第一关节处，教师可先做发音示范，再让学生模仿。然后教师听学生发音发得是否正确，等他们能发出卷舌音时再让他们把手指抽出，如此反复几次，学生便能逐渐发出 zh、ch、sh 来，再辅以带音法，就能发出 r 来。

157. zi、ci、si 中的 -i[ɿ] 和 zhi、chi、shi、ri 的 -i[ʅ] 在发音时的区别是什么？

答：zi、ci、si 中的 -i[ɿ] 和 zhi、chi、shi、ri 的 -i[ʅ] 分别是舌尖前元音和舌尖后元音。前者发音时舌尖向前伸，对着上门齿背，保持一定距离，不产生摩擦。后者发音时舌尖翘起，对着硬腭前部，但与硬腭也有一定距离，不产生摩擦。

158. 汉语词重音和英语词重音的差异是什么？

答：汉语词重音的基本规律是：无论是双音节还是三音节、四音节甚至更多音节的词，重音多落在最后一个音节上。而英语不然，不带前缀的双音节词，重音多落在第一个音节上，多音节词的重音则多在倒数第二个音节上，即英语词重音在最后一个音节上的是少数。

159. 汉语的语调与英语的语调有什么相同之处？

答：
（1）使用规律相同，即何时用升调，何时用降调，这是一致的。
（2）语调的升降突出地表现在最后一个重读音节上。

语言要素教学——汉字

160. 汉字教学的基本原则包括哪些内容？

答：汉字教学的基本原则有五条，分别是：
（1）根据汉字造字原理进行教学。
（2）注重形、音、义相结合。
（3）重视实用性、趣味性。
（4）先认后写、急用先学、反复重现。
（5）根据学习对象选择有针对性的教学方法。

161. 根据汉字造字原理进行教学的依据是什么？

答：现代汉字是在古代汉字的基础上演变而来的，因此，在介绍汉字的音义、结构规律、演化特点时，以传统的字源，尤其是"六书"理论作为依据，可以保证教学的科学性。特别是成人学习者，他们具备较强的理解能力、逻辑能力和归纳推理能力，教学中充分利用汉字本身的规律特点有助于学习者提高汉字学习的效率。且根据造字原理对汉字进行归纳分析，可以引发学生对汉字的学习兴趣。

162. 汉字教学中，对每个汉字要求掌握的程度都一致吗？

答：不一定要求每个汉字都达到四会（听说读写）的程度。针对不同汉字应有所区别：常用汉字要达到四会的程度，而有些非常用字则要求学生能认读即可。另外，针对不同的学习者，要求也有差异，例如对在中国高校学习中文的学生，汉字的要求可以高些，而对于一些中文业余学习者，要求可适当低些。

163. 汉字教学应该遵循怎样的教学顺序？

答：一般来讲，汉字教学应该遵循从独体字到合体字，从笔画、笔顺、部件到整字，从最常用字、次常用字到不常用字的顺序。在依序教学中，还应注重反复重现原则，如教合体字时，可以先复习学过的独体字，如此可以达到循序渐进、巩固知识的目的。

164. 不同国家和地区的学生学习汉字有什么区别？

答：汉字文化圈的中文学习者，特别是来自日韩的中文学习者，其在本国的日常生活中就能看到不少汉字，有些学生在基础教育阶段已经学习了一定数量的汉字，因此对于他们而言，构建汉字的整体结构观比较快。而对于其他国家和地区的中文学习者来说，这一过程则相对慢些。

165. 欧美学生书写汉字时常见的错误有哪几种？

答：欧美学生书写汉字常犯的错误主要有以下几类：
（1）部件混淆，比如把"努"写成"势"。
（2）部件易位，比如把"叫"写成"ㅛ"。
（3）部件遗失，比如把"语"写成"吾"。
（4）笔画增损，比如把"安"写成"安"，"英"写成"英"。
（5）笔画变形，比如把"曾"写成"曾"。
（6）结构错位，比如把"喂"写成"喂"。
（7）音同字错，比如把"园、圆"混用。

（8）混音错字，比如在听写时把"人民"误作"人们"。

166. 为什么汉字的记忆应该放在语境中进行？

答：一方面，单个汉字在很多情况下必须依靠上下文和语境才能确定其义，在汉字语义方面具有一定的语境依赖性。另一方面，汉字大多数是语素，汉字构词时，复合词的词义一般可由其构词字字义去推求，因此给每个汉字提供一定数量的词汇，在充足的"词语境""句子语境"中可让学生加深对字义的理解。通过语境将生字与已掌握的字词或其他知识联系起来，可提高学生对汉字的学习效果。

167. 汉字教学的重点包括哪些内容？

答：汉字构形知识，主要包括汉字的基本构成要素（笔画、部件、偏旁等）和结构方式（独体、合体及合体字的结构方式）；汉字象形、指事、会意、形声等造字方式的概念；汉字表音表义的方式。此外，对于很多初学者而言，汉字就像图画一样，不知道从哪儿下笔，因此笔顺的教学对于规范书写、培养字感尤为重要。

168. 一般讲解汉字分为哪几个环节？

答：一般分为三个环节：
（1）教读字音，可以引导学生利用声旁类推读音。
（2）教写字形，教学初期要注意书写笔画的正确方式和汉字的基本结构。
（3）讲解字义，象形字和会意字可以借助古文字形体释义，形声字则可以利用形旁释义。

169. 汉字练习有哪些形式？

答：汉字练习包括认读练习、析写练习、部件练习、组词练习、填空练习、改错练习、听写练习等等。此外，查字典也可以帮助学生学习汉字。

170. 什么是汉字练习中的部件练习？

答：合体汉字是由两个或两个以上的部分构成的，构成合体字的各部分称为部件。对汉字的组成进行分析和归纳可以采用分析部件、找出相同部件、给部件写汉字等方法。

171. 什么是汉字练习中的析写练习？

答：析写练习是一类训练学生写出、写对、写好汉字的练习方式，包括析写笔画、析写笔顺以及析写结构。对于中文初学者而言，写汉字无疑是一大障碍，在他们眼里，汉字就像图画，不知道从哪里下笔，因此，这类练习的存在很有必要。

172. 有哪些常见的汉字练习类型？

答：
（1）汉字和拼音互换法，如根据拼音连线识字等。
（2）部首查字法，如根据部首列举汉字等。
（3）部件组字法，如根据所给部件拼合汉字等。
（4）临摹写字法，如描红写汉字等。
（5）构词辨字法，如根据句意在句子空白处填写合适的汉字等。
（6）语用辨析法，如给句中加点字注音（区分多音字）等。

173. 如何利用"字族理论"教汉字？

答：汉语中存在着一系列意义相通、读音相同或相近、字形结构前后传承或有密切关联的汉字，我们称具备这种特点的一系列字为一个"字族"或"同族字"。这些同族字的特点是有一定的谱系和层次，后一层的孳乳字总是在前一层次的"母文"的形、音、义的基础上分化孳乳的，我们可以抓住字族形、音、义的特点及其孳乳规律，有效提高汉字教学效率。常见字族有：共之于供、恭、拱等孳乳字；加之于驾、贺、枷、痂等孳乳字；敬之于警、儆等孳乳字。

174. 如何理解汉字教学中的"先认后写"？

答：语言的学习强调先输入再输出，汉字教学也是如此。汉字教学遵循先认后写的原则，即让学生先认读，后书写，当学生对汉字的形、音、义有了初步的感知后，再学习书写，会相对容易一些。如果教学顺序颠倒，很可能会使一些学生产生畏难情绪，甚而放弃汉字的学习。

175. 汉字书写有哪些常见的偏误类型？

答：
（1）笔画类偏误，包括笔形、笔向、笔际关系、笔画增减等问题。
（2）部件类偏误，包括部件改换、部件增减、部件变形等问题。
（3）结构类偏误，包括结构错位、结构颠倒等问题。

176. 训练笔顺有哪些方法？

答：
（1）口述法，让学生口头说出笔画的顺序。
（2）标注法，在笔画上用数字标注顺序。
（3）指认法，教师提出如"'万'的第三笔是什么""点是'义'的第几笔"之类的问题。

（4）判断正误法，教师写笔顺，让学生判断是否正确。

177. 如何通过归纳推理法，让学生体会部首蕴含的意义？

答：教师可以归纳总结出具有相同部首的字，并引导学生根据这些同部首的字推断部首蕴含的意义。例如：

茶、花、芒、莓、菠——"艹"和植物有关。
裙、衬、衫、袄、袖——"衤"和衣物有关。

178. 汉字课堂教学中，常见的展示汉字的方法有哪几种？

答：
（1）图片法。即通过图片显示字义，并在旁边书写汉字。
（2）板书法。即教师将所要学习的汉字直接书写在黑板上。
（3）卡片法。教师备课时将汉字写在卡片上，在课上给学生出示。
（4）以旧带新法。这种方法适合对汉字已有基本认识和了解并掌握了一定数量汉字的学生。

179. 有哪些比较有趣或有效的汉字教学方法？

答：
（1）可以运用猜字谜、顺口溜、讲汉字故事等方法教字形。
（2）利用多媒体进行笔画、笔顺、结构等的演示。
（3）用毛笔沾水书写汉字。

180. 使用卡片展示汉字有哪两种方法？

答：
（1）先拼音后汉字。先出示写有拼音的一面，请学生朗读，同时给出字义；然后翻过卡片，向学生展示字形，以此达到音、形、义的全面介绍。
（2）先汉字后拼音。先出示汉字，可以适当结合字形给出字义，然后翻过卡片让学生看拼音并朗读。

语言要素教学——词汇

181. 根据词语训练重点的不同，可采取什么样的训练方法？

答：
（1）训练单个词的形音义关联，如直接法、认读法、释义法。

（2）训练对不同词的聚合、组合关系的把握，如语素法、替换法、联想法。
（3）训练母语与目的语的关联，如翻译法。

182. 词汇教学的基本原则包括哪些内容？

答：词汇教学的基本原则有六条，分别是：
（1）充分利用汉字形、音、义相结合的特点。
（2）注重词语的用法与搭配，讲解准确易懂。
（3）结合语境进行教学。
（4）注重词汇的概念义和语境义。
（5）利用对比、组合等多种手段以及游戏、阅读等多种方式进行教学。
（6）注重教学中词汇的科学重现。

183. 讲解生词时要注意些什么？

答：
（1）词汇教学具有系统性，要重视讲解生词的用法、搭配，将词语放在特定的情景中去教学。
（2）生词的讲解还要力求准确、易懂，用学生学过的词语解释生词和用法，讲解不宜复杂化。
（3）生词讲解最好不要使用学生母语，否则难以培养学生的中文思维。

184. 词汇教学的重点包括哪些内容？

答：词汇的教学量很大，所以更需要分清主次。基本词汇是词汇中最重要的部分，使用频率高，掌握基本词汇是学习者用中文进行表达的必要条件。实词中和外语不完全对应的词也是词汇教学的重点。另外，近义词、多义词、用法特殊的词语（如离合词）等，也是词汇教学的重点。

185. 词汇释义的方法主要有哪些？

答：可以利用汉字字形解释单音节词、利用近（反）义词释义、借旧词释新词、语素释义、短语释义、形象释义、情景释义、借助上下文语境释义、利用句子举例释义、直接使用翻译法等方法释义。

186. 词汇练习中的"感知类练习"具体指什么？

答：感知类练习，顾名思义，就是对词的感知，包括听音、读音和认字。主要形式有：

听教师读、听录音、朗读、领读、认读等。

187. 词汇练习中的"应用类练习"具体指什么？

答：应用类练习就是通过词的实际运用来帮助学生掌握词的用法。主要形式有：组词、选词填空、搭配词语、辨别并纠正句中用错的词语、用指定词语改写句子（完成句子／回答问题／造句）等等。

188. 在中文学习的初级阶段，宜采用哪些方法解释非抽象词和抽象词？

答：
（1）对于非抽象词，宜利用直观易懂的实物或动作帮助学生理解词语。
（2）对于抽象词，宜采用设置情景的方法，借助情景帮助学生理解词语，而不宜用一个抽象词来解释另一个抽象词。

189. 词汇教学有哪些基本方法？

答：词汇教学方法多样，常见的有直接法、翻译法、情景法、搭配法、比较法、类聚法、语素义法、联想法等。

190. 词汇教学中的"语素义法"具体指什么？

答：语素义法就是在词汇教学中，将学生的注意力从整词转移到语素上来，讲解生词时，不单单解释整词的意思，还要对构词语素进行分析，将由此语素构成的意义相近的词进行对比，让学生在理解的基础上进行语素的替换练习，让学生学会由一个语素推测出更多词的含义。

191. 扩大学生词汇量的方法有哪些？

答：
（1）培养学生语素扩展的意识和能力。
（2）总结语义场，教师在教授了一定数量的词语后，可指导学生总结相关语义场的词语。
（3）积累正反义词，有助于学生成对记忆，扩大词汇量。
（4）利用前后缀，如：后缀"子"可组成桌子、椅子、裙子、裤子、帽子、瓶子、房子等。

192. 在词汇教学中，"语素扩展法"具体指什么？

答：在词汇教学中，除了讲练目标词的词义和用法以外，还可以将合成词中的语素加以离析，利用该语素进行扩展，从而达到巩固并扩大词汇量的目的。例如，歌迷＝歌＋

迷，教师分别解释"歌"和"迷"的意思，再让学生分别用这两个语素构词：歌——歌手、歌名、歌曲，迷——球迷、影迷、戏迷、财迷。

193. 在词汇教学中，"构词教学法"具体指什么？

答：构词教学法指在汉语词汇教学中，根据构词语素的意义及构词语素的结构关系即构词法来展示合成词，把构词规律教给学生，使学生举一反三，扩大词汇量。具体体现在两个方面：

（1）利用构词法系统地学习汉语词汇。讲解词语时，利用汉语的构词法，通过一个词将同结构的词联系起来，这样学生就不会孤立地只学习一个词，而是批量地学习汉语词语。例如：

① 偏正式：

修饰性语素＋"球"→足球、篮球、羽毛球、乒乓球、气球（不同类型的球）

"球"＋核心语素→球星、球场、球拍、球衣、球赛（表示与"球"有关的各个事物）

② 动宾式：动作行为＋动作行为涉及的对象

失＋望＝失去＋希望

失＋眠＝？　失＋衡＝？　失＋控＝？　失＋业＝？　失＋信＝？

（2）通过构词法感受汉语的句法特点：词和短语的构成方式基本相同。例如：

　　　　词　　　　　　　　　短语

失望（动宾结构）——失去希望（动宾结构）

球星（偏正结构）——足球明星（偏正结构）

心疼（主谓结构）——心里疼爱（主谓结构）

姐妹（联合结构）——姐姐妹妹（联合结构）

194. 猜测词义主要有哪些方法？

答：

（1）根据构词法猜词：汉语词汇的合成词构词法包括复合式（帮助）、附加式（画家）、重叠式（刚刚），有时可以根据汉语词汇构词规律猜测词义。

（2）还原缩略词：汉语词汇中有一些缩略词，由较长短语中具有代表性的语素紧缩而成，猜测词义时，可以试着将其还原成全称，进而理解词义。如：彩电—彩色电视机。

（3）根据语境猜词：可根据上下文语境和相邻词语猜测词义。

195. 类聚法是词汇教学的常用方法，它的含义是什么？

答：类聚法指利用词语之间的聚合关系，依据一个固定的语义群或话题，将相关的词语同时讲解或复习，使新旧词语互相对照，可以是同义词群、反义词群或类属词群（如食品、游戏等）。如讲到"体育项目"一词时，可扩展其下位词"游泳""滑冰"等词。

196. 词汇教学中，用翻译法解释词义有何利弊？

答：翻译法指直接将汉语词汇译成学生的母语或媒介语。这种方法适用于初学者，对于中高级阶段可以找到准确对应词的词汇也可使用。运用翻译法简单方便，能有效减少课堂解释的时间，也利于学生迅速理解词义。但应注意的是，大量采用翻译法会使学生产生对母语的依赖，若使用不当，也可能引起学生的反感。因此，要适当、适量地使用。

197. 词汇教学中，教师如何利用近义词比较的方法解释词义？

答：
（1）词义的细微差别。如"请求"和"恳求"，主要是词义的轻重程度不同。
（2）词义的情感色彩。如"成果"和"后果"。
（3）词的用法，包括词类、搭配对象和造句能力等。如"参观"和"访问"。

198. 词汇教学中，生词展示的方法有哪些？

答：
（1）领读。教师对每个生词做示范朗读，让学生跟着教师念。
（2）认读。教师请学生认黑板上的生词，同时适当向学生说明音、形、义。
（3）卡片。教师出示生词卡片，请学生认读。
（4）图片展示。向学生展示图片，启发学生直接将所要学的生词说出来。在学生预习情况较好时，这种方法效果最理想。

199. 词汇练习中，理解类练习的主要方法有哪些？

答：
（1）听义说词和听词说义。
（2）说出近义词或反义词。
（3）选择合适的词语填空。
（4）给多义词选择合适的义项等。

200. 用旧词解释新词的具体含义是什么？

答：指以学生已经学过的汉语词汇来解释新词。在解释词语时，教师可以先启发学生用已经学过的词语自己释义，然后给以归纳和纠正。如讲解新词"恰巧"时，可以引导学生用学过的同义词"正好"来释义。这一方法可以帮助学生摆脱母语翻译的局限，提高中文表达能力。

201. 例句释义的具体做法是什么？

答：教师直接给学生一些例句，让学生通过例句来体会词义。但需注意，教师准备的例句一定要符合学生的实际，是其熟悉的场景、事件等。此外，也要尽量避免出现学生没有学过的词语，以便学生易于从中体会所要解释词语的含义。

202. 造句练习时，老师如何提示学生造句？

答：
（1）设置情境。教师设置一个符合该词的情境，让学生根据情境造句。
（2）词语提示。如用"不是……而是……"造句。
　　教师：这件衣服……
　　学生：这件衣服不是我的，而是他的。
（3）利用图片。如用"有的……有的……"造句。
　　教师：（出示图片：很多人在公园锻炼身体）
　　学生：公园里有很多人，有的跑步，有的骑自行车。

203. 中文作为第二语言的词汇教学的任务是什么？

答：根据教学大纲的要求，在有关词汇知识的指导下，掌握一定数量的汉语词汇的音、义、形和基本用法，培养其在语言交际中对词汇的正确理解和表达能力。

204. 词汇学习有哪些具体策略？

答：语境策略、猜测策略、归类策略、练习策略、社交策略等。

205. 如何提高词汇的重现率，帮助学生保持词汇记忆？

答：
（1）在教材中重现。
（2）在不同课型中重现，如听力课、阅读课等。
（3）在不同教学环节中重现。在教学安排上，增加与词汇相关的教学环节，如生词预习、生词复习、生词练习等，使得词汇在不同教学环节中多次重现。
（4）学生自主复习重现。

206. 第二语言习得中的词语偏误大致在哪几种情况下容易发生？

答：
（1）目的语的词和母语的词在意义上互有交叉。

（2）两种语言中对应词的搭配关系不同。
（3）两种语言中意义上有对应关系的词，但用法不同。
（4）两种语言中的对应词语在感情色彩、使用场合等方面有差异。

207. 在词汇讲解时，哪几种情况容易引起偏误？

答：简单化或生硬的对应、堆砌"对应词"、释义烦琐等。

208. 英语母语者如何区分能愿动词"能""会""可以"？

答：
（1）具备某种能力，中文用"能"。
（2）具备某种通过学习得来的技能，中文用"会"。
（3）按某种规定被允许这样做或被赋予某种权力，中文用"能"或"可以"。
（4）被允许这样做，中文用"可以"。
（5）对某一可能性的估计，中文用"会"或"可能"。

209. 表示"must"否定含义的两种形式是什么？分别对应中文的什么解释？

答：
（1）must not，中文是"一定不要""不许""不能"。
（2）need not，中文是"不必"或"不用"。

210. 帮助学生积累词汇的方法有哪些？

答：
（1）利用相同语素的词。遇到构词能力强的语素时，联系过去学过的语素，扩展同素词。
（2）根据意义归类。教师要有意识地引导学生对已学过的、语义密切相关的一组词进行归纳。
（3）根据语法归类。对不同的词类所具有的语法功能和特征进行归纳总结。
（4）重复。对学过的词语，教师要不断创造条件进行复习。

211. 对于零起点的学生，怎样在课堂上快速增加词汇量？

答：初次接触中文的学生，急需一些与日常生活相关的语言，而"生存语言"是以词汇为主要形式的。因此，每次课上都可以利用一点儿时间教些常用的词，如人体各部位的名称、常见的水果名称、常见的颜色等，这些词只要求能听会说即可。

语言要素教学——语法

212. 中文作为第二语言教学中，语法教学的目的是什么？

答：中文作为第二语言教学中，语法教学的目的是培养学习者在真实交际中熟练使用语法规则表达要表达的内容。因此，教学者不只要帮助学习者掌握要学习的语法结构，更重要的是让他们知道这个结构应该在什么语言环境中、面对什么样的对象使用。

213. 语法教学的基本原则包括哪些内容？

答：语法教学的基本原则有五条，分别是：
（1）结构、语义与功能相结合。
（2）形式与意义并重。
（3）在交际活动中进行教学。
（4）细化语法规则，清楚说明使用条件。
（5）注意研究学习者的语法偏误。

214. 初、中、高三个阶段语法教学的侧重有什么不同？

答：
（1）初级阶段侧重语法形式，包括各种句法结构、句型和词序。
（2）中级阶段侧重语法意义，包括语法成分的语义关系和语义搭配。
（3）高级阶段侧重语法形式的语法功能，包括词语、句式的语用选择和应用。

215. 语法教学的重点包括哪些内容？

答：
（1）词类方面，包括助词（如"了、着、过"），量词，用法复杂的副词（如"就、才、又"），用法比较接近的量词、介词、副词的辨析。
（2）句法成分方面，主要是补语系统。
（3）句式方面，主要是一些特殊句式（如"把"字句、"被"字句）。
（4）此外，还包括语段篇章的衔接和连贯的手段，句子结构严格而又灵活的语序，等等。

216. 什么是语法教学中的直观法？

答：利用实物、图表、符号等辅助手段，化抽象的定义为具体形象的图示。如讲解趋向补语时，可画简易的房屋、楼梯、人物来表示"进来、进去、出来、出去、上来、上去、下来、下去"等。

217. 什么是语法教学中的情境导入法？

答：教师设置一个具体的情境，通过问答、讲故事、展示图画等方式，引出要教授的语法点。如本课要学习表示完成的"了"，教师可设计如下对话：

教师：你今天早上吃早饭了吗？
学生：我吃过了。
教师：早饭吃了什么？
学生：吃了面包。

218. 语法教学中的"语境教学法"具体指什么？

答：在教学过程中利用语境或创造语境教授语法。语法规则是从一个个典型的语境中抽象出来的，与其空谈规则，不如重归语境，让学生在真实的语境中发现、总结语法规律，从而掌握语法知识。如讲授副词"简直"，可设置语境：

我平时难得回家，妈妈总会张罗很多好吃的给我，这次过年回去，妈妈又是煮，又是炖的，简直不知道先忙哪样好了。

该语段表明了"妈妈"忙碌的状态和喜悦的心情，"简直"强调某种情况、状态达到很高程度的含义就显示出来了。

219. 语法教学中的"演绎法"具体指什么？

答：先展示语法规则，然后用实例说明语法规则，便于学生替换、生成、扩展。通常做法是将语法规则归结为若干句型，将句型具体化为若干范句，让学生接触范句，再通过模仿、替换、类比等一系列练习，掌握语法规则。

220. 一般而言，语法教学有哪几种切入形式？

答：
（1）从结构到意义，先让学生从理性的角度熟悉并掌握语法结构，再由语法结构引入结构间的意义关系，这种切入形式更注重理论性。
（2）从意义到结构，由表达意义入手，让学生通过模仿和练习达到掌握语法结构的目的，这种切入形式更灵活且更贴近生活。

221. 如何理解语法点讲解中的通俗性原则？

答：教师在对语法点进行讲解时应尽量保证通俗易懂，用常见常用的事例来讲解抽象的语法点，更具直观性、可懂性，有助于学生理解该语法点。例如讲解"把"字句时，可利用动作演示法，将一个苹果放到桌子上面，并用"把"字句表达："我把苹果放到桌子上了。"这样直观易懂的讲解避免了使用"处置""施事""受事"等语法术语，学生理解起来会更容易。

222. 如何用等式法讲授反问句？

答：运用等式法讲授反问句要保证等号两边的句意基本相同，方便学生理解语法形式表达的意义，但老师要注意说明反问句的强调作用。例如：

这难道不是真理吗？＝这是真理。
你怎么又迟到了呢？＝你不应该迟到。

223. 如何用替换法讲解"主语＋谓语＋趋向补语"这一语法形式？

答：运用替换法讲解语法结构，每次用不同的词替换，组成新的句子，便于学生直观地理解语法规则。例如：

主语 ＋ 谓语 ＋ 趋向补语
 我   走   进来。
 他   跑   出去。

224. 如何利用图解法讲授"比"字句？

答：图解法即利用图画来形象地解释语法项目。教师可以在黑板上画两个苹果，一个大，一个小，分别标明 A 和 B，然后在黑板上用"比"字造句：

A 比 B 大。
B 比 A 小。

225. 语法教学中，归纳法的含义是什么？

答：让学习者先接触具体的语言材料，进行大量的练习，然后在教师的启发下总结出语法规则，再运用这些规则进一步练习。这是一种从具体到抽象、由实践到理论再回到实践的方法。

226. 语法教学中，时间顺序原则的含义是什么？

答：时间顺序原则指某一事物、状态、动作先发生，相应的语言单位在句子里也会先出现。例如：

① 猴子<u>在马背上</u><u>跳</u>。
② 猴子<u>跳</u> <u>在马背上</u> 。

例①"在马背上"发生在前,"跳"发生在后,是猴子先在马背上,然后才跳;例②与例①相反,"跳"在前,"在马背上"在后,是猴子跳以后才落到马背上。

227. 语法练习中,常见的变换练习有哪两种?

答:
(1) 句型变换练习,如将肯定句变成否定句等。
(2) 句子变换练习,即将两个句子变换成一个句子。如将"我去图书馆。我看书。"变成"我去图书馆看书。"等。

228. 语法点练习中的复述练习可以分为哪几种?

答:
(1) 完全复述。
(2) 缩简复述。
(3) 看图复述。
(4) 扩展复述。
(5) 分角色复述。

229. 对语法点的归纳可以采取哪几种方法?

答:
(1) 系统归纳。即对一个句型的肯定式、否定式、疑问式等进行系统的归纳。
(2) 对比归纳。与学生母语的对应表达式或中文的相关句型进行对比。
(3) 实例归纳。即由教师或学生说出一些含有所学语法点的句子,然后归纳出一般规律。
(4) 提问归纳。即教师通过提问的方式和学生共同完成归纳。

230. 如何让学生讲解语言点?

答:
(1) 一开始就用提问的方式,请学生用中文进行解释,这适用于较简单的语法项目,且学生有过充分预习的情况。
(2) 请已经理解的学生给其他学生讲解(不排除用学生的母语解释),这适用于一些难以理解的语言现象,此时学生可能比老师讲得更加清楚有效。

231. 用学过的知识练习语法点的作用是什么?

答:
(1) 复习并巩固已学内容。

（2）提高语法点练习的速度和使用语言的流利程度。

232. 语法点练习中的机械练习主要包括哪些类型？

答：重复练习、替换练习、扩展练习等。

233. 语法点练习中的机械练习应注意哪些问题？

答：
（1）模仿材料必须是有意义和交际价值的。
（2）应选择最适合做机械练习的句型和结构框架。

234. "他因为病了（家里有事／没有完成作业），所以今天没来上课。"上述是语法点替换练习中的哪一种类型？

答：分句替换练习。

235. 英语"it"有哪些与汉语"它"不对应的用法？

答：
（1）"it"可以用来指不知道性别的人，或指人但并不强调性别。最典型的用法是指婴儿。
（2）"it"可以表示上文中所指的事（动作、行为、情况等）。但汉语中不会用"它"来表示，只能重复指事的词组或通过上下文来意会。
（3）"it"可用于表示自然现象、时间、距离等的句子，如"It's raining"，但是汉语的"它"不会出现在这样的句子中。
（4）"it"作引导词的用法，也是汉语的"它"所不具有的。

236. 英语情态动词与汉语能愿动词在语法功能上有哪些共同点？

答：
（1）二者结构一致，即情态动词＋动词或能愿动词＋动词。
（2）都可独立回答问题，后面的宾语、动词等可不出现。
（3）都可以同时使用两个，英语中用"and"连接，汉语中用"而且"等连接。

237. 英语情态动词"may"表示的含义是什么？

答：

（1）表示被允许，汉语用"可以"。否定式汉语是"不可以"或"不能"。如：You may take this book away. 你可以把这本书带走。[你不可以（/不能）把这本书带走。]

（2）表示说话人的估计，汉语用"可能"等副词表达。否定式汉语是"可能不""也许不会"。如：He may succeed. 他可能会成功。[他可能不（/也许不）会成功。]

（3）表示将来的可能性，汉语除了用"可能""也许"外，也可以加上能愿动词"会"。如：He may come tomorrow. 他明天可能/也许/（会）来。

（4）表示祝愿，汉语用"祝"或"愿"来表达。如：May you succeed! 祝你成功！

文化教学

238. 国际中文教学中的语言文化因素包括哪三个方面？

答：

（1）语构文化。如中文具有不注重形式标志而强调"意合"的特点等。

（2）语义文化。如"龙"在东西方文化中具有不同的褒贬义等。

（3）语用文化。如中国人在称呼方面有很大的讲究。

239. 国际中文教学中，文化教学的基本原则有哪些？

答：

（1）文化教学要为语言教学服务，并与语言教学的阶段相适应。

（2）要有针对性，要充分考虑国别和现实因素。

（3）要有代表性，要教给学生中国人的主流文化和当代活的文化。

（4）需要具备发展变化的观点，文化是处于发展变化中的，因此向学习者介绍中国文化时不能绝对化。

（5）要把文化知识转化为交际能力，文化教学的最终目的是让学生正确理解文化内涵并能在实践中自觉遵守。

240. 国际中文教学中的文化教学方法有哪些？

答：

（1）通过注释直接解释文化知识。

（2）将文化内容融入课文教学。

（3）通过实践培养交际能力。

241. 国情文化教学材料组织的原理是什么？

答：以中国人的行为模式和价值观念的形成和发展为核心，对人文地理、历史和现实的平面进行阐释。

教学活动与游戏

242. 针对幼年语言学习者，教师在设计、组织教学活动时应注意些什么？

答：幼年语言学习者往往能通过模仿和重复来自然地习得语言，因而课堂上不需要过多理论性的教学。在认知规律方面，幼年学习者的形象思维能力占主导，适合形象化学习。在心理特征方面，幼年学习者注意力不易长时间集中，自律性相对薄弱，所以教学内容和形式要尽量丰富有趣。

243. 针对青少年语言学习者，教师在设计、组织教学活动时应注意些什么？

答：青少年语言学习者介于幼年和成年学习者之间，兼具幼年和成年学习者的部分特征。他们自然习得外语的特征不像幼年学习者那么明显，因而在模仿与重复外，还需要一定的理论性学习。认知方面，青少年学习者的抽象思维能力逐渐增强。心理方面，也具有注意力不易集中等特征。教师在设计教学时应注意教学内容的实用性和生动性，让学生多参与课堂活动，同时，可加入一定的技能训练。

244. 针对成年语言学习者，教师在设计、组织教学活动时应注意些什么？

答：成年语言学习者的认知及心理相对成熟，但较难自然地习得一门语言，需要通过系统的学习才能掌握外语。认知方面，成年学习者兼具形象思维和抽象思维。心理方面，成年学习者自律性强，学习的主观能动性强。教师在设计教学时，应注意教学内容的知识性和系统性，将听说读写多项技能相结合。成年学习者在语音学习方面处于劣势，教师应及时给予干预和指导。

245. 国际中文课堂中，游戏设计的原则是什么？

答：
（1）目的性。
（2）针对性。
（3）难易适度，尽量展示学生的长处，避免暴露学生的缺点。
（4）全体学生积极参与。

246. 一个好的课堂游戏应具备哪些特点？

答：
（1）只需要学生稍作准备，略加思考就可以做，不必事先预习。
（2）操练的目的明确，语言项目集中。
（3）不需要复杂的道具，最好能就地取材，如利用教室的场景、实物等。
（4）生动有趣，能激发学生的兴趣。

板 书

247. 什么是范写式板书？

答：主要用于初级综合课的一类板书形式，用以展示汉字的笔画、笔顺等书写规则与方法。要求教师书写正确、工整、清晰，给予初学中文的学生良好的示范。

248. 什么是分析式板书？

答：此类板书多用于分析句子成分，帮助学生理解复杂句式的语法结构。例如：

S +	把 +	O +	V
小兔	把	胡萝卜	吃了。
我	把	盘子	洗了。
妈妈	把	房间	收拾了。

249. 什么是关键词语式板书？

答：此类板书多用于课堂练习环节。关键词可以是语法练习时给出的限定语词或是复述课文时所给的提示词等。例如：

```
语法练习：如果……就……
关键词：   下雨    取消活动
           放假    旅行
           天气好  出去玩儿
```

250. 什么是提纲式板书？

答：此类板书多用于综合课的中高级教学阶段，用以讲解篇幅较长、段落较多、内容较复杂的课文。教师可将每个段落的大意提纲挈领地板书在黑板上，方便学生理解和把握整篇课文。

251. 教师在设计板书时要注意哪些问题？

答：
（1）目的明确，板书内容应有的放矢，不要随意板书不必要的内容。
（2）高度概括，板书内容应经过总结提炼，以简明扼要为佳。
（3）合理布局，教师通常采用的版面布局有二分模式和三分模式两种。
（4）生动有趣，增强板书趣味性，有助于吸引学生的注意力。

现代教学技术

252. 现代社会有哪些课堂上可使用的教学技术？

答：
（1）工具类，指教师可以用其制作或编辑的教学材料，呈现文字或图片，录制播放音频视频等，如 PPT、Prezi 等。
（2）课件类，指已经制作完成的，可直接用于教学的电子课件。
（3）学习空间类，指基于互联网创造的语言学习社区，如 QQ、WeChat 等在线聊天工具，Blackboard 等教学管理系统。

253. 现代多媒体技术对中文教学有哪些帮助作用？

答：多媒体技术的产生和发展在很大程度上便利了中文教学，其作用概括体现为三个方面：
（1）激发学生兴趣，促进学生记忆，增强教学效果。
（2）节省课堂教学时间，提高教学效率。
（3）有效地协助教师的教学工作。

254. 中文教学中常用的办公软件有哪些？

答：
（1）Word，制作教学大纲、课程教案、测验试题、生词卡片等。
（2）Excel，制作课程表、学生出勤表、考试成绩表等。
（3）PPT，制作课件。
（4）Access，统计学生资料、学生成绩、教学经费等。

255. 中文课堂中使用幻灯片时要注意什么问题？

答：
（1）不可滥用、过分依赖幻灯片：幻灯片使用受客观硬件条件制约，教师要随时做好课上停电或设备出现故障等突发事故的应急方案，确保不用幻灯片也能顺利将课上好。

（2）与黑板配合使用：幻灯片课件的特点有预设性强、快速切换、转瞬即逝等，教师可以利用黑板对幻灯片内容灵活机动地进行补充、修改、突出重点等，将两者有效配合。

（3）教师的站位：教师在播放幻灯片的同时，不应忽略巡视课堂、与学生互动等，建议教师可配备遥控鼠标。

（4）课件的设计：幻灯片课件的设计和制作要确保正确、规范、清晰、简洁、美观。

256. 在幻灯片课件的设计和制作中，色彩能发挥什么作用？

答：色彩在幻灯片课件中的作用主要有：

（1）突出重点，如可用醒目颜色标注重点词语、语法结构等。

（2）区分内容，如涉及对话形式的课文，可用不同颜色表示不同角色的对话内容，使得话轮清晰，方便朗读。

（3）增添美感，恰当的色彩运用可以让课件看上去简洁美观，从而提高学生的学习兴趣。

257. 网络教学的主要特点有哪些？

答：

（1）资源可以共享，不再受时空限制。

（2）具备形象化、多样化的特点，趣味性增强。

（3）合理使用网络教学能够有效地调动学生学习的积极性，增强互动性。

258. 多媒体辅助外语教学有哪些优点？

答：

（1）最大优点是适合个别化教学，计算机可以根据学生不同的特点安排学习过程。

（2）多媒体辅助教学容量大、效率高，可省去很多诸如老师写板书的时间，大大增加课堂教学的密度和容量。

（3）多媒体辅助教学信息量大，有助于记忆。计算机可以通过多种信息传输方式，如文字、图片、音响等，使学生通过多种感官接受"刺激"。

（4）计算机还可以通过屏幕模拟一些实验或现象，达到其他教学手段达不到的教学效果。

259. 什么是网络课程？

答：网络课程是指通过网络表现的某门学科的教学内容及实施的教学活动的总和。它包括两个组成部分：第一是按一定的教学目标、教学策略组织起来的教学内容；第二是网络教学支撑环境，特指支持网络教学的软件工具、教学资源以及在网络教学平台上实施的教学活动。

260. 多媒体教室的基本组成要素有哪些？

答：中央控制系统、多媒体计算机、视频展示台、投影仪、音响系统、投影屏幕、教室环境。

第三部分　教学组织与课堂管理

教学标准与教学大纲

1. **《国际中文教育中文水平等级标准》的编写目的是什么？**

   答：《国际中文教育中文水平等级标准》是国家语委首个面向外国中文学习者，全面描绘评价学习者中文语言技能和水平的规范标准，旨在规定中文作为第二语言的学习者在生活、学习、工作等领域运用中文完成交际的语言水平等级。《国际中文教育中文水平等级标准》的发布实施，是语言文字规范标准体系进一步完善的重要标志，将为国际中文教育事业的发展提供有力支撑。

2. **《国际中文教育中文水平等级标准》初等水平的主要目标是什么？**

   答：初等水平的学习者能够基本理解简单的语言材料，进行有效的社会交际；能够完成日常生活、学习、工作、社会交往等有限的话题表达，用常用句型组织简短的语段，完成简单的交际任务；能够运用简单的交际策略辅助日常表达；初步了解中国文化知识，具备初步的跨文化交际能力。完成初等阶段的学习，应掌握音节 608 个、汉字 900 个、词语 2245 个、语法点 210 个，能够书写汉字 300 个。

3. **《国际中文教育中文水平等级标准》中等水平的主要目标是什么？**

   答：中等水平的学习者能够理解多种主题的一般语言材料，较为流畅地进行社会交际；能够就日常生活、工作、职业、社会文化等领域的较为复杂的话题进行基本的成段表达；能够运用常见的交际策略；基本了解中国文化知识，具备基本的跨文化交际能力。完成中等阶段的学习，应掌握音节 908 个、汉字 1800 个、词语 5456 个、语法点 424 个，能够书写汉字 700 个。

4. **《国际中文教育中文水平等级标准》高等水平的主要目标是什么？**

   答：高等水平的学习者能够理解多种主题和体裁的复杂语言材料，进行深入的交流和讨论；能够就社会生活、学术研究等领域的复杂话题进行规范得体的社会交际，逻辑清晰，结构严谨，篇章组织连贯合理；能够灵活运用各种交际策略；深入了解中国文化知识，具备国际视野和跨文化交际能力。完成高等阶段的学习，应掌握音节 1110 个、汉字 3000 个、词语 11092 个、语法点 572 个，能够书写汉字 1200 个。

5. 《国际中文教育中文水平等级标准》适用范围有哪些？

答：《国际中文教育中文水平等级标准》适用于国际中文教育的学习、教学、测试与评估，为开展国际中文教育的各类学校、机构和企事业单位提供规范性参考。《标准》的发布，将成为国际中文相关标准化、规范化语言考试的命题依据以及各种中文教学与学习创新型评价的基础性依据，也将为世界各地国际中文教育的总体设计、教材编写、课堂教学和课程测试提供参考，还将为"互联网+"时代国际中文教育的各种新模式、新平台的构建提供重要依据。

6. 《国际中文教育中文水平等级标准》中"三等九级"指的是什么？

答："三等九级"指的是将学习者的中文水平从低到高分为三等，即初等、中等和高等，在每一等内部，根据水平差异各分为三级，共"三等九级"。

7. 《国际中文教育中文水平等级标准》中"四维基准"指的是什么？

答："四维基准"指的是以音节、汉字、词汇、语法四种基本要素为衡量中文水平的基准。

8. 《国际中文教育中文水平等级标准》中从哪三个方面评价学习者的中文水平？

答：《国际中文教育中文水平等级标准》中从言语交际能力、话题任务内容、语言量化指标三个方面衡量学习者的中文水平。言语交际能力是指学习者综合运用听、说、读、写、译五项语言技能，在不同情境下，就不同话题，用中文进行交际的能力。话题任务内容是指学习者在生活、学习、工作中运用中文时所涉及的常用话题内容，及在交际过程中综合运用多项语言技能完成的典型语言交际任务。语言量化指标是指学习者达到每一级中文水平应掌握的音节、汉字、词汇、语法的内容和数量。

9. 《国际中文教育中文水平等级标准》中有哪四个语言量化指标？

答：《国际中文教育中文水平等级标准》中的语言量化指标有音节、汉字、词汇、语法。

10. 如何制定科学合理的中文教学大纲？

答：
（1）制定科学合理的中文教学大纲首先要加强中文大纲自身的研究，包括大纲的性质、功能、构成、体系、制定原则和程序等。
（2）制定科学合理的中文教学大纲要进行大规模的调查研究、实证研究、统计分析，并进行相关的学术研讨。
（3）制定科学合理的中文教学大纲还需要先进的外语教学理论、教学理念和科研成果来支撑,这样可以保证大纲具有时代性和理论价值。

(4)制定科学合理的中文教学大纲还要密切结合中文教学实践、教学现状。

(5)制定科学合理的中文教学大纲还要结合中文、汉字、中国文化的特点,这样的大纲才能更好地服务于中文教学实践。

11. 语法教学大纲的主要特征是什么?

答:语法教学大纲又称语法结构大纲,以结构主义语言学和行为主义心理学为理论基础,重视语法的系统教学,强调句型教学是语言教学的基础,认为语言学习的过程就是建立新的语言习惯的过程。语法教学大纲以本体研究成果为基础,突出语言的形式特征。

12. 功能教学大纲的主要特征是什么?

答:功能教学大纲又称功能—意念大纲,它以功能语言学、社会语言学和心理语言学为理论基础,特别强调语言的功能和意念;主张以学生为中心,以学习者的需要为出发点安排教学内容和组织教学活动;重视语言的交际功能和表意功能,主张教学过程交际化、教学环节功能化、教学情景真实化。

13. 结果性大纲和过程性大纲的区别是什么?

答:

(1)结果性大纲注重描述语言教学的最终结果,也就是语言学习者最后能用所学语言做的事情。该类大纲往往列出学习者最终应该掌握的语言知识项目和应该发展的语言技能。语法教学大纲、情景教学大纲和功能—意念大纲都属于结果性大纲。

(2)过程性大纲着重描述学习者学习和教师教学的过程本身。程序性教学大纲、任务型教学大纲和内容型教学大纲都属于过程性大纲。

14. 在外语教学界被广泛认可的外语能力大纲有哪些?

答:外语教学界被广泛认可的外语能力大纲主要有:

(1)《欧洲语言共同参考框架:学习、教学、评估》(CEFR, *Common European Framework of Reference*);

(2)《美国外语教学学会外语能力大纲》(ACTFL, *American Council on the Teaching of Foreign Languages*),是具有很大影响力的能力大纲,诞生后成为美国的国家标准,并且引发了著名的"能力运动"。

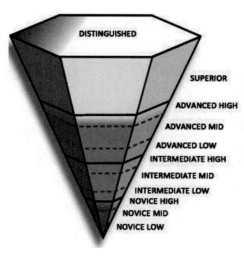

15. 作为重要的能力标准，ACTFL 大纲是如何描述口语能力水平的？

答：口语能力水平有初级、中级、高级和优秀四个等级。
（1）初级水平：能够用有限的程式化语言、背诵下来的语句、孤立的词或短语来进行表达，交际能力十分有限。
（2）中级水平：能够创造性地使用语言进行自主表达，能够就熟悉的话题提问或回答问题，能够应付简单的环境和事务。
（3）高级水平：在大多数情况下能够做完整的叙述和描述，能够处理比较复杂的情况。
（4）优秀水平：能够就具体和抽象的话题发表议论，支持或反对某个论点、假设，能够处理不熟悉的语境。

课程设计

16. 什么是中文教学课程设计？

答：中文课程设计是对中文教学的整个过程制定计划方案，并对其实施情况进行监控和干预的过程，是在中文教学目标和具体教学目的的指导下，从学习者的特点和需要出发，根据专业对知识结构和能力结构的要求，最优化地选择教学内容、组织教学进程，形成合理的、相互配合的中文课程体系。

17. 中文教学课程设计主要包含哪几个方面？

答：中文教学课程设计主要包括设置课类、划分课型和分配课时等三方面。
（1）设置课类：中国国内一般将中文课程分为汉语技能课（分为综合技能课和专项技能课）、汉语言知识课（语音、词汇、语法、汉字课）、中国文化知识课（包括中国基本国情、中国文化知识）等；海外的中文课程多为综合课，汉语技能、语言知识和中国文化一起教授。
（2）划分课型：课型划分是对三种课类进行具体的划分。中国国内，汉语技能课分为综合技能课和专项技能课；汉语言知识课主要包括语音、汉字、词汇、语法、古代汉语等课程；文化知识课一般有中国概况、国情与社会、时事、文史哲知识等。海外主要是综合课型。
（3）分配课时：合理分配各门课的周课时和总课时比例，以及开设所有课程的周课时和总课时比例；合理分配各门课不同教学阶段之间的课时比例，以及各门课之间的课时比例；合理分配必修课和选修课之间的课时比例等。

18. 中文教学课程设计需要考虑哪些因素？

答：在进行中文教学课程设计时要充分考虑学习者年龄、性格、语言文化背景、中文水平、学习能力、学习需求、学习风格、学习动机和学习时限等。另外，教师背景、教师水平、学校资源、教学设备、是否为目的语教学环境也是需要考虑的因素。

19. 中文教学课程设计应遵循什么原则？

答：
（1）系统性原则：一套完整的中文教学课程设计应是一个严密的系统。
（2）科学性原则：中文教学课程设计应追求准确、规范，符合规定的要求。
（3）针对性原则：中文教学课程需要针对特定的教学对象和教学环境展开设计。
（4）趣味性原则：中文教学课程应力求生动有趣，能吸引学生的注意力。
（5）实践性原则：中文教学课程应以培养学习者的中文实际交际能力为最终目的。

20. 中文教学课程设计的流程是怎样的？

答：
（1）前期信息调查阶段：中文教学对象分析、中文教学环境分析。
（2）中期课程策划阶段：中文教学目标制定、中文课程组织。
（3）后期教学实施阶段：中文教案设计、中文学习测试、中文教学评估。

21. 教学内容设计主要包含哪些内容？

答：
（1）确定教学体系：是以话题或语言功能为纲，还是以语法或词汇为纲。
（2）确定话题内容：是以学习、生活为话题，还是以旅游、商业等活动为话题。
（3）确立课型：是按语言要素、分技能安排课程，还是安排综合汉语课程。
（4）确定教学内容范围：整个教学过程会覆盖哪些语言知识，每单元又涉及多少语言知识。
（5）选择或编写教材。

22. 初级中文课可以选择哪些话题？

答：
（1）一级中文学习者的话题可以涉及个人信息、日常起居、饮食、交通、兴趣爱好等，例如：能够对不同交际对象使用最简单的礼貌用语；能够辨识公共环境中的某些简单信息并询问确认等。
（2）二级中文学习者的话题可以涉及基本社交、家庭生活、学习安排、购物、用餐、个人感受等，例如：能够和朋友在中餐馆点餐并交流喜好；能够辨识、填写入学表格中的信息等。
（3）三级中文学习者的话题可以涉及出行经历、课程情况、文体活动、节日习俗、教育、职业等，例如：能够与人交流有关春节等传统节日的出行安排及节日习俗；能够发出比较正式的口头或书面邀请，回应别人的邀请等。

23. 中高级中文课的话题选择需要注意哪些问题？

答：

（1）中等四级学习者的话题可以涉及社区生活、健康状况、校园生活、日常办公、动物、植物等，例如：能够在就医时简单说明病情，与医生沟通；能够编写简单的兼职广告，回复对方的问询等。

（2）中等五级学习者的话题可以涉及人际关系、生活方式、学习方法、自然环境、社会现象等，例如：能够就生活中常见的社会现象进行交流或沟通看法；能够回复邮件，介绍自己的学习方法及建议等。

（3）中等六级学习者的话题可以涉及社会交往、公司事务、矛盾纷争、社会新闻、中外比较等，例如：能够在非正式场合谈论历史、文化等方面的中外差异；能够大致读懂社会新闻，做出评论等。

（4）高等七级学习者的话题可以涉及社交礼仪、科学技术、文艺、体育、心理情感、专业课程等，例如：能够在比较正式的会议上，与参会者进行交流；能够基本读懂专业课程的学习资料，完成课程作业等。

（5）高等八级的学习者的话题可以涉及语言文字、政治经济、法律事务、哲学、历史等，例如：能够就哲学、宗教、时事等话题进行比较有深度的讨论和交流；能够在遇到纠纷时表达观点，提出质疑，申诉理由等。

（6）高级九等的学习者的话题可以涉及学术研究、政策法规、商业贸易、国际事务等，例如：能够参与正式场合的商业谈判，与对方交流辩论；能够读懂政策法规、研究报告等正式语体的文件，充分得体地发表评论。

24. 汉语综合课的特点是什么？

答：

（1）从课程设置上看，综合课在分技能设课的教学模式中是一门主干课，主要承担系统地传授语音、词汇、语法和汉字知识，以及综合训练听、说、读、写等语言技能的任务。

（2）从课程层级上看，综合课可分为初、中、高不同层级，但培养学习者综合语言能力是综合课的核心任务。

（3）从教学实际上看，综合课的实际教学任务多、内容杂，很难落实知识传授和技能训练的有机结合，讲和练往往会顾此失彼。

25. 针对幼年学习者的中文教学要注意哪些问题？

答：
（1）采用生动形象、趣味性强的中文教材。
（2）采用形式多样的课堂活动。
（3）鼓励学生多参与课堂活动。
（4）不宜使用理论化的讲解。

26. 针对成年学习者的中文教学要注意哪些问题？

答：
（1）注意中文教学内容的系统性和知识性。
（2）采用多种中文教学活动。
（3）保持理论讲解与活动操练的平衡。

27. 针对不同年龄阶段学生混班的情况，教师该如何设计课程？

答：在这种情况下，教师必须思考如何巧妙地组织课程、实施教学以兼顾不同年龄阶段学生的学习特点。比如，在课上可以采用多样化的教学活动。同时，还可以实行差异化教学，即在课程组织和教学实施的某些环节对不同年龄阶段的学生区分对待，采用不同的教学活动。

教学计划

28. 教学计划决策是什么？

答：教学计划决策是教师基于一定的教育价值观，在教学活动开展之前，为完成特定的教学任务，分析和预测教学具体情境、学生状态，对教学内容及其实施方案进行策划与选择的循环过程。

29. 制定课程教学计划需要从哪些方面入手？

答：
（1）了解教学需求。
（2）明确教学内容。
（3）熟悉教学对象。
（4）确定教学目标。
（5）制定教学策略。

30. 制定学期计划时要考虑哪些方面？

答：
（1）教学单元的数量。
（2）教学单元的基本结构。
（3）教学单元之间的衔接。
（4）测试安排。
（5）每周的具体教学任务。

31. 什么是教学策略？

答：教学策略指为达到教学目标所使用的教学程序、教学方法、教学组织形式（集体授课、小组活动、个别化教学）和教学媒体的总体安排，它既包含解决某一实际问题的教学理论，又包含解决某一实际问题的带有规律性的教学方法。

32. 教学策略的选取应如何联系学生的实际？

答：教师的教是为了学生的学，教学策略要适应学生的实际情况。
（1）联系学生的生活实际：从学生熟悉的生活和感兴趣的事物出发，多设计一些应用性问题，让学生在体验中学习。
（2）联系学生的认知实际：教师要根据学生已有的知识结构进行教学，善于从已知过渡到新知。
（3）联系学生的心理实际：教师要依据学生的心理需求和心理承受能力，合理设计教学，使学生的学习兴趣得到持久发展。

33. 什么是教学需求？

答：教学需求是学习者当前的相关知识和能力状况与期望达到的状况之间的差距，或者说是学生目前水平与期望学生达到水平之间的差距。

34. 教学需求分析主要涉及哪些方面？

答：
（1）物质条件：学习场所、材料、时间等。
（2）心理条件：教育心理学需求、学习兴趣、动机等。
（3）知识技能条件：现有知识、学习策略和方法等。
（4）支持条件：教师、学校等。

35. 教学需求的来源有哪些？

答：
（1）社会发展的需要。
（2）学习者的需求。
（3）学科发展的需求。
（4）教学计划、教学大纲的要求。

36. 确定教学需求的方法有哪些？

答：
（1）内部参照需求分析法：由学习者所在的机构内部用已经确定的教学目标，与学习者的学习现状比较，找出两者之间的差距。
（2）外部参照需求分析法：根据教学机构以外的社会要求（或职业要求）来确定对学习者的期望值，以此为标准衡量学习者的学习现状，找出差距。
（3）内外结合需求分析法：将内部需求与外部需求进行对照、比较和调整，找出差距。

37. 在教学设计前，老师需要了解中文学习者的哪些信息？

答：教师需要了解学习者的年龄、中文水平、学习需求、学习动机、学习风格、文化背景等方面的信息。

38. 了解学习者的信息主要有哪些途径？

答：
（1）问卷：设计好问题，邀请校方或学生回答。如果学生年龄偏低无法有效回答问题，可以邀请学生家长协助。
（2）访谈：可以与校方取得联系，就教学对象的情况与校方进行沟通和咨询。
（3）阅读资料：通过阅读反映当地学生学习风格和特点的文献或者前任教师的经验等资料获取学习者的相关信息。

39. 关于学生的中文水平，教师需要了解哪些内容？

答：
（1）了解学生的中文学习经历，他们是否学过中文、学过多长时间中文、接受的是哪种形式的中文教育。
（2）了解学生已掌握的词汇量。
（3）了解学生当前的中文水平处于零基础、初级、中级或高级的哪个阶段。

40. **可以通过哪些方法来了解语言点的难易度和使用频率？**

    答：
    （1）参考相关等级大纲。
    （2）参考语料库信息。
    （3）依据第二语言习得研究成果。
    （4）依据语言实际运用经验和教学实践经验。

41. **什么是教学目标？**

    答：教学目标是指教学活动实施的方向和预期达成的结果，是一切教学活动的出发点和最终归宿。国际中文教学的根本目标是通过系统科学的教学活动使学生掌握中文，并能运用中文进行交际。

42. **为什么要制定教学目标？**

    答：制定教学目标可以指导课程的策划与实施，也为检验教学与学习效果提供了标准。教学目标也是教师与教学管理人员、学生及学生家长进行沟通的重要内容。制定科学合理的教学目标有助于课程策划与实施的顺利进行，从而保证教学的效果。

43. **教学目标的内容主要涉及哪几个层面？**

    答：
    （1）等级化的教学目标：学习者要达到何种中文水平，是初级、中级还是高级。
    （2）量化的教学目标：教多少汉字、词汇或语法点。
    （3）范围化的教学目标：教哪些汉字、词汇或语法点。
    （4）功能化的教学目标：教哪些以及什么层面的交际功能。

44. **《国际中文教育中文水平等级标准》的主要内容是什么？**

    答：《国际中文教育中文水平等级标准》是国家语委首个面向外国中文学习者，全面描绘评价学习者中文语言技能和水平的规范标准。《国际中文教育中文水平等级标准》将学习者中文水平分为"三等九级"，并以音节、汉字、词汇、语法四种语言基本要素构成"四维基准"，以言语交际能力、话题任务内容和语言量化指标形成三个评价维度，以中文听、说、读、写、译作为五项语言技能，从而准确标定学习者的中文水平。

45. 制定教学目标要注意哪些问题？

答：
（1）教学目标要符合教学对象与教学情境的特点。
（2）教学目标的内容必须详细具体，即需要界定学习者在语言要素、语言技能和语言功能方面需要达到的具体目标或水平。
（3）教学目标的内容是可测量的，即能通过具体的方法，如测试，来检验教学目标是否达到。

46. 语言教学目标分为哪几个层次？

答：语言教学目标可以分为：语言教学的总体目标、构成总体目标的从属目标、教学的行为目标、具体教学目标等四个层次。

47. 如何根据教学对象的中文水平制定功能化的教学目标？

答：制定功能化的教学目标需要结合教学对象的中文水平和学习需求两方面。
（1）针对初等学习者，教学目标应更多关注于日常话题，如个人信息、饮食、兴趣爱好、基本社交、家庭生活、个人感受、出行经历、课程情况、文体活动、节日习俗等。
（2）针对中等学习者，教学目标应以实用性话题为主，如社区生活、健康状况、校园生活、日常办公、人际关系、生活方式、学习方法、自然环境、社会现象、社会交往、公司事务、矛盾纷争、社会新闻、中外比较等。
（3）针对高等学习者，教学目标可以选择抽象性话题，如社交礼仪、科学技术、文艺、语言文字、政治经济、法律事务、哲学、历史、学术研究、政策法规、商业贸易、国际事务等。

48. 中文课教学任务有哪些分类？

答：
（1）语言知识层面：对语言知识的感知、理解、掌握和运用。
（2）语言技能层面：在听说读写方面，要求学生能够模仿、练习、熟练、自动化到自我创造，如培养学生"有使用本课语汇叙事或描述自己某种经历的愿望，有了解中国人的现实生活的愿望"等。
（3）情感层面：培养学生用中文交际的意识，如注意、感动、接受等。
（4）学习策略层面：培养学生的学习策略，如对比、背诵、概括等。

49. 设计语言课教学任务要依据哪些要素？

   答：
   （1）中文教学标准与大纲：标准与大纲为教学任务的设计提供了根本性的参照标准。
   （2）教材：设计教学任务要抓住教材的重难点，落实大纲的目标要求。
   （3）学生的学习现状：设计教学任务要把握学生现有的语言水平。

50. 教学任务设计的基本原则是什么？

   答：
   （1）科学性：教学任务的设计要注意完成的可能性。
   （2）系统性：教学任务的设计要由简到繁，与学生的知识系统相匹配。
   （3）具体性：教学任务的设计必须明确而具体，不能过于笼统。

教案编写与板书设计

51. 什么是教案？

   答：教案也称课时计划，是教师在授课前以课时或以单元为单位编制的具体教学方案。教案是教师授课的主要依据，是保证教学质量的重要措施。

52. 教案包含哪些基本内容？

   答：教案的基本内容有：基本信息、课时分工、教学目标、教学重点与难点、教学过程、板书设计、教具准备、教学日志。

53. 教案中的基本信息主要有哪些内容？

   答：教案中的基本信息主要包括课型、教材、教师、教学对象、课程标题等内容。其中课型、教材、教师和教学对象是相对固定的，一个教学阶段内一般不会有变化，唯一改变的是每课的课程标题，每堂课的教案都应出现课程标题。

54. 教师编写教案时，如何确定具体的教学目标？

   答：
   （1）认知领域：学生能否理解和记忆所学知识点，并能简单或综合应用，能否在理解和运用的基础上有所创见。
   （2）语言技能领域：学生能否感知并理解所学内容，能否正确模仿语音或句型结构，并能熟练运用。

（3）情感领域：学生能否接受所学内容，是否产生兴趣并有继续学习的愿望，能否对所学内容进一步思考。

55. 在设计教学环节时需要注意哪些方面？

答：
（1）各教学环节之间应过渡自然流畅，联系紧密。
（2）各教学环节的时间安排应该科学合理，重点突出，详略得当。

56. 教学重点和难点有什么联系和区别？

答：教学重点是教学中最基本的东西，主要指常用的基本概念、基本原理、基本技能，是学生学习其他知识的基础。教学难点是学生已有知识基础与新授知识之间衔接不上的那些地方，也就是诸多任务中学生难以迅速、准确地理解、掌握、运用的知识技能。教学重点和教学难点既有联系又有区别，一般来说重点包括难点，难点一定是重点，但重点不一定是难点。

57. 确定中文课教学重点需要把握哪些原则？

答：
（1）课堂教学重点应与课程的教学目标一致。
（2）课堂教学重点应与课程的组织方案一致。
（3）课堂教学重点的确立应考虑教学对象的年龄与中文水平特征。

58. 如何确定中文课教学的难点？

答：确定中文课教学难点有多个途径：
（1）将中文与学生的母语进行对比分析，确定教学难点。
（2）在课文重点内容中确定教学难点。
（3）通过教材的语言例释、课文练习来确定教学难点。
（4）通过教师的教学经验来确定教学难点。

59. 确定课堂教学量需要考虑哪些因素？

答：
（1）课堂时间的多少：课堂时间越充足，可以教授的汉字、生词或语法点，以及听说读写活动的数量就可能越多，反之就可能越少。
（2）教学对象的年龄及学习动机：如果教学对象是幼年学习者，教学量不宜太多。如果学生的学习动机强,教学量可以设定得稍多,反之就需要减少。

60. 教案中的"教学过程"具体指什么?

答:教学过程即对课堂主要教学环节的规划,包括课堂活动顺序、语言点讲解方法、教材处理方法、练习材料的补充、教学内容总结、作业布置和教学活动的时间分配等。

61. 板书可以有哪些布局?

答:

(1)中心板

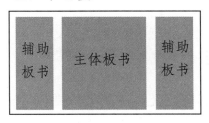

(2)两分板

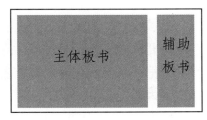

(3)三分板

(4)四分板

62. 板书需要呈现的基本内容有哪些?

答:教师需要明确哪些内容需要板书,哪些内容不需要板书。一般来说,板书需要呈现的基本内容有:
(1)课文的总体结构。
(2)课文的中心及各部分内容要点。
(3)核心词汇、语法重点、功能句型。
(4)生字词、重点词和个别相关资料。

63. 板书设计有哪些要求?

答:
(1)汉字书写正确规范。
(2)板书布局科学合理,版面清晰美观。
(3)板书要鲜明、醒目,适当运用彩色笔突出重点。

中文教材与教学资源

64. 中文教材有哪些分类？

答：
（1）语言技能类教材：综合技能训练教材和专项技能训练教材。
（2）语言知识类教材：汉语语音、词汇、语法、汉字等方面的教材。
（3）文化知识类教材：中国文化、各地习俗、古代文明等方面的教材。
（4）专门用途语言教材：商务汉语、旅游汉语、医用汉语等方面的教材。

65. 教材选用要遵循哪些原则？

答：
（1）科学性：教材要使用规范的语言，符合语言教学规律，解释要准确。
（2）针对性：要根据教学对象的特点来选择教材。
（3）实用性：教材内容必须来源于生活，是学习者进行交际活动所需要的。
（4）趣味性：教材内容是学习者所关注的话题，体裁和语言风格也要多样化。
（5）系统性：教材内容的安排要平衡协调，衔接自然，相互呼应。

66. 教师分析教材可以从哪些方面入手？

答：教师拿到教材之后，要对教材的各方面特点做到心中有数。比如，教材是以结构为主，还是以功能为主；教材的语法点有多少，语法点的先后顺序是怎样安排的；每课的生词是多少，一册书要学多少生词、汉字；练习的量大不大，以什么样的练习为主；有没有配套教材；教学进度如何；有哪些重点和难点等等。

67. 教师在教学中如何对教材进行加工处理？

答：
（1）删减：可以将一些不符合需要的课文或者其他教学内容直接删除。
（2）补充：补充与话题相关的语料、语言点练习、话题背景知识或教学活动。
（3）调整：根据需要调整教材原定的顺序，改变活动和练习的形式，细化活动步骤等。
（4）仿真：教师加工后的教材，其涉及的场景、情境要贴近学习者的生活。

68. 如何编写出生动有趣的中文教材？

答：
（1）课文内容要实用，接近学生的实际生活。
（2）适当缩短课文篇幅。

（3）教材语体风格要多样化。
（4）版面设计新颖活泼，插图有趣。

69. 中文教材编写的针对性原则主要体现在哪些方面？

答：
（1）要适合学习者的年龄、性别、身份、国籍、母语背景等。
（2）要适合语言学习的环境和学习的条件。
（3）要体现学科的性质和课型的特点。
（4）要体现目的语教学的重点和难点。

70. 中文教材语料的选择要依据哪些原则？

答：
（1）适度性：语料难度必须符合学习者的水平。
（2）多样性：语料应该广泛丰富。
（3）知识性：所选的语料最好承载一定的知识。
（4）趣味性：语料的类型和语言的风格要多样化。
（5）真实性：语料要接近学生的现实生活。

71. 中文教材在选取文化内容时应注意什么？

答：
（1）立足中国的当代文化和主流文化。
（2）采取双向文化的态度，介绍中国的文化，也要涉及其他国家的文化。
（3）文化内容切忌幼稚，力避说教。
（4）文化内容应积极向上，避免选择消极文化。

72. 专门用途的中文教材编写应遵循哪些理念？

答：
（1）应遵循通用教材的编写原则，又要遵循专门用途教材特有的编写章法。
（2）对专业语言的解释不贪多、不求全。
（3）将专业知识的介绍限制在主要用于解释相关语言现象的层面上。

73. 中外合编的教材编写模式有何优点？

答：
（1）有利于更全面准确地了解学习者的需求。

（2）有利于进行语言的对比和重点难点的突出。

（3）有利于进行文化的对比和有针对性地体现相关的文化内容。

（4）有利于教材针对性、科学性、实用性和趣味性的实施。

74. 立体化的中文教材有何优势？

答：立体化教材是指将传统的纸质教材文本和现代科技手段与教育手段结合起来，融入练习册、教师用书、课外读物、有声挂图、在线教学资源等的编写和制作。其优势在于：

（1）便于教师灵活多样地组织课堂教学活动和课外学习活动。

（2）便于学习者通过多种媒介和方式来学习目的语，更好地满足不同学习风格学习者的需求。

75. 教材评估有哪些类型？

答：

（1）实然性评估：评估教材是否达到了编写者自己的设计目标，是一种"合格与否"的评估。

（2）应然性评估：评估教材是否达到了第二语言教材应有的设计标准和要求，是一种"优秀与否"的评估。

76. 什么是"教学资源"？

答：教学资源是为教学的有效开展所提供的素材等各种可被利用的条件。从广义上来讲，教学资源可以指在教学过程中被教学者利用的一切要素，包括支撑教学的、为教学服务的人、财、物和信息等；从狭义上来讲，教学资源（学习资源）主要包括教学材料、教学环境及教学后援系统。

77. 中文教学资源可以分为哪几类？

答：中文教学资源大致可分为文字材料资源、网络多媒体资源、知识与能力资源、方法与策略资源等四大类。前两类是显性的，是中文教学资源的基本形态；后两类是隐性的、潜在的资源，也是急需研究和开发的资源。

78. 如何整合网络教学资源？

答：

（1）根据语言要素整合资源：将网络教学资源按照语音、词汇、语法等要素分类整合，方便需要时取用。

（2）根据所用教材整合资源：在与教材相关的网页上，教师可以找到课文录音、汉字笔画顺序、网上练习等。
（3）根据学习任务整合资源：先制定学习任务，并提供相应网络资源，要求学生完成学习任务。

教学组织

79. 教学组织主要有哪几种形式？

答：教学组织形式是指教师利用时间和空间条件，把学生组织起来，与之建立集体、小组或个体间的联系，以安排和实施教学活动。现主要有三种教学组织形式：
（1）全班教学：教师面向全班学生进行的教学。
（2）分组教学：把学生分成若干小组进行教学。
（3）个别教学：一位教师对一两位学生的教学。

80. 全班教学的组织形式有何优缺点？

答：
（1）优点：一个教师同时教许多学生，扩大了教学规模，具有良好的经济效益；在规定的时间内完成规定的教学内容，确保了教学的计划性和延续性；利于发挥教师的主导作用。
（2）缺点：学生完全按照教师的计划在学习，学生要适应教师的教学，学生的独立性和自主性受到限制，不能很好地照顾个别差异，不利于发展学生的个性特长。

81. 中文课堂教学流程设计要遵循哪些原则？

答：
（1）在对教学环节进行排序时一般遵循从小到大的原则。先安排语言要素的学习，再上升到句子和篇章层次。
（2）在对各教学环节内部进行排序时，教师要遵循从易到难的原则。
（3）注意不同教学环节的交叉进行，避免长时间重复单一的课堂活动形式。

82. 中文综合课的教学流程主要有哪几种类型？

答：
（1）生词→语法→课文→听说读写活动：遵循了从小到大、从易到难的原则，易于执行，但所需的课堂时间会比较多。
（2）课文→生词→语法→听说读写活动：通过课文语境带出生词和语法点，但教学过程可能存在跳跃性，教师要不断在课文和生词、语法中来回切换。

83. 中文课的课堂教学主要包含哪几个环节？

答：
（1）组织教学。
（2）复习检查。
（3）讲练新内容（导入、讲解、操练）。
（4）巩固新内容。
（5）布置课外作业。

84. 中文课教学环节的整体排序和内部排序分别指什么？

答：
（1）整体排序：指生词教学、语法教学、课文教学、听说读写、课堂活动这些不同教学环节之间的排序。
（2）内部排序：指在语言要素教学环节内部语言点的排序。比如，在生词教学环节应该先教哪些生词，后教哪些生词。

85. 中文课上，复习环节一般采取哪些方式？

答：
（1）口头提问：提问书上的问题、根据提示词提问、设计一些归纳性的问题、练习实际的问题。
（2）听写：听写书上的句子、听写概括性的句子、听写真实的句子。
（3）朗读：朗读课文或听写的句子。
（4）复述：复述课文，将对话体变成叙述体或把叙述体变成对话体。
（5）任务汇报：检查学生完成任务的情况。

86. 中文课上，可采用哪些导入新课的方法？

答：
（1）复习导入：引导学生温故知新。
（2）经验导入：以学生已有的经验为出发点导入新课。
（3）直观导入：用实物、图片、视频等方式导入新课。
（4）类比导入：从现实生活中选取与课文相类似的现象作导语。
（5）设疑导入：提出富有启发性的问题，引导学生回忆联想。

87. 中文课上，新课讲解环节有哪些常见的形式？

   答：
   （1）引导发现式：通过一定数量的材料，引导学生发现规律。
   （2）角色互换式：让学生提出问题，其他同学回答，或让学生去修改黑板上听写的句子，但老师要适时给出标准答案。
   （3）深入浅出式：以实物或情景讲解抽象的知识。

88. 中文课上，操练的流程一般是怎样的？

   答：
   （1）教师领读某个语言点，全班跟读。
   （2）展示例句：可提供一些课文外的典型例句。
   （3）进行操练：为了实现有效互动，师生可用该语言点进行问答，提问时从易到难，提问方式一般从是非疑问句到特殊疑问句。
   （4）总结并收尾：教师挑选几个例句，让学生一起说。

89. 中文课上，操练要遵循哪些原则？

   答：
   （1）实效性：操练要有计划、有目的，避免盲目、低效的操练活动。
   （2）控制性：控制学生的注意力，控制操练的节奏，还要注意练习量的控制。
   （3）针对性：操练要针对教学目标和学生的特点来设计。
   （4）趣味性：操练的形式要多样，使学生积极主动地参与操练。

90. 中文课上，处理课后练习要遵循哪些原则？

   答：
   （1）重点突出：在练习时要突出重难点，教师也可适当补充一些习题。
   （2）活用为本：做练习的根本目的在于学以致用，能让学生运用所学灵活表达。
   （3）形式灵活：练习的形式可多种多样，避免单一沉闷。
   （4）机会均等：核对练习答案时，教师应给每个学生均等的发言机会。
   （5）点拨精当：教师对学生的引导要简明，对学生的启发要适时。

91. 中文课上，结课环节有哪些常见的形式？

   答：
   （1）归纳式结课：对本课所学知识进行归纳梳理，最好启发学生自己去总结。

(2) 呼应式结课：在结课时让学生回答老师在导入新课过程中提出的问题或设置的悬念。
(3) 延伸式结课：根据本课内容适当延伸，丰富和充实教学内容。
(4) 检验式结课：让学生完成相应的习题，检验学生对本节课的掌握程度。

92. 中文课上，教师该如何科学利用教学时间？

答：
(1) 减少非教学时间，如考勤、发出指令、交发作业等。
(2) 减少管理时间，预先形成班级制度，减少各个过渡环节。
(3) 利用剩余时间，如教唱歌、讲故事、学成语等。

93. 中文课上，新课环节中的提问有哪些类型？

答：
(1) 串讲式提问：引导学生按照问题的思路理解课文。
(2) 针对教学重难点的提问：通过提问有目的地把学生引向教学的重难点。
(3) 概括性提问：要求学生用所学的生词和语法对课文内容重新组织。
(4) 应用性提问：让学生在新的情境中用所学的新知识去表达。
(5) 创造性提问：让学生对问题发挥想象力，并将新旧知识组合起来去表达。

94. 中文课上，提问要遵循哪些原则？

答：
(1) 目的性：教师要根据教学重难点精心设计问题，启发学生的思维。
(2) 层次性：提问在难度上要形成层次和梯度。
(3) 预测性：教师要对学生的回答做到心中有数。
(4) 趣味性：问题和学生的经历有关，答案可以是开放的。
(5) 效果性：问题要简洁明确，每个问题集中于一点。
(6) 时机性：要在学生有疑问而不知道如何表达时提问。
(7) 全面性：要面向全班学生，不能只提问优等生。

95. 中文教师布置作业要注意哪些方面？

答：
(1) 作业量要符合中文课程的学科地位、课时数等方面的情况。
(2) 作业形式要符合学生的年龄、中文水平及学习需求特征。
(3) 作业形式要适当创新，不能只是固定地采用一两种作业形式。

96. 如何管理学生的作业？

答：为了让课堂教学规范有序，教师应训练学生形成交作业的常规。
（1）准备大小适中、容量相当、便于携带的作业本，教师可以拿一个样本让学生参考。
（2）交作业时从后往前传，发作业时从前往后传，避免一些学生交作业时随意走动、说话。
（3）让学生准备一个专门放课外作业的夹子或袋子，学生把各种作业放在里面。

97. 中文教师在批改作业时应注意哪些问题？

答：
（1）做好标志：教师要在写得好的句子上做出某种固定的标志，在有错误的地方做出另一种标志，同时改正过来。
（2）归纳总结：教师对学生作业中的优点和不足之处要归纳总结，以便在评讲作业时集中处理某些突出的问题。
（3）沟通交流：教师可在批改作业后写上鼓励性的话语，或者对学生近期的表现做一个点评，这样可以拉近与学生的距离。

98. 什么是教学日志？

答：教学日志，又称"工作日志"或"教师日志"，是一种教师对教学事件定期的记录。教师通过这个环节，既能反思、探索、延伸知识，把实践经验理论化，又能对教学不足进行及时诊断，以此提升自己的教学水平。

99. 教学日志主要从哪几个方面总结？

答：
（1）总结成功之处，积累经验。
（2）查找教学中存在的不足，探索矫正的方法。
（3）记录学生独到的见解和新鲜的问题，教学相长。

100. 教具有哪些分类？

答：教具可分为传统教具和多媒体教具：
（1）传统教具：实物、模型、图片、地图等。
（2）多媒体教具：投影、录音、录像等。

101. 选用教具的原则是什么？

答：
（1）实用性：教具所显示的内容必须紧密结合教材，能帮助教师说明教学内容。
（2）合理性：在讲解新知识和复习操练时适当运用，在教学重难点突破方面合理运用。
（3）简易性：教具既要简单，又要能说明问题。
（4）科学性：教具所传递的信息内容必须是科学合理的。

102. 使用教具时要注意哪些问题？

答：
（1）教具展示的时机要适宜，不要搞突然袭击，也不要频繁出示教具。
（2）教具摆放的位置要适宜，应该放在学生能看到的地方，消除学生的好奇心。
（3）选择便于携带和展示的教具，有些太大的实物不适合拿到教室。
（4）教具不能喧宾夺主，它始终起辅助作用。

教学活动

103. 什么是教学活动？

答：教学活动就是教师在一定教学环境中通过合适的教学内容和恰当的教学方法对学生进行教学，从而达到教学目的的过程。课堂教学活动以教学班或者小组、个人为单位，由一个个相互联系、先后衔接的环节构成。

104. 课堂教学活动有哪些分类？

答：
（1）按教学内容可分为：综合教学活动、单项教学活动。
（2）按主体可分为：讲授式、研讨式、实践活动式、竞赛式、自由学习式。
（3）按组织形式可分为：全班活动、小组活动、单人活动。

105. 教学活动设计的基本要素有哪些？

答：教学活动设计的基本要素有：学生、教师、教学目的、教学内容、教学方法、教学环境等。

106. 教学活动设计要遵循哪些基本原则？

答：
（1）培养学生用中文进行交际的能力。

（2）以教师为主导，以学生为中心。
（3）立足于整个教学过程，遵循整体性原则。
（4）使用生活中的语言，语言材料真实化。
（5）有意义的讲授与训练相结合。

107. 如何使课堂活动具有可操作性？

答：

（1）指令要明确：要提供清楚的指令，让学生明白活动的步骤。
（2）形式要简化：不要使用过多的道具或频繁更换场景。
（3）适时的指导：在活动过程中，教师应巡视课堂，以提供必要的指导和帮助。
（4）时间要有所限定：活动时间应以每个学生都充分参与和表现为宜。
（5）内容要联系学生的生活实际：选择学生熟悉的内容才能让活动顺利进行。

108. 课堂活动设计如何体现互动性？

答：

（1）互动形式要多种多样：如提问、讨论、比赛、游戏等。
（2）座位形式要利于学生互动：如分组围坐的讨论式、通道排列的辩论式、腾出讲台的表演式、自由组合的沙龙式等。
（3）互动中教师要及时给予学生积极评价。
（4）设置开放性问题：允许答案的多样性，努力发挥学生的创造力。

109. 中文课上，小组活动有哪些分组方式？

答：

（1）按座位分组：可就近就便，但有时可按照所处位置的相似性特征分组。
（2）由教师分组：分组时要考虑学生的性格特点、中文水平等因素。
（3）自愿式分组：让学生自己选择合作伙伴。
（4）游戏式分组：如做"找部件拆字"游戏，将汉字部件拆分后写在卡片上，每个人拿着卡片去找可以拼合的"另一半"。

110. 有哪些常见的任务型课堂活动？

答：

（1）拼图式任务：学习者互相交流各自掌握的不同信息，在此基础上组合成完整的信息。比如三个人各自掌握某个故事的一部分，然后互相交流，把它组合成一个完整的故事。
（2）信息差活动：两组成员，每一组掌握另一组所不知道的信息，通过语言交流来掌握未知信息。

（3）解决问题的任务：学生根据教师或教材提供的信息，经过协商讨论提出解决问题的方案。

（4）决策任务：学生对多种解决方案进行讨论和比较，选择出一个最合适的。

111. 什么是信息差活动？

答：信息差活动也称为信息交换活动，一般以两人或多人小组的方式进行，是一种双向交际活动。在信息差语言活动中，每个小组成员只持有完成该活动所需的一部分信息，小组成员之间必须通过言语交际来交换、补全信息，从而成功地完成任务。

112. 如何利用信息差设计课堂活动？

答：
（1）利用社会中真实存在的差异：可以充分利用学生不同的国籍、年龄、生活经历等差异设计活动，调查和讨论就属于此类活动。

（2）人为规定和设置差异：可以在角色扮演中提前设置好不同角色所持有的信息。

113. 中文课常用的语言活动有哪几类？

答：
（1）角色扮演类：学生扮演特定的角色，进行采访、情景表演等活动。

（2）信息交换类：利用信息差让学生完成寻找差异、信息拼凑等活动。

（3）问题讨论类：分组辩论，学生共同讨论或解决一个问题。

114. 中文教师如何设计有效的采访类课堂活动？

答：
（1）制定明确的采访提纲，确保学生获得有效信息。

（2）对采访做出明确的语言要求，防止学生用母语采访，或回避用新学的语言点完成任务，教师也可把希望学生使用的词汇和句型明确提供给学生。

（3）采访还可以与口头报告、写作等形式结合使用，让学生利用采访获得的信息做第三人称的口头报告或将其写成书面文章。

115. 中文课上组织课堂游戏的流程是怎样的？

答：
（1）课前准备：游戏目标的确定，游戏内容和方式、材料的准备等。

（2）规则讲解：在最短时间内用简洁的语言介绍游戏规则。

（3）游戏演示：借助肢体语言和面部表情来演示游戏进行方式。
（4）游戏开展：教师要观察学生表现，把握好时间，并适当给予指导和帮助。
（5）游戏结束：公布结果并简单总结，对表现好的学生给予表扬或奖励。

116. 中文课上组织课堂游戏要注意哪些方面？

答：
（1）课堂游戏形式要适当变换，长期使用同一个形式，学生会产生厌倦情绪。
（2）选择适当的时间做游戏，不要为了游戏而游戏，否则会打乱教学秩序。
（3）游戏规则和步骤事先要交代清楚。
（4）设计游戏要充分考虑教学的目标以及重难点内容。
（5）所选择的游戏应该是全班或大部分学生都能参与的。

117. 中文教师在课堂游戏中的作用是什么？

答：
（1）观察者：观察小组的进展情况、学生的合作能力以及能否有效使用语言。
（2）合作者：老师也可参与游戏，但不要过多发言，尽量把机会留给学生。
（3）控制者：老师要控制好游戏的时间、节奏和气氛。
（4）监督者：老师要监督学生用中文表达，避免使用母语。

课堂管理

118. 中文课堂管理主要包含哪些因素？

答：课堂管理主要包含四个因素：教师、学生、教学环境、课堂规则。
（1）教师是课堂管理的首要因素，是学生的指导者、教学环境的创设者以及课堂规则的主导者。
（2）学生是课堂管理的核心因素，课堂管理的根本目标是发展学生的语言能力和综合能力。
（3）教学环境包括物理环境（教室摆设）和心理环境（班级氛围）。
（4）课堂规则是教师指导学生行为的工具，是师生共同制定的能够规范学生行为的具体要求。

119. 课堂管理需要遵循哪些原则？

答：
（1）主体性：教师要发挥学生的主体性，让他们积极参与到课堂教学和管理中。

（2）综合性：教师要综合考虑教师、学生、环境、规则、语言能力等因素。

（3）情感性：教师要关注学生的心理，多鼓励学生，缓解课堂紧张感。

（4）国际性：教师在进行课堂管理时要考虑到不同国家和地区的国情与文化。

120. 中文教师如何在课堂管理中贯彻公平原则？

答：

（1）课堂提问、发言等依据一定顺序，尽量避免遗漏。

（2）与全班所有学生进行目光接触，身体朝向也不要单一。

（3）结合学生情况举例说明时，尽量兼顾整体，不要总使用某几个学生的事例。

（4）避免只使用某些国家的事例，特别是某些强势、主流国家和文化。

（5）谨慎表达自己对学生情况的了解，慎重接受学生的要求、参与学生活动。

（6）在课堂上尽量使用中文，而不是部分学生的母语。

121. 竞争型教育文化和参与型教育文化的特征有何不同？

答：

（1）竞争型教育文化：比较重视学习成果，常通过测试类的形式来检验学生的学习效果，将学生排名次或选拔学生，测试频率较高，教学常具有考试导向型的特点。

（2）参与型教育文化：比较注重教育的过程，关注学生的学习体验与经历，教学活动的形式可能更加丰富多样，更强调学生的参与，测试频率比竞争型教育文化低。

122. 竞争型教育文化与参与型教育文化中的中文课有何不同？

答：

（1）在竞争型教育文化中，中文课程策划需要注重教学内容的系统性和丰富性，教学需要具有一定的难度及强度，学习测试的安排频率也相对较高。

（2）在参与型教育文化中，中文课程策划需要注重教学内容的实用性与生动性，课堂活动的趣味性与多样性，同时可以安排适量的文化课，让学生体会到中文学习的快乐。

123. 可以从哪些方面了解海外学校的中文教学环境？

答：

（1）区域教育文化特点。

（2）区域外语教育文化特点。

（3）区域中文认知度。

（4）学校教育文化特点。

(5) 学校外语教育文化特点。
(6) 中文教学的学科地位。
(7) 中文教学设施。

124. 了解某校的外语教育情况可以从哪些方面入手？

答：
(1) 该校是否重视外语教育。
(2) 该校主要的外语学习语种是什么。
(3) 该校实施什么样的外语教学理念。
(4) 该校学习外语的学生规模。
(5) 该校外语课的班级规模。
(6) 该校使用的外语教材有何特点。
(7) 该校外语课的课时安排。
(8) 该校主要组织哪些外语教学活动。

125. 什么是区域中文认知度？

答：所谓区域中文认知度，是指在该区域人们对于中文及中国文化是否了解，以及了解多少。具体来说，教师可以了解该区域中文及中国文化的普及情况，区域所属学校是否开设了中文课程，学生家长是否支持孩子学习中文等。

126. 如何构建良好的教室物理环境？

答：
(1) 良好的通风。
(2) 充足的光线。
(3) 宽敞的讲台。
(4) 实用的墙壁。
(5) 典雅的窗帘。
(6) 适宜的温度。

127. 如何构建良好的课堂心理环境？

答：
(1) 教师要努力提升自己的业务水平和人格魅力。
(2) 教师要具备良好的课堂运作能力。
(3) 以学生为中心，尊重学生，充分发挥学生的主动性和创造性。

（4）重视情感因素，建立融洽的师生关系。
（5）适当控制学生的焦虑水平。
（6）教师要善于控制自己的情感、语言和行为，主动创造生动活泼的课堂氛围。

128. 合理布置教室需要注意哪些问题？

答：
（1）教室安排要与教学目标和教学活动相一致。
（2）确保教师能观察到所有学生。
（3）确保常用教学材料和学生用品的便利取放。
（4）保证全体学生清楚地看到教师的教学演示。
（5）教室布置要符合学生的心理需求。
（6）教室要适时更新，注重实用。

129. 怎样有效安排学生的座位？

答：
（1）要充分了解学生，教师越了解学生，分配的座位就越合理。
（2）要考虑学生的性别。
（3）要考虑学生的学习水平，比如可以让水平高的坐在水平差的旁边。
（4）要考虑学生的学习方式，最好把不同学习方式的人放在一起。
（5）为了学生身体着想，要定期更换座位。

130. 座位排列主要有哪些形式？

答：

（1）插秧式座位 　　　　　　（2）U 形座位

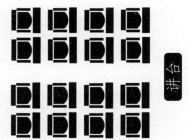

（3）模块形座位　　　　　（4）环形座位

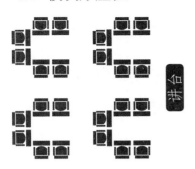
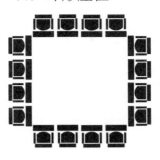

131. 影响中文课堂气氛的因素有哪些？

答：影响中文课堂气氛的主要有教师因素和学生因素。
（1）教师的态度：教师是否对课程充满信心，是否能公平对待每个学生等。
（2）教师的教学方式：教师是否采取灵活的教学方法，语言是否丰富、幽默等。
（3）学生的态度：学生对目的语、老师和学校的态度等。
（4）学生的行为方式：学生是否听从教师指令，是否积极参与教学活动，学生之间是否相互尊重等。

132. 中文教师如何在开学第一节课营造良好的课堂气氛？

答：
（1）教师要表现出友善、积极的态度，多使用"请……""你可以……吗"等语句。
（2）学生之间尽快认识是建立良好课堂气氛的前提，教师要通过各种方法使学生之间相互认识和了解。
（3）教师要尽快记住学生的名字，形成和谐的师生关系。

133. 如何在课堂上营造中文学习的语言环境？

答：
（1）尽量教他们一些常用的中文课堂用语。比如"我可以去上厕所吗"，如果不用中文表达就不可以去。
（2）教会学生用中文问问题。比如"老师，……用中文怎么说"，学生会慢慢习惯用中文去交流。
（3）把说中文作为课堂规则之一。大家要共同商定如果谁在课堂上说母语，就要受到什么"惩罚"。
（4）老师也要尽量少用学生的母语，如果实在要用母语解释某个语法点，讲完母语后再用中文说一遍。

134. 制定课堂规则时需要注意什么？

答：
（1）教师要和学生一起讨论制定。
（2）规则的制定要建立在理解和尊重学生的基础上，并符合本班学生的特点。
（3）体现育人的特点，目的是帮助学生形成良好的自我管理意识。
（4）符合公平性、科学性、普遍性和可操作性原则。

135. 与学生共同制定课堂规则的流程是什么？

答：
（1）教师和全班学生讨论，并做好引导和记录工作。
（2）精简讨论结果，并根据重要性进行排序。
（3）选出最重要的几条规则，5项以内为宜。
（4）教师和学生讨论这些规则需要对应怎样的奖惩制度。

136. 学生问题行为产生的因素有哪些？

答：
（1）学生因素：学生自控能力差，希望引起老师关注等。
（2）教师因素：教学枯燥或难度太大，教师对问题行为放任不管等。
（3）环境因素：教室拥挤、闷热、气氛压抑等。

137. 学生的问题行为主要有哪些类型？

答：
（1）违反作息制度型：迟到、早退、旷课等。
（2）隐蔽违纪型：玩手机、戴耳机听音乐、吃东西、打瞌睡等。
（3）恶作剧型：带一些奇怪的物品惊吓同学、有意为难老师等。
（4）扰乱型：打电话、随意走动、小声说话、制造噪音、起纷争等。

138. 处理学生问题行为的步骤是什么？

答：
第一步，用非语言形式的信号制止学生的不良行为。
第二步，如果学生行为如故，直接口头提示，要求他遵守规则。
第三步，若还不听劝阻，让他自己选择是要遵守规则还是接受惩罚。
第四步，若以上三步均无效，可以让其去指定区域反省，写下改过计划。若学生拒绝反省，可以把他送往班主任处、教务处或校长办公室。

139. 怎么应对问题学生？

答：
（1）跟他们明确学校的规章制度和课堂规则，不管是谁都要遵守。
（2）降低对他们的期望值，先让他们学会自律，再慢慢提高学习要求。
（3）安排座位时不要让问题学生坐在一块儿。
（4）给他们能完成的任务，让他们忙起来，增加成就感。
（5）走进他们的生活，了解他们的性格、爱好、家庭情况等。
（6）努力挖掘他们的闪光点，多表扬和鼓励他们。

140. 处理课堂偶发事件有哪些方法？

答：
（1）冷处理：如学生在底下玩手机时，可静默几秒钟，或者提问专心听课的学生，并用称赞的语气点评他们的回答。
（2）非语言手段：如学生在课上偷吃东西时，可以用目光注视、身体靠近等方法，既不耽误授课时间，又制止了不良行为，还能照顾到学生的面子。
（3）停顿休整法：在学生普遍注意力下降时，教师可暂时停止讲课，组织学生进行短暂的放松活动。
（4）因势利导法：挖掘偶发事件中的积极因素，将学生重新引向教学的正轨。如教师在讲"比"字句时，有学生在聊家里的宠物，教师可以引导学生用"比"字句比较他们家里宠物的大小。

141. 中文教师可以实施哪些奖励机制？

答：
（1）分数奖励。尽可能地将学生的作业或课堂表现与分数挂钩，并明确评分标准，大部分学生会为了得到高分数而更加努力。
（2）认可奖励。如口头表扬、展览学生的作业，给取得优异成绩、学习进步的同学颁发荣誉证书等。
（3）活动奖励。给予学生一些特权，如获得额外的活动时间、可以观看一集动画片、允许参加爆米花派对等。
（4）物质奖励。如中国结、熊猫挂件、剪纸等有中国特色的物件或者铅笔、笔记本、书签等学习用品。

142. 如何检查学生的出勤情况？

答：考勤是检查学生出勤情况的一种有效手段，但要讲究方法。

（1）点名是一种常规方法，但会浪费很多教学时间。
（2）教师可以环视一周并记录缺勤情况。
（3）教师可以一开始就固定学生的座位，以后看空座位来考勤。
（4）教师可以让班长报告缺勤人员。

143. 有哪些吸引学生注意力的方法？

答：
（1）声音的控制：教师的音量要适中，以最后排的学生听见为准。
（2）眼神和表情的控制：教师的眼神和表情要始终与学生保持交流。
（3）变换教学媒体：充分利用板书、多媒体、音乐、卡片、实物等。
（4）变换教学方式：在教学中插入一些有趣的课堂活动。
（5）提问：教师要不断提出问题，让学生思考。
（6）停顿：故意的停顿可以让分心的学生回到课堂。

144. 有的学生逐渐对学习任务失去兴趣怎么办？

答：
（1）把一个长期的学习任务分成若干个小块，便于控制管理。
（2）将上课时间划分成几个小段，让学生感到节奏的变化。
（3）利用图表，帮助学生了解学习的目的。
（4）利用检查表，让学生感觉到他们的进展。
（5）指派小组中的一员负责监督小组成员的学习。
（6）为课堂学习任务设定时间限制。

145. 有的学生不愿意在中文课堂上开口练习怎么办？

答：有些学生在中文课上很沉默，不愿意开口练习中文，可能有两种原因：一是没自信，怕说错而被同学笑话；二是教师所选的话题不是他们感兴趣的。教师可以采取以下方法：
（1）挖掘这类学生的兴趣点，如运动、电脑、汽车等，让他们说既熟悉又新鲜的内容，自然就会愿意表达。
（2）在开始阶段侧重问他们擅长回答的问题，一旦答对，教师就要给予充分的肯定和鼓励，提升他们的自信心。
（3）设计出较好的交际情境，教师可利用多媒体、课外实践活动等手段，尽量将学生引入较为真实的情境。在真实情境中，出于交际的需要，学生自然会主动表达。

146. 有的学生在中文课堂上总喜欢抢答问题怎么办？

答：从一方面来看，抢答的学生是在思考问题，并积极参与课堂互动；从另一方面来看，爱抢答的学生一般喜欢表现自己，但思考往往有可能不够深入，其行为影响到其他学生思考，老师可以采取一些措施，比如：
（1）制订课堂规则，规定学生回答问题前要先举手。
（2）经常点名提问，避免毫无针对性地全班提问，减少学生抢答的可能性。
（3）多设计一些小组合作的课堂活动，增强该生的合作意识。

147. 有的学生在分组活动中偷懒怎么办？

答：
（1）分组的时候要保证每个组里的每个人都能分配到任务。
（2）让同组的学生互相提醒，如果有学生不积极，要立即告诉老师。
（3）若偷懒的学生依然我行我素，可以实行分开计分的方式，保证对其他组员的公平性。

148. 有的学生在课上骂脏话怎么办？

答：
（1）如果学生当着你的面说脏话，你要态度温和，告诉学生这样做不礼貌，并在课后找他谈话。
（2）如果学生在课堂活动的时候说脏话，你没有听见，但是有同学告状了，你也要采取行动。比如告诉说脏话的同学，这样做不礼貌，如果再听到他说脏话，就要受到惩罚等。
（3）如果学生因为自己做错了什么自言自语骂了一句，老师可以悄悄提醒他一下。

149. 有的学生在中文课上提到政治敏感问题怎么办？

答：
（1）教师要表现出坦然、真诚的态度，不要回避学生的问题，但要和学生明确"外界是外界，教室是教室，我们是我们"。
（2）教师要注意结合教学内容，给予正确和巧妙的引导，让学生意识到不同国家政治、文化背景的差异性，并引导学生尊重差异，同时师生也可对该问题共同探索背后的历史原因。
（3）教师要注意把握时间，以免把话题说开，偏离教学内容，浪费教学时间。

150. 有的学生课上跟你发生正面冲突怎么办？

答：
（1）发生冲突时，老师千万不要情绪化，要保持冷静。
（2）老师不要在课堂上与他纠缠，可以先安定学生的情绪，将他的注意力转移到课堂。
（3）课后私下和他沟通，了解学生的想法和问题，尽量达成相互理解。
（4）老师可以先退一步，会更易于化解矛盾。

151. 有的学生上课总是迟到怎么办？

答：迟到会影响班级的正常教学，也影响班级的学习氛围，教师要采取严格管理和隐性管理相结合的方法。
（1）向学生重申学校的规章制度和课堂纪律。
（2）跟经常迟到的学生进行单独谈话，指出其中的利害关系。
（3）规定一些小惩罚，比如让迟到的学生给全班同学表演节目等。

152. 有的学生在课上哭了怎么办？

答：
（1）学生因为害羞、胆小等原因回答不出问题时，要立即帮助他尽快完成问题，回答完后，要给予表扬和鼓励。
（2）学生因为被批评而哭，教师要立即停止批评，尽量说一下他的闪光点，下课后再跟他交流。
（3）学生在进教室之前就哭了，可以先向他了解情况，再做相应的处理。可以让他的朋友带他去洗手间洗把脸，稳定一下情绪再来上课。

153. 有的学生在课堂上情绪失控怎么办？

答：
（1）用转移注意力的方式先让学生安静下来。
（2）学生情绪稳定一些后，可在课堂间歇时悄悄询问他情绪失控的原因。
（3）课后找他谈话，和他约定以后避免此类事情的发生。

154. 与学生面谈时需要注意哪些问题？

答：
（1）安排一个双方都合适的时间。
（2）面谈地点应尽量排除其他人员的干扰。

（3）关注行为本身，不随意评论学生的人品。
（4）让学生从他的角度说明情况，认真倾听。
（5）避免责备学生，要与学生一起制定解决问题的计划。

155. 如何处理学生的作弊行为？

答：
（1）在未能确定学生是否作弊之前，不能妄下结论，先要掌握有效证据。
（2）向学生强调学校管理制度，以警示学生规范个人行为。
（3）如果抓到学生作弊，先不要公开批评他，保护他的隐私，和作弊的学生私下谈话，了解其作弊的原因，视作弊情况进行处理。

156. 中文教师给学生写评语时应注意哪些方面？

答：
（1）教师应该针对学生个人的学习情况写评语，不要泛泛而谈。
（2）教师应该积极给学生提出改进的建议。
（3）教师应尊重学生的隐私，不要将评语随手放在别人随意看到的地方。

课外活动

157. 校内中文活动主要有哪些形式？

答：
（1）小组课外活动：有稳定的组织形式和专一内容的课外活动，如书法小组、京剧小组、写作小组、中文学习小组等。
（2）集体性课外活动：规模比较大，如演讲比赛、朗诵比赛、书法比赛、短剧汇演、新年晚会、讲座、报告会等。
（3）个人课外活动：学生单独活动的形式，如与中国学生一对一练习中文，阅读中文书刊等。

158. 课外中文活动的特点及作用是什么？

答：
（1）实践性：课外活动不受规定的教材和传统教学程式的限制，学生可以在真实的交际情境中进行听说读写技能的训练。
（2）自主性：课外活动能培养学生独立与合作的学习能力，学生成为活动的主体，自己动脑、实施、调查与总结。

（3）灵活性：课外活动不受教学大纲、时空、教学计划、教材和教学进度的限制，可以根据参与者的兴趣和水平来确定程度的深浅，在形式上也较为灵活。

159. 组织课外活动的基本程序是什么？

答：

（1）活动前：明确活动目标，细化活动流程（说明和演示规则——学生分组——分组准备——第一次汇报——出发前准备——参观游览——成果汇报——教师点评）。

（2）活动中：激发学生的主动性，注意学生的行为，多鼓励点拨学生。

（3）活动后：反思问题，总结经验。

160. 如何根据学习者的性格特点组织课外活动？

答：外向型学生活泼开朗，善于交际，喜欢说话，敢说敢做；内向型学生不喜欢主动交际，不爱说话，但考虑事情往往比较全面和仔细。因此在组织课外活动时，教师应考虑到学生的性格特点，分组时将外向型性格的和内向型性格的分到一起，让后者带动前者多说话、多参与，前者也会在后者的影响下更踏实、更理智。对内向型的人，教师应多鼓励他们参加课外活动，如果实在不喜欢，也不要强求，教师可以设计一些适合他们的活动，以增强其参与感，树立自信心。

测试与评估

161. 语言测试的作用是什么？

答：

（1）学生学习方面：可以检测学生对该阶段教学内容的掌握程度，让学生查漏补缺，还能引导学生改变学习策略，调整学习计划。

（2）教师教学方面：可以检验教学的有效性，通过学生的测试成绩，教师可以反省教学的得失，从而调整教学计划，使教学更有针对性。

（3）选拔和科研方面：通过测试，为更高级的课程与教学机构做出选择，借此也可以研究教学方法的优劣，教学大纲是否科学等。

162. 按测试的目的分，语言测试有哪几种？

答：

（1）学能测试：为了预测学习者是否具有学习某种语言的潜力。

（2）成绩测试：为了检查学习者在某一课程中的学习进展情况。

(3) 水平测试：为了测量学习者现有的语言实际运用能力。

(4) 诊断测试：为了检测学习者在学习某一内容后存在的问题。

163. 按评分的客观化程度分，语言测试有哪几种？

答：按评分的客观化程度分，语言测试分客观性测试和主观性测试。

（1）客观性测试：不需要评分人主观判断，试题答案唯一，评分客观，现在可用机器评分。客观性测试的结果比较客观，试题针对性强，适用于大规模考试，但是命题较难，而且只能测量理解、识别技能，难以测量表达技能。

（2）主观性测试：其试题允许多种答案，需要评分人做出主观判断，且不同的评分人由于认识的不同会得出不同的结论。主观性测试更有深度，能测出学习者的表达技能、综合语言能力，但阅卷费时且评分没有客观的标准。

164. 按测验方式分，语言测试有哪几种？

答：按测验方式分，语言测试分为分立式测试和综合式测试。

（1）分立式语言测试即单一语言要素或技能测试，是对语音、汉字、词汇、语法等语言要素或听、说、读、写技能单独进行考核的方式，大多采用客观试题。

（2）综合式测试要求考生把掌握的语言知识综合起来运用，而不只是表现某一种语言要素，要在一定的上下文或语境中测试考生对语言项目的综合运用情况，试题比较接近真实的语言交际。

165. 按分数解释的方法分，语言测试有哪几种？

答：按分数解释的方法分，语言测试分为常模参照测试和标准参照测试。

（1）常模参照测试是通过参考其他被试的成绩来对被试者进行评分。其目的是将被试者按照分数高低进行区分，以达到选拔人才的目的。水平测试、学能测试都属于常模参照测试。

（2）标准参照测试主要依据具体标准来对被试进行评分，与其他被试者无关。其目的在于了解学习者对所学内容的掌握程度是否达到要求。成绩测试属于标准参照测试。

166. 成绩测试和诊断测试有何异同？

答：成绩测试只关注课堂教学内容、教材、教学方法，所测试的内容与上述内容基本一致，即学什么就测什么。诊断测试的内容与成绩测试基本相同，都是学生学过的内容。二者的区别在于测试的目的不同，成绩测试是为了评价学生，了解学生学习的进展情况，而诊断测试是为了暴露教学中的问题，了解学习者在学习中存在的问题，以便有针对性地调整教学。

167. 成绩测试和水平测试有何不同？

答：成绩测试的目的在于检查学生对所学课程的掌握程度，测试内容一定和教学进度保持一致，即学了什么就考什么。水平测试的目的是测量学习者现有的语言实际运用能力，不与某一课程挂钩，不以任何教材为依据，往往根据语言交际能力的标准，或是某一特定任务的要求命题。

168. 学能测试、成绩测试、水平测试、诊断测试分别有哪些测试形式？

答：
（1）学能测试：听辨语音、模仿语音、辨认和利用语法形式。
（2）成绩测试：单元测试、期中考试、期末考试。
（3）水平测试：汉语水平考试（HSK）、托福、雅思。
（4）诊断测试：分班测试。

169. 客观性测试和主观性测试分别有哪些形式？

答：
（1）客观性测试：选择题、正误判断题、排序题、填空题等。
（2）主观性测试：口试题、翻译题、作文题、问答题等。

170. 什么是信度？

答：信度又称可靠性，是指测试结果的可靠程度或稳定性，即测试在不同时间、地点以及不同被试者中是否还能稳定地测试出被试者的水平。如考察被试者一周后使用相同的测试，其测试结果是否与一周前有较大差异，一般差异越小，信度就越高。

171. 影响测试信度的主要因素有哪些？

答：
（1）测试长度：在学生没有感到疲惫之前，题目越多，可靠性越高。
（2）测试的同质性：各项试题相似的程度越高，信度就越高。
（3）试题区分度：区分度越高，信度就越高。
（4）评分准确性：一般客观性测试的评分比主观性测试的评分信度高。
（5）测试的场所、环境、设备等因素也会影响信度。

172. 什么是效度？

答：效度又称有效性，指一项测试的内容和方法能否有效地测试出预定要测量的东西。比如，安排一项含填空、选择等题型的笔试来测试学生的口语能力，这项测试的效度可能会很低，达不到测量的目的。

173. 影响测试效度的主要因素有哪些？

答：
（1）试题是否清楚明了，语言是否简明易懂。
（2）难易度及其排列顺序是否合适。
（3）试题含义和答案是否唯一。
（4）考试时间的选择和长短是否适当。
（5）技能和知识的比例是否合理。

174. 检测测试的效度需要注意哪些方面？

答：
（1）内容：试题范围应该包括需要测试的内容。
（2）标准：根据特定的标准来设计试题，看学生是否达到这一标准。
（3）共时：用两种不同方法对同一种内容进行测试，所得结果相关程度高，就具有较高的效度。
（4）预测：指显示学生未来发展能力的准确性，准确性越高，效度越高。

175. 如何判断测试的难易度？

答：测试的难易度主要取决于其构成试题的难易度，试题的难易度一般可以通过回答正确率或得分高低等指标来判断。一般来说，一道试题回答正确率越高表明其难度越低，反之越高。

176. 中文教师什么情况下需要进行分班考试？

答：
（1）在有的学校，中文课是新开设的课程，需要中文教师对学生的中文水平做出评估，然后进行分班。
（2）有一些学校，中文课程可能存在分班不合理的情况，比如不同中文水平的学生混杂在一个班里学习中文，这会降低中文课的有效性和针对性，需要中文教师组织分班考试考查学生的中文能力，在此基础上重新分班。

177. 中文教师如何设计分班考试?

答:

(1) 分班考试的内容应与中文课程的教学目标和重点基本保持一致,这样分出来的班级才能够与课程体系较好地匹配。

(2) 分班考试的难度应与学生的现有中文水平基本持平或稍高于学生的现有中文水平,这样可以保证试题具有较好的区分度和效度。

178. 中文教师如何根据分班考试结果进行分班?

答:教师可依据分数的分布情况以及分数与学生中文能力的关联情况确定一个或多个临界分数,从而将学生区分为不同班级。但在有的情况下,不能进行分班,不同中文水平的学生可能需要混班上课,教师则可以实行差异化教学,即在课程组织、教学实施的某些环节对不同中文能力的学生实施个性化的教学行为。具体来说,可根据分班考试结果对学生进行分组甚至对教室进行分区,针对不同水平组的学生,教师可以布置个性化的课堂活动、测试及作业。

179. 常见的语言测试题型有哪些?

答:语言测试的主要题型包括选择题、填空题、翻译题、正误题、连线题、排序题、改写句子题、开放式问答题、完形填空题等。

180. 直接式口语测试和半直接式口语测试有什么区别?

答:口语测试从组织形式上分,主要有直接式和半直接式两种。直接式口语测试的特点是考官和应试者面对面地交流,考官根据应试者的表现当场评分。半直接式口语测试是在语音实验室里进行的,考官与应试者互不见面,应试者只根据录音中的要求来回答。所有的言语样本都被记录下来。测验结束后,应试者的录音材料被带回到相关部门,由评分员统一评分。

181. 间接式写作测试和直接式写作测试有什么区别?

答:写作测试有间接和直接两种测验方式。间接式的写作测试不直接观察被试写出的文章,而是对词汇、语法、篇章组织等与写作有密切关系的能力进行测试,进而推测被试的写作能力。直接式的写作测试则是在考试时让被试写一篇文章,然后根据这篇文章直接判断写作能力。

182. 教师在选择题型时需要考虑哪些问题？

答：
（1）该题型能否满足测试目标。
（2）该题型是否与测试内容相匹配。
（3）该题型是否符合被试者的年龄、中文水平及学习需求特征。
（4）该题型的出题难度。
（5）该题型评分方法的繁简程度。
（6）学生在回答该题型问题时可能会花费的时间。

183. 选择题在结构上由哪几个部分组成？

答：选择题在结构上主要由两部分组成：题干和选择项。题干指的是选择题的主体或提问部分，选择项指的是题目的答案选项部分。

184. 选择题的题干有哪几种类型？

答：
（1）非完整句类：选择一个词或短语补全题干。如：
____ 学习有困难的同学，老师要帮助。
A. 对于   B. 作为   C. 为了   D. 关于
（2）替代类：同义或近义替换。如：
对这个问题，我们大家都很感兴趣。
A. 对于   B. 对待   C. 对付   D. 对应
（3）问答句类：选择问题题干的正确答案。如：
对于领导的所作所为，男的是什么态度？
A. 尊重   B. 赞同   C. 斗争   D. 屈服

185. 设计选择题时需要注意哪些问题？

答：
（1）确定目标语言点。
（2）题干尽量简短，以减少不必要的阅读负担。
（3）题干尽量避免使用否定式提问，如"请选出以下不正确的一项"。
（4）选择项应围绕目标语言点来设计。
（5）选择项尽量简短，正确选项一般只有一个，其他为干扰项。
（6）干扰项的长度、意义类别与词性等应尽量与正确项相似，可适当设置一些学生常见偏误。

186. 中文试卷中选择题题型有何优缺点？

答：优点：题目小，题型灵活；评分过程简单；评分相对客观。
　　缺点：学生容易猜对答案；无法测量学生思维的过程；命题过程较为复杂。

187. 中文试卷的填空题题型有何优缺点？

答：
（1）优点：出题比较容易，而且学生需要书写具体的答案，不容易猜题，因此答题的信度相对比较高。
（2）缺点：答题时间较长，对学生来说由于要书写汉字，测试压力也会较大。另外，有些填空题的答案是开放性的，评分标准会较难统一。

188. 设计正误判断题时需要注意哪些问题？

答：
（1）题目尽量避免常识性内容，以免学生依据常识来答题而非语言能力。
（2）题目内容如果用中文来表述，应尽量避免使用原文，以免学生直接找答案。
（3）判断题的陈述可以酌情用学生的母语来表述，以免学生因没有看懂题目而影响答题。

189. 设计改写句子题时需要注意哪些问题？

答：
（1）选择典型的语法结构设计改写句子练习。
（2）将目标结构清楚地列出来让学生有所参照。
（3）尽量保证改写后的句子与原句的语义大致对等。

190. 准备听力测试题的材料要注意哪些问题？

答：
（1）听力材料的内容要符合学生的年龄、中文水平和文化背景特征。
（2）听力材料的难度必须在学生理解能力范围之内。
（3）听力材料尽量是改编自日常交际的真实片段。

191. 中文听力测试材料中能否出现生词？

答：一般来说，听力材料中出现生词是很正常的情况，少量的生词其实并不会影响学生对内容的大致理解。适当数量的生词也有利于训练学生的听力技巧，增强他们在听力过程中的耐心和容忍度。但教师最好将生词量大致控制在 20% 以内，出现过多的生词不利于进行听力测试。

192. 在设计写作能力测试时，应遵循哪些原则？

答：
（1）相似性原则：试题内容应是学生熟悉的，让学生有话可说的。
（2）多维性原则：测试既要关注学生整体写作能力的发展，又要关照学生写作能力的阶段性发展。
（3）单一性原则：坚持以测试书面表达能力为唯一目标。
（4）适度性原则：文本的长度、体裁、题材、写作时间等都应适合学生。
（5）公平性原则：测试要关照题材的公平性和评分的公平性。

193. 在中文综合测试中，怎样合理安排测试内容的顺序？

答：对于不同题型的排序，教师可以基本按照由易到难、由词语到篇章、由客观性题型到主观性题型的原则。因此中文综合测试可大致按照以下顺序排列：

选择题——填空题——连线题——排序题——改写句子题——翻译题——开放式问答题——完形填空题——阅读理解题——作文题。

194. 编制一套中文测试卷有哪些注意事项？

答：
（1）明确试题的测试点：每道题都应该有对应测试的语言点，一般一道题考查一个语言点。
（2）测试点分布要合理：避免试题只针对某个部分集中命题，而忽视了其他部分。
（3）试题用语简洁明确：避免试题内容复杂、冗长繁复，否则学生会因没看懂试题而影响测试结果。
（4）试题答案明确：命题时要保证试题的答案准确无误。
（5）避免暗示答案：防止试题之间的关联对学生作答产生影响。

195. 设计卷面时要注意哪些问题？

答：
（1）不同内容的字体应有所区别，如卷首说明性文字、标示项目文字、提示语、题干都应采用不同字体。
（2）尽可能保证同一试题的完整性，如选择题的备选项应尽可能安排在同一页，排版力求消除发生遗漏的可能性。

（3）要给学生留出适当的答题空间，不宜过大也不宜过小。

196. 教学评价主要包括哪些方面？

答：教学计划中涉及的教学评价有两个方面：
（1）对学生学习效果的评价，即了解学习者对所学内容的掌握情况，也叫"学习评估""学习评价"。
（2）对教师教学质量的评价，即评价所涉及的教学计划的有效性，以不断完善教学计划，更好地满足教学需求。

197. 教学评价有哪几种类型？

答：
（1）诊断性评价：测量学生原有学习基础和学习能力水平的评价，一般在新课程开始之前进行，分考试和面试两种。
（2）形成性评价：在教学过程中进行的评价，是为了帮助教师了解学生在学习过程中的知识和技能的掌握情况。
（3）终结性评价：在教学活动结束后，对学生学习效果的评价，目的是总结特定学生的学习结果，或总结教师教学目标的完成情况。

198. 对教师的评价主要包括哪些内容？

答：
（1）是否达到预定的教学目标。
（2）是否促进学生的全面发展。
（3）是否展示了教师的教学艺术。
（4）是否有效地利用了教学环境。
（5）是否提高了学生的学习兴趣，使其热爱学习。

199. 对教师的评价主要有哪些方式？

答：
（1）督导、领导评定：这是教学专家和领导对教师的评定，有一定的权威性。
（2）同行评价：由学院其他教师对该教师的教学进行评定。
（3）自我评价：一般采用自我分析或者自我反思的方法进行总结和评价。
（4）学生评价：通过学生对教师的评定，反映出教师在学生中的威信、受欢迎程度以及师生之间的关系等。

200. 对学生进行评价要遵循什么原则？

答：

（1）要全面衡量，综合评价。不要把考试分数作为衡量学生的唯一标准，学生的能力不仅表现在认知方面，也是能力、情感、策略等的综合体现。

（2）既重视结果，也重视过程。不能过分重视期中、期末考试，而轻视学生在学习过程中的表现。

（3）评价方式要多样化。评价不应该总是由教师一人做出，而要采取多种形式，有教师的评价，也有学生自我的评价，还有学生之间的小组评价等。

第四部分　中华文化与跨文化交际

中国文化知识

思想学术

1. 孔孟之道的主要思想是什么？

答："孔孟之道"代表人物是孔子和孟子。孔子创立"儒学"，后经孟子、荀子等人继承和发展，成为春秋战国时期影响最大的思想流派。

孔子"儒学"的中心思想是"仁"，"仁者爱人"，即人与人之间要彼此相爱。由"仁"的思想出发，孔子提出要"推己及人"。在政治思想上，他提出"正名"，主张恢复周礼，要求统治者"立信"，用道德教化来治理国家。在教育方面，他首先提出"有教无类"，"因材施教"。

孟子的思想核心是"性善"和"良知"，认为人生来就有恻隐之心、羞恶之心、辞让之心、是非之心。在道德观上，他强调"义"，认为仁是内心之爱，义是为人之道。在政治思想上，孟子强调人民在国家政治结构中的地位，提出"仁政"观念，认为国家要养民。

2. 老庄学说的主要思想是什么？

答：老庄思想的代表人物是老子和庄子。道家是"出世之学"，主要讲的是宇宙人生，其作用偏重个人，而且偏重个人的精神层面。

老子著《道德经》，其思想核心是"道"。"道"表示宇宙的原始状态，它在天地形成之前已经存在，即所谓"有物混成，先天地生"；"道"还表示世界的本源，认为天地万物都从"道"产生出来，即所谓"道生一，一生二，二生三，三生万物"。老子强调"道法自然"，认为宇宙万物都是自然而然演进和发展的，是"无为自化"的，所以他认为"无欲以静，天下将自定"，讲究"无为而治"。

庄子著有《庄子》，其核心思想是"自然无为"，把"道"作为自己哲学体系的最高范畴，认为人应体认自然之道，顺应自然之则，因此，他要求人们用一种完全顺乎自然的态度来对待人生。

3. 墨家学说的主要思想是什么？

答：墨家学说在战国时代与儒学并称为两大显学。墨家创始人是墨子，墨家思想的代表著作是《墨子》。墨家思想更多地代表了下层劳动者的利益和要求，共提出了"兼爱、非攻、尚贤、尚同、节用、节葬、非乐、非命、天志、明鬼"等十大主张。

4. 法家学说的主要思想是什么？

   答：法家是战国时代后起的学派，韩非将"法、术、势"合为一体，是法家之集大成者。"法"即君主的法令，君主治国必须有明确的法令，赏罚必须严明；"术"即君主驾驭群臣的心术和权术，君主应知人用人，听言察实；"势"即君主的权势地位，君主必须牢牢掌握权柄不放。

5. 什么是"玄学"？

   答："玄学"是魏晋时期发展出的新哲学思潮。其以老庄思想为主旨，同时糅合儒家经义，主张研究深奥难测而又无法用语言明确的某种状态、关系或道理。"玄学"之风，最早出现在三国魏时，当时有何晏和王弼二人喜好老庄，何晏著有《道德论》和《论语集解》，王弼著有《周易注》和《老子注》等。二人都主张"贵无"，认为"天地万物以无为本"，强调"返本归真，一任自然"。到魏晋之际，有嵇康、阮籍、郭象等人大力宣扬何、王二人的观点，使玄学大盛。

6. 什么是"朴学"？

   答：清代理学走向衰微，儒家学者因思想和社会的变迁又回归经学，希望像汉儒一样注重训诂和考据。这种训诂考据之学被称为"质朴之学"，简称"朴学"。"朴学"强调"经世致用"，在清乾隆、嘉庆时最为辉煌，形成"乾嘉学派"，代表人物有顾炎武、王念孙、王引之、钱大昕、戴震等。

典章制度

7. 我国的典籍目录有哪些类别？

   答：我国的典籍目录大致分为史志目录、官修目录和私家目录三大类。
   （1）史志目录是指史书所记载的图书目录，其首创者是东汉史学家班固。他在《汉书》中辟《艺文志》一篇，著录了当时流传的文献资料，此法为后来的史书所仿效。在通行的二十四史中，《汉书》《隋书》《旧唐书》《新唐书》《宋史》《明史》以及后来的《清史稿》都有史志目录。
   （2）官修目录始于西汉刘向父子，它是由政府主持对国家图书整理后编写的目录。历代官修目录有宋代的《崇文总目》、明代的《文渊阁书目》和清代的《四库全书总目》等。
   （3）私家目录是由藏书家编纂的目录，它是随着私藏的发展而产生的，已知最早出现在宋代。这类书目内容广泛，体例不一，现存以明清两代编纂的最多。

8. "三坟五典"具体指什么？

答："三坟五典"指上古时代的书籍。汉代学者孔安国在《尚书序》中说："伏羲、神农、黄帝之书谓之三坟，言大道也。少昊、颛顼、高辛（帝喾）、唐（尧）、虞（舜）之书谓之五典，言常道也。""坟"就是"大"的意思，指道理的至高至大；"典"就是"常"的意思，指道理的百代常用。"坟典"一词后成为中国古代典籍的通称。

9.《通典》的具体内容是什么？

答：《通典》为唐代史学家杜佑所著，是一本有关制度史的史书。书中将历史典章制度分为"食货"（记述土地财政制度）、"选举"（叙述科举选士、官吏考核制度）、"职官"（叙述官制）、"礼"（叙述礼仪制度）、"乐"（叙述乐制）、"兵刑"（叙述军事和刑法制度）、"州郡"（叙述地理沿革）、"边防"（叙述境外邦国）等八典，以事类为中心，按朝代先后编次，汇集了上至远古，下至唐肃宗、代宗各代典章制度的详细材料。

10.《文献通考》的具体内容是什么？

答：南宋末年至元代初年，江西人马端临在《通典》的基础上加以增补，并广泛搜集唐天宝末年到南宋嘉定末年的材料，写成《文献通考》。全书分为二十四考384卷，内容包括了政治、经济、军事、文化等方面的制度。每一考都按时代排序，前有小序，说明考订的新意；后附按语，阐发自己的见解，给后来的研究者们提供了极大的方便。

11."四书五经"具体指什么？

答：汉代的"五经"包括《周易》《尚书》《诗经》《仪礼》《春秋》，后来用《礼记》代替《仪礼》，把《左传》并入《春秋》，仍为"五经"。

南宋时，朱熹注《论语》，从《礼记》中摘出《大学》《中庸》两篇，再加上《孟子》，合称《四书章句集注》，作为儒学的入门读物，这是"四书"说法的开端。从此以后，历代的读书与科举，都以四书为本，以朱熹的注释为准。四书五经合在一起，成为知识分子入仕的必读教材。

12."经、史、子、集"具体指什么？

答："经、史、子、集"是中国古籍按内容区分的四大部类。
（1）"经部"包括儒家经典以及研究、解释这些经典的著作。
（2）"史部"包括了所有的史书以及研究、评论这些经典的著作。
（3）"子部"包括除儒家经典之外的兵、法、农、医、天文、算术等各家著作。
（4）"集部"包括历代作家的文学作品，如诗、词、赋、曲、散文等。

13. **宗法制的具体内容是什么？**

    答：宗法制是按血缘关系分配国家权力，建立世袭统治的一种制度。宗法制使宗族组织和国家组织合二为一，宗法等级和政治等级得以完全一致。宗法制的核心是嫡长继承制，即正妻所生的长子为法定的王位继承人。中国夏朝时就已确立王位世袭制，但有"父死子继"和"兄终弟及"的区别，商朝末年确立嫡长继承制，西周时明确"立嫡以长不以贤，立子以贵不以长"。此后，各王朝的统治者对宗法制度加以改造，逐渐建立了由政权、族权、神权、夫权组成的封建宗法制。

14. **分封制的具体内容是什么？**

    答：分封制指由共主或中央王朝给宗族姻亲、功臣子弟、前朝遗民分封领地和相当的治权，所封之地为"诸侯国""封国"或"藩国"，统治封地的君主被称为"诸侯""藩王"。诸侯必须服从天子的命令，承担随从作战、交纳贡赋等义务。诸侯在自己的封疆内，对卿大夫实行再分封。卿大夫再将土地和人民分赐给士。卿大夫和士也要向上一级承担作战等相应义务。这样的层层分封形成了统治阶层内部森严的等级。

15. **中国封建社会的等级观念在颜色上是如何体现的？**

    答：颜色的等级限制随封建制度和门阀制度的确立逐渐变化。汉魏以后，朱、紫、黄、黑多为帝王、公卿所用，青、白、绿则用于低级官吏和庶民百姓，黄、黑、青色尊卑混用。隋唐时代，颜色的使用有了严格的等级规定，唐贞观年间正式形成黄、紫、朱、绿、青、黑、白七色的颜色序列，黄色成为帝王专用颜色，紫色代表极贵之色，"著紫"成为封建文人的追求。

16. **古代郡县制是如何发展的？**

    答：郡县制是中国古代中央集权体制下，郡、县二级政权的地方行政制度的总称。郡县制起源于春秋后期，郡、县之间无互相统属关系，到秦统一遍行于全国。汉在地方政治制度上承袭秦制，处于郡国并存的状态。汉武帝为进一步加强中央集权，在元封五年（前106）将全国的郡国分为十三刺史部（也称十三州），这是中国行政区划史上设"州"的开端。东汉末年形成州、郡、县三级政区。隋朝建立后，逐步改成郡县二级制。

17. **"道路制"具体指什么？**

    答："道路制"是唐代的道制和宋代的路制的总称，唐宋到辽金主要实行"道路制"。唐代设有安西都护府和北庭都护府，唐贞观时将全国分为关内、陇右、河东、河北、河南、山南、剑南、淮南、江南、岭南十道，开元二十一年（733）增为十五道，形成道、州、县三级制。北宋改"道"为"路",一个路常常分属几个机构管辖,既有监察的性质,又有行政的功能。路以下为府、州、军、监和县。"军"是有军队戍守的政区,"监"是管理矿产、畜牧的政区。

18. 在中国古代官制中,"三台"具体指什么?

答:
(1) 汉代"三台"是对尚书、御史、谒者的总称,尚书为"中台",御史为"宪台",谒者为"外台"。
(2) 隋代炀帝置司隶台,与谒者台、御史台,合称"三台"。
(3) 唐代,尚书省又称中台,中书省又称西台,门下省又称东台。

19.《大唐氏族志》中的望族和大姓有哪些?

答:唐太宗李世民下令编修的《大唐氏族志》把李姓列为第一,以陇西(今甘肃省天水市)为贵,崔姓以博陵(今河北省保定市蠡县)为贵,卢姓以范阳(今北京市)为贵,郑姓以荥阳(今属河南省)为贵,王姓以太原为贵。李、郑、崔、卢、王合为"五姓",再加上河东(今山西省)裴、薛二姓,并称"七家",高官权贵大都出身于这些高门。

20."郡望"具体指什么?

答:"郡"是春秋战国到秦代逐渐形成的地方行政区划,"望"指名门望族,"郡望"连用,表示某一地域范围内的名门大族。例如,刘姓以彭城(今江苏省徐州市)为郡望,陈姓以颍川(今河南省许昌市一带)为郡望,周姓以汝南(今河南省驻马店市上蔡县一带)为郡望,张姓以南阳(今属河南省)为郡望,王姓以太原为郡望,杜姓以京兆(今陕西省西安市)为郡望等。不管这些姓氏分布在什么地方,他们都以"彭城刘""颍川陈""汝南周""南阳张""太原王""京兆杜"为荣耀。

21. 什么是"会馆"?

答:会馆即聚会之馆,始设于明朝前期,到清代特别盛行。按实际用途主要可分为两类:一是接待同乡人居住,供同乡人聚会的"同乡会馆";二是以行业命名,接待同行业商人的"同业会馆"。会馆为人们提供住处和供应膳食,方便日常聚会和交流,但均不接待女眷。

文化教育

22. 国子监的职能有哪些？

答：国子监是中国古代隋朝以后的中央官学，为中国古代教育体系中的最高学府。隋朝开始设立，最初只是管理教育的行政机关，到明代取代国子学，兼有行政机关和最高学府两种性质。到清代取代太学，成为国家唯一的最高学府。国子监的最高领导人为祭酒，习惯上称作国子祭酒，一般都由学识渊博、声望较高的儒家学者担任。博士和助教负责讲解经义，相当于今天的大学教授和讲师。入国子监学习的人叫监生。

23. "六学二馆"具体指什么？

答：唐代中央设立的学校分为直系和旁系两类，通称为"六学二馆"。"六学"属于直系，由国子监统一领导，它们是国子学、太学、四门学、律学、书学、算学，其中国子学、太学、四门学属于大学性质，律学、书学、算学属于专门学院性质。"二馆"属于旁系，都是大学性质，一是弘文馆，归门下省管辖；二是崇文馆，直归太子东宫管辖。"二馆"学生资格高于国子学，仅限皇亲国戚及三品以上官员子弟入学。

24. "六艺"具体指什么？

答："六艺"有两种解释：

（1）指六部儒家经典，分别是《诗》《书》《礼》《乐》《易》《春秋》。这六部经典经过孔子删订，成为向弟子讲授的教材，因此称为"六艺"。

（2）指六种技能，分别是礼、乐、射、御、书、数。出自《周礼·保氏》："养国子以道，乃教之六艺：一曰五礼，二曰六乐，三曰五射，四曰五驭，五曰六书，六曰九数。"

25.《颜氏家训》的主要内容是什么？

答：《颜氏家训》作于南北朝末至隋代初，是教育家颜之推记述个人经历、思想、学识以告诫子孙的著作。共有七卷，二十篇，分别是序致第一、教子第二、兄弟第三、后娶第四、治家第五、风操第六、慕贤第七、勉学第八、文章第九、名实第十、涉务第十一、省事第十二、止足第十三、诫兵第十四、养心第十五、归心第十六、书证第十七、音辞第十八、杂艺第十九、终制第二十。《颜氏家训》涉及封建家庭教育的各个方面，其精华部分在塑造人们的民族文化心理、维护社会的稳定方面，起过积极的作用。其中有关尊老爱幼、勤政廉洁、为人正直、勤奋学习、节俭朴素的内容，至今仍有积极意义。

26. 明清科举包括哪些考试？

答：明清科举考试分为院试、乡试、会试和殿试四级。院试在地方各府举行，合格者称"秀才"。乡试在各省举行，合格者称"举人"，第一名称为"解元"。会试在京城举行，合格者称"进士"，第一名称为"会元"。殿试在皇宫举行，第一名称为"状元"，第二名为"榜眼"，第三名为"探花"。

27. 我国的"四大书院"指哪几座书院？

答："四大书院"包括江西庐山白鹿洞书院、湖南长沙岳麓书院、河南嵩山嵩阳书院和河南商丘应天府书院。

28. 我国著名的藏书楼有哪些？

答：我国著名的藏书楼有明代范钦建的天一阁、明末清初毛晋的汲古阁和钱谦益的绛云楼、清代杨以增的海源阁、清末陆心源的皕宋楼、清代瞿镛的铁琴铜剑楼。

29. 我国最早的石刻文字是什么？

答："石鼓文"是刻在十块鼓形石上的字，时间大约在公元前 770 年至前 325 年之间，其字体是由金文向小篆过渡的一种字体，内容是歌颂国君的田猎事迹，是我国现存最早的石刻文字，现存北京故宫博物院。

30. 什么是"隶变"？

答：隶变是指古汉字在秦汉之际由篆书到隶书的演变过程，隶变前的汉字称为"古文字"，包括甲骨文、金文和战国时期除秦国之外的六国文字，隶变后的汉字称为"今文字"，汉字完全摆脱了原始汉字的图画形态，变成表意的书写符号。

31. 中国古代有关汉字的著作有哪些？

答：对汉字的研究早在先秦时代就开始了，当时的研究成果有《史籀篇》，现已失传。秦代有李斯的《仓颉篇》、赵高的《爱历篇》、胡毋敬的《博学篇》等。到汉代，将秦代的三书合一，仍称《仓颉篇》。此外，还有史游的《急就篇》。这些著作主要是给儿童识字用的，因而统称为"小学"。东汉许慎的《说文解字》一书，系统分析了汉字的六种结构，学术上称为"六书"。

32. "训诂"具体指什么？

答："训"是以比较通俗的话来解释词义，"诂"是以今天的话来解释古语或以通行的话来解释方言。"训诂"就是解释词义和字义的意思。我国最早的训诂学专著是《尔雅》，现存19篇，前3篇解释一般词语，后16篇分类解释词语，对各种名物加以解说。

33. 我国古代著名的辞书有哪些？

答：我国古代著名的辞书有约成书于战国至西汉初年的《尔雅》（已知第一部词典，"辞书之祖"），东汉许慎的《说文解字》（最早的字典），宋代陈彭年、丘雍等编撰的《广韵》，宋代丁度等人编撰的《集韵》，清代张玉书等人编撰的《康熙字典》，清代科举官方韵书《佩文韵府》等。

历　史

34. 什么是"仰韶文化"？

答：仰韶文化是黄河中游地区新石器时代的一种彩陶文化，其持续时间大约在公元前5000年至前3000年，分布在整个黄河中游，从今天的甘肃省到河南省之间。因1921年首次在河南省三门峡市渑池县仰韶村发现，故称为仰韶文化。

35. "春秋五霸"和"战国七雄"具体指什么？

答："春秋五霸"指春秋时期五次诸侯会盟的盟主，分别是齐桓公、晋文公、宋襄公、秦穆公和楚庄王。也有说法是齐桓公、晋文公、楚庄王、吴王阖闾、越王勾践。"战国七雄"指战国时期的七个最强诸侯国，分别是齐、楚、燕、韩、赵、魏、秦。

36. "合纵连横"是什么意思？

答："合纵连横"简称纵横，是战国时期纵横家所宣扬并推行的外交和军事政策。苏秦曾经联合"天下之士，合从相聚于赵，而欲攻秦"（《战国策·秦策》）。他游说六国诸侯，要六国联合起来西向抗秦。因秦在西方，六国土地南北相连，故称"合纵"。与"合纵"相对的是"连横"。秦谋士张仪提出远交近攻的策略，用"连横"瓦解六国联盟，为秦国统一中国奠定了基础。

37. "李悝变法"具体指什么？

答："李悝变法"发生在战国时期的魏国。魏文侯任用李悝为相，进行变法改革。李悝在政治上主张废止世袭贵族特权，选贤任能，赏罚严明。经济上主要实行"尽地力"和"平耙法",极大地促进了魏国农业生产的发展,魏国因此而富强。

38. "吴起变法"具体指什么?

答:"吴起变法"发生在战国时期的楚国。楚悼王任命吴起为令尹,对楚国政治、法律、军事等实行改革。他主张均爵平禄、废除无能的官职,削减官吏俸禄,将节约的财富用于强兵。经过变法,楚国国力开始强盛。

39. 什么是"文景之治"?

答:"文景之治"指西汉汉文帝、汉景帝统治时期的太平治世。汉初,多年战乱导致社会经济凋敝,文、景二帝吸取秦灭的教训,采取"轻徭薄赋""与民休息"的政策,减轻农民的徭役负担,稳定封建统治秩序。同时,他们还重视"以德化民",使社会安定,经济快速发展,出现中国历史上第一个治世。

40. 什么是"贞观之治"?

答:"贞观之治"是指唐太宗李世民在位期间的清明政治。唐太宗总结和吸取隋朝灭亡的教训,讲求法治,顾恤民生,广开言路,任用贤才,实行比较开明的政策,社会繁荣而又安定,因而出现了国泰民安的局面。

41. 什么是"澶渊之盟"?

答:公元1004年,契丹大举南下攻宋。契丹兵至澶州(即澶渊),北宋名将寇准力主宋真宗亲征,挫败了契丹前锋,双方停战议和,契丹规定宋每年送给辽岁币银10万两、绢20万匹,史称"澶渊之盟"。此后宋、辽(契丹)之间百余年间没有大规模的战事,礼尚往来,双方互使共达三百八十次之多。

42. 什么是"靖康之难"?

答:"靖康之难"发生于北宋宋钦宗靖康年间(1126—1127),因靖康元年为丙午年,亦称"丙午之耻"。靖康二年(1127)四月,金军攻破北宋都城东京,俘虏了宋徽宗、宋钦宗父子及赵氏皇族、朝臣等三千余人,将东京城中公私积蓄搜刮一空。靖康之难直接导致北宋灭亡、宋室南迁。

43. 郑和下西洋途经哪些地方?

答:从明永乐三年(1405)到宣德八年(1433),郑和及其副手王景弘受明成祖朱棣和明宣宗朱瞻基的派遣，先后七次率领船队下西洋。他们从苏州刘家港（今江苏太仓市浏河镇）出发，经越南南部、爪哇、苏门答腊和斯里兰卡，到达印度西岸，最远到达红海和非洲东海岸的索马里和肯尼亚。

44. 太平天国运动有哪些代表人物？

答：太平天国运动是清朝咸丰元年（1851）到同治三年（1864）期间，由洪秀全、杨秀清、萧朝贵、冯云山、韦昌辉、石达开等组成的领导集团发起的一系列农民起义战争。1851年，洪秀全在广西的金田村发动了规模浩大的农民起义。1853年，太平军占领南京，改南京为天京，定为都城，正式建立了太平天国农民政权。后颁布了《天朝田亩制度》，谋求实现"有田同耕，有饭同食，有衣同穿，有钱同使，无处不均匀，无人不饱暖"的理想社会。

45. 晚清签订了哪些丧权辱国的条约？

答：
（1）1842年《南京条约》割让香港，开放广州、福州、厦门、宁波、上海等五个通商口岸，并向英国赔偿军费，开始了中国近代的屈辱史。
（2）1858年《中俄瑷珲条约》向俄国割让了黑龙江以北六十多万平方公里的土地。
（3）1858年《天津条约》，其主要内容是增开通商口岸，允许各国自由传教，继续赔款等。
（4）1860年《北京条约》割让九龙给英国，增加赔款，允许外国享有"领事裁判权"和"内河航行权"。
（5）1895年《马关条约》割让台湾、澎湖列岛及辽东半岛给日本等。
（6）1901年《辛丑条约》划定北京东交民巷为使馆界，允许各国驻兵保护，不准中国人在界内居住，保证严禁人民参加反帝运动。《辛丑条约》是中国近代史上赔款数目最庞大、主权丧失最严重的不平等条约，标志着中国完全沦为半殖民地半封建社会。

46. 什么是"洋务运动"？

答：第二次鸦片战争期间，西方列强的绝对军事优势让晚清有识之士感到危机。中央代表人物爱新觉罗·奕䜣，地方代表人物李鸿章、张之洞、曾国藩、左宗棠等，他们主张学习西方，利用西方技术，举办近代工业，用以维护清王朝的统治，历史上称为"洋务运动"。

47. 什么是"兴中会"？

答：兴中会是中国近代第一个民主革命团体，由孙中山于1894年在美国檀香山创建。兴中会的宗旨是"驱除鞑虏，恢复中华，创建合众政府"，提出了推翻清朝封建君主专制政府，建立民主共和国的革命纲领。1905年，兴中会与华兴会合并成为中国同盟会，1912年，中国同盟会改组为国民党。

48. "丝绸之路"途经哪些地方？

答："丝绸之路"东起长安（今西安），向西经河西走廊至敦煌后，分为南北二线。北线经现在的吐鲁番、库车、喀什，南线经现在的若羌、和田、莎车，在今马鲁（古木鹿城）汇合，经里海南沿巴格达，抵达地中海东岸，转至罗马各地，全长七千余公里。

49. 唐代"海上丝绸之路"途经哪些地方？

答："海上丝绸之路"在唐代时的航线是以广州为起点，驶出珠江口，转向西南方，绕过海南岛东岸，再向西南，贴近越南沿海，越暹罗湾至马六甲海峡，沿海峡向西北，经印度半岛，过孟加拉湾抵达今斯里兰卡，然后渡阿拉伯海，驶入波斯湾。

50. "二十四史"具体指哪些史书？

答："二十四史"是我国古代二十四部正史的总称。其中包括西汉司马迁的《史记》，东汉班固的《汉书》，南朝宋范晔的《后汉书》，晋代陈寿的《三国志》，唐代房玄龄等人的《晋书》，南朝沈约的《宋书》，南朝萧子显的《南齐书》，唐代姚思廉的《梁书》《陈书》，北朝魏收的《魏书》，唐代李百药等人的《北齐书》，唐代令狐德棻等人的《周书》，唐代李延寿的《南史》《北史》，唐代魏征等人的《隋书》，五代刘昫等人的《旧唐书》，宋代欧阳修等人的《新唐书》，宋代薛居正等人的《旧五代史》，欧阳修等人的《新五代史》，元代脱脱等人的《宋史》《辽史》《金史》，明代宋濂等人的《元史》，清代张廷玉等人的《明史》。"二十四史"加上1920年成书的《新元史》，或加上1927年成书的《清史稿》，就是"二十五史"。

51. 《史记》的体裁有什么特征？

答：司马迁的《史记》是第一本用纪传体书写的史书，全书体例分为"本纪"（记述帝王事迹）、"年表"（按年月简列历史大事和人物）、"世家"（记述诸侯、圣哲名人事迹）、"书"（记述典章制度，《汉书》以后改称"志"）、"列传"（记述其他历史人物）。全书从黄帝写到汉武帝，分为十二本纪、十表、八书、三十世家、七十列传。

52. 请列举中外交流过程中，西方人书写的有关中国的书籍。

答：
（1）西方人撰写的第一部详细介绍中国的著作是意大利威尼斯人马可·波罗的《马

可·波罗游记》，他在元代来到中国并记录下自己的所见所闻。

（2）意大利人利玛窦在传教活动中注意吸纳中国传统文化，融儒学与天主教义于一体，著有《天主实义》，并与徐光启合译欧几里得的《几何原本》。利玛窦也是第一位将"四书"译成拉丁文的西方人，随后法国人金尼阁将"五经"译成拉丁文。

（3）法国人杜赫德的《中华帝国志》是欧洲人研究中国的百科全书式的著作。

地 理

53. "五岳"指哪几座山？

答："五岳"包括"中岳"嵩山（河南）、"东岳"泰山（山东）、"西岳"华山（陕西）、"南岳"衡山（湖南）和"北岳"恒山（山西）。

54. "三壶山"具体指什么？

答："三壶山"指蓬莱、瀛洲、方丈，因山形如壶得名。传说三山为仙人所居之地，有长生不老之药，以黄金白银为宫阙。

55. "五湖"指哪几片湖泊？

答："五湖"包括江西鄱阳湖、湖南洞庭湖、江苏太湖、江苏洪泽湖和安徽巢湖。

56. 我国"四大高原""四大盆地"和"三大平原"各指什么？

答：我国"四大高原"是青藏高原、内蒙古高原、黄土高原和云贵高原。青藏高原被称为"世界屋脊"，黄河、长江、澜沧江都发源于此。塔里木盆地、准噶尔盆地、柴达木盆地和四川盆地称为"四大盆地"。"三大平原"指东北平原、华北平原、长江中下游平原。

57. 黄河流经哪些省市？

答：黄河是中国的第二大河，发源于青藏高原巴颜喀拉山北麓，流经青海、四川、甘肃、宁夏、内蒙古、山西、陕西、河南、山东等9省、自治区，在山东垦利区注入渤海，干流全长约5400公里，流域面积达75.2万平方公里。

58. 长江流经哪些省市？

答：长江是我国最长的河流，发源于青海省唐古拉山主峰各拉丹东山西南侧，全长六千三百多公里，流经青海、西藏、四川、云南、重庆、湖北、湖南、江西、安徽、江苏、上海等 11 个省、自治区、直辖市，流域面积达 180 余万平方公里。

59. 中国的菜系是如何分类的？

答：中国菜可分为八大菜系，即鲁、川、粤、闽、苏、浙、皖、湘，也分为四大菜系，即鲁、川、淮、粤。

（1）鲁菜是齐鲁文化的结晶，后发展为北京地区的宫廷菜，代表菜有"油焖大虾""糖醋里脊"等。

（2）川菜口味清鲜醇浓并重，以善用麻辣调味著称，代表菜有"泡椒凤爪""口水鸡"等。

（3）淮扬菜的发源地在扬州、淮安地区，菜肴制作刀工精细，色泽鲜丽，代表菜有"三套鸭""松鼠鳜鱼"等。

（4）粤菜地处南海大门，因受外国影响较久，菜品中西结合、质鲜味美，代表菜有"白灼虾""煲仔饭"等。

宗 教

60. 什么是"法相宗"？

答："法相宗"在中国的创始人是唐代著名翻译家玄奘和他的弟子窥基，又叫"慈恩宗""唯识宗"。其理论在于深入辨析一切事物（法）的种种表现（相）及其产生的原因，主张万法唯识（主观精神），心外无境（客观世界）。他们引导人们通过修行，大彻大悟，使自己对客观事物相状、情形的描述达到"圆成实相"的水平。其依据的经典是《瑜伽师地论》和玄奘所著的《成唯识论》。

61. 什么是"律宗"？

答："律宗"因其创始人道宣住在终南山，别名"南山宗"。"律宗"以研习和传持戒律为主，把戒律分作戒法、戒体、戒行、戒相四部分。戒法指佛制定的戒律本身，戒体指受戒弟子在从师受戒时内心的感受，戒行指遵守戒律的具体实践，戒相指戒律的具体表现。其依据的经典是《四分律》。

62. "达赖"的称号是如何得来的？

答："达赖"的称号始于明朝时的三世达赖喇嘛锁南嘉错。当时蒙古族土默特部首领俺答汗为了感谢他教化众生的恩德，尊他为"圣识一切瓦齐尔达赖喇嘛"，但并未经过中央政府的正式册封。清顺治九年（1652），五世达赖罗桑嘉错入京觐见皇帝，朝廷为他兴建黄寺，并正式册封为"西天大善自在佛所领天下释教普通瓦赤喇怛达赖喇嘛"，此后历代达赖喇嘛都要经过中央册封才算合法。

63. 道教内部分为哪些宗派？

答：道教因产生的渊源不同，内部可分成丹鼎派和符箓派两大派。丹鼎派由方术发展而来，以炼丹取药、祈求长生成仙为特点。符箓派由巫术发展而来，以鬼神崇拜、画符念咒、驱鬼降妖、祈福禳灾为特点。

64. "三清"具体指什么？

答："三清"是道教尊奉的三位最高神的统称，即玉清元始天尊、上清灵宝天尊、太清道德天尊。

65. 基督教教义的经典是什么？

答：基督教依据的经典是《旧约全书》和《新约全书》。前者是从犹太教继承来的，用古希伯来文写成，约成于公元前3世纪至公元1世纪，内容主要是犹太人关于世界和人类起源的神话以及犹太教的法典和教义。后者是基督教自身的经典，用希腊文写成，约成于公元1世纪至2世纪，内容是基督教早期的活动和教义。现在通行的新旧约圣经是4世纪的定本，是糅合犹太教和早期基督教各派主张的结果。

66. 基督教有哪些派别？

答：基督教主要分为天主教、东正教和新教三大教派。1054年，基督教首先分裂为两派，一派是以罗马教皇为首的罗马公教，即天主教，另一派是以东罗马帝国首都君士坦丁为中心的希腊正教，即东正教。基督教新教产生于16世纪，代表欧洲新兴资产阶级利益。

67. 基督教内部是如何组织的？

答：基督教的组织以天主教最为严密，采取封建集权制，最高首领为罗马教皇，教廷设在梵蒂冈，主要神职人员有枢机主教（即红衣大主教）、首席主教、总主教、神甫（神父）、修士和修女等。

东正教教会在各国的组织是独立的，彼此间关系松散，有一个不定期的东正教最高教会从中起协调作用，主要神职人员有牧首、都主教、大主教、主教、大祭司、祭司、修士等。

新教的组织更为松散，神职人员的等级也比较简单，只有牧师和传道员。

68. 中国伊斯兰教"四大清真寺"是哪四座寺庙？

答：中国伊斯兰教"四大清真寺"分别是广州怀圣寺、泉州清净寺、扬州仙鹤寺和杭州凤凰寺。

(1) 广州怀圣寺，寺内有光塔，始建于唐代，传为唐代初年来华传教的阿拉伯人宛葛素所建。

(2) 泉州清净寺，又名麒麟寺，始建于北宋大中祥符二年（1009），300年后，耶路撒冷人阿哈马重修，寺内有石刻阿拉伯文《古兰经》，至今保存完好。

(3) 扬州仙鹤寺，传为南宋时来华传教的普哈丁所建，是中阿风格相结合的产物。

(4) 杭州凤凰寺，又名真教寺，创建于唐代，元代阿老丁重修，现存大殿仍为元代遗物。

69. 中国有哪些极具特色的清真寺？

答：中国最大的清真寺是新疆喀什市的艾提尕尔清真寺，始建于清朝。西安市的化觉寺是融合中国传统建筑风格的清真寺，其建筑风格完全采用中国的宫殿式，相传为唐代所建。此外，北京牛街清真寺、宁夏同心清真寺、上海松江清真寺、山西太原清真寺等都是历史悠久且风格独特的清真寺庙。

70.《古兰经》的主要内容是什么？

答：《古兰经》又称《可兰经》，是伊斯兰教教义的经典，分为"麦加篇章"和"麦地那篇章"两大部分，记载穆罕默德在传教过程中发布的训诫、告示和谈话。其内容包括伊斯兰教的基本信仰和基本功课，对阿拉伯社会的各种主张和伦理规范，宗教公社的各种制度，与多神教、犹太教、基督教辩论的记述，以及传教时引用的阿拉伯民间故事、传说、言语等。

文　学

71.《诗经》的主要内容是什么？

答：《诗经》是我国第一部诗歌总集，共305篇，收集了我国公元前11世纪到公元前6世纪的诗歌作品，代表了从西周初年到春秋中叶大约五百年间的诗歌创作。其作品按乐调分为风、雅、颂三部分。"风"指地方乐调，即各地的民乐；"雅"指周王朝直接统治地区的乐调；"颂"则是用于宗庙祭祀的音乐。

72.《诗经》的主要表现手法有哪几种？

答：《诗经》的艺术表现手法一般分为比、兴、赋三种。"比"是指以客观事物来比喻诗人的思想感情；"兴"即起兴、发端，先言他物，借他物来引出所要描绘的事物；"赋"则是直接铺陈和描写客观事物。

73. 《楚辞》的主要内容有哪些？

答：《楚辞》是中国第一部浪漫主义诗歌总集。西汉初期，由刘向编辑成集，东汉王逸作注后成《楚辞章句》。主要收录楚人屈原、宋玉及汉代淮南小山、东方朔、王褒、刘向等人辞赋共十六篇。后增王逸《九思》，成十七篇。全书以屈原的作品为主，代表的有《招魂》《离骚》《九歌》《九章》《天问》等，其余各篇也都承袭屈赋的形式。

74. 先秦历史散文主要有哪些代表作？

答：先秦历史散文主要有《尚书》《国语》《左传》《战国策》等。
（1）《尚书》的内容主要是殷商和西周初年的王室文告、命令、王公大臣的谈话等，是我国最早的一部历史文献，现存58篇。
（2）《国语》记载周、鲁、齐、晋、郑、楚、吴、越八国历史事实，以晋国为最详。有的事件已有情节描写，语言也比《尚书》要浅近质朴。
（3）《左传》以具体的史实来丰富和补充《春秋》，其文字简练，句式灵活，能完整地叙述事件并通过细节刻画人物。
（4）《战国策》主要记述战国时代谋士们的言行，分东周、西周、秦、齐、楚、魏、赵、韩、燕、宋、卫、中山等十二策。文章注重刻画人物，善于铺张描绘，许多故事写得有声有色。

75. "汉赋四大家"具体指哪四个人？

答："汉赋四大家"分别指司马相如、扬雄、班固和张衡。四人均是汉大赋的集大成者，对当时及后世文坛影响深远。司马相如的代表作有《子虚赋》《上林赋》《大人赋》《长门赋》《美人赋》《哀秦二世赋》。扬雄代表作有《河东赋》《羽猎赋》《甘泉赋》《长杨赋》。班固因《两都赋》闻名天下。张衡的散体大赋以《西京赋》《东京赋》最为著名。

76. 《乐府诗集》主要内容有哪些？

答：宋代郭茂倩编辑的《乐府诗集》收录了从汉代到隋唐的全部乐府作品。汉魏乐府"感于哀乐，缘事而发"，具有强烈的现实主义精神，诗体自由多样，句式以五言为主，三、四、六、七言不等，奠定了五言诗和七言诗的基础，著名篇章有《十五从军征》《战城南》《东门行》《妇病行》《陌上桑》《孔雀东南飞》《木兰辞》《敕勒歌》等。

77. 什么是"建安文学"？

答：建安文学主要指汉献帝建安年间出现的文学，是中国诗歌史上文人创作的第一个高潮，也是我国文学自觉阶段的开始。建安时期的文学作品普遍继承汉乐府民歌的现实主义传统，采用五言形式，以风骨遒劲著称，具有慷慨悲凉的阳刚之气，形成文学史上的独特风格，被后世称为"建安风骨"。代表作家主要是曹氏父子（曹操、曹丕、曹植）、建安七子（孔融、陈琳、王粲、徐干、阮瑀、应玚、刘桢）、蔡琰等，代表作有曹操《短歌行》《观沧海》，王粲《七哀诗》《登楼赋》，刘桢《赠从弟诗》等。

78. "山水诗派"的代表人物有哪些？

答：南朝宋诗人谢灵运开创了我国诗歌史上的"山水诗派"，其代表作有《登池上楼》《石门岩上宿》等。"山水诗派"的代表人物还有盛唐的王维、孟浩然、储光羲、常建，中唐的韦应物、柳宗元等，他们的作品着重反映田园生活、描绘山水景物。其中以王维成就为高，被世人称为"诗佛"，能以画理通诗，诗中有画，画中有诗，于李杜之外，别立一宗，对后世影响很大，代表作有《相思》《山居秋暝》等。

79. 什么是"永明体"？

答：南北朝时期，沈约、谢朓等人依据四声的规律，在诗歌创作中注意声、韵、调的相互配合和词语对偶形式的运用，创造了一种讲究声律和对仗的新诗体，因其活跃在南齐永明年间，故称为永明体。

80. 唐诗主要有哪些流派？

答：

（1）山水田园诗：以孟浩然、王维为代表，继承陶渊明的思想，以山水风光和闲适生活为题材，充满诗情画意和生活情趣。代表作有孟浩然《宿建德江》，王维《山居秋暝》《鹿柴》等。

（2）边塞诗：以高适、岑参、王昌龄、王之涣为代表，描写戍边守战部队的艰苦环境以及报国思乡的情绪。代表作有王昌龄《出塞》《从军行》，高适《燕歌行》等。

（3）元白诗派：以元稹、白居易为代表。学习汉乐府诗的优点，提倡关注社会，"缘事而发"，言辞通俗流畅。代表作有元稹《遣悲怀》，白居易《长恨歌》《秦中吟》等。

（4）韩孟派：以韩愈、孟郊、李贺等为代表，追求立意奇绝，文字新巧。代表作有韩愈《左迁至蓝关示侄孙湘》，孟郊《游子吟》《寒地百姓吟》等。

(5) 咏史诗：以刘禹锡、李商隐为代表，咏史怀古，借古讽今。代表作有刘禹锡《乌衣巷》《浪淘沙》，李商隐《锦瑟》等。

81. 什么是"古文运动"？

答：中唐以大散文家韩愈、柳宗元为首，掀起以复古为口号的"古文运动"，其根本性质是恢复儒家传统，改变文体、文风。运动所提出的基本口号是"文以载道"，即文章必须有思想性，必须表达和宣扬儒家的道统，反对空洞无物和矫揉造作。韩愈的散文有《师说》《与孟东野书》《送李愿归盘谷序》《柳子厚墓志铭》《祭十二郎文》等。柳宗元著有《种树郭橐驼传》《童区寄传》《永州八记》等。

82. 唐传奇有哪些经典作品？

答：传奇为文言短篇小说的一种，始于唐代，主要以"文采与意想"为目的，是我国小说史上最早出现的有意识的文学创作。
（1）唐代前期代表作有《古镜记》《补江总白猿传》《游仙窟》。
（2）中期最为突出的作品是陈鸿的《长恨歌传》和陈玄祐的《离魂记》。
（3）晚期多将传奇及短篇的志怪之作汇为一集，代表作有牛僧孺《玄怪录》、裴铏《传奇》、皇甫枚《三水小牍》等，其中以裴铏《传奇》影响最大，收录名篇《聂隐娘》《昆仑奴》。

83. 什么是"花间派"？

答："花间派"出现于晚唐。后蜀赵崇祚所编词集《花间集》，收录温庭筠、韦庄、皇甫松、和凝、孙光宪等十八人的词作，因其作者大多是蜀人，词风近似，词作内容多为歌咏旅愁闺怨、合欢离恨，局限于男女燕婉之私，因此被称为"花间词派"。花间派中以温庭筠影响最大，他与李商隐合称"温李"。

84. 宋词主要有哪些流派？

答：
（1）花间词派：词风香艳浓丽，代表人物有温庭筠、韦庄、牛希济、欧阳炯、李珣等，代表作有温庭筠《菩萨蛮》、韦庄《秦妇吟》等。
（2）西蜀词派：词风清丽自然，感情细腻动人，代表人物有南唐主李璟、后主李煜和冯延巳，代表作有冯延巳《鹊踏枝》，李煜《虞美人》《破阵子》。

（3）婉约派：北宋前期词风闲雅清旷，秀丽精巧，主要词人有晏殊父子、欧阳修、范仲淹、柳永等，代表作有晏殊《浣溪沙》《采桑子》，柳永《雨霖铃》《蝶恋花》等。北宋后期词风情韵兼胜，词境凄婉，主要词人有秦观、周邦彦，代表作秦观《水龙吟》《鹊桥仙》等。南宋代表词人是李清照，代表作《声声慢》。

（4）豪放派：词风豪放刚劲，志存高远，代表人物有苏轼、岳飞、辛弃疾、朱敦儒、陆游、张孝祥、刘克庄等。代表作有苏轼《念奴娇·赤壁怀古》，岳飞《满江红》等。

（5）醇雅派：以雅为美学理想，反对俚俗，讲究格律，其代表词人有姜夔、吴文英、张炎等。代表作有姜夔《扬州慢》《暗香》等。

85. 什么是"江西诗派"？

答：宋徽宗初年，吕本中在《江西诗社宗派图》中把以黄庭坚、陈师道为首的诗歌流派称为"江西诗派"。"江西诗派"的作品强调诗的艺术性，对宋中叶以后盛行的以文为诗之风有所纠正。代表人物是黄庭坚，他主张作诗"无一字无来历"，提倡"点铁成金""夺胎换骨"，崇尚瘦硬奇拗的诗风，追求字字有出处，并强调"以故为新"。

86. "唐宋八大家"具体指哪些人？

答："唐宋八大家"指韩愈、柳宗元、王安石、苏洵、苏轼、苏辙、曾巩、欧阳修。八大家中苏轼、苏洵、苏辙人称"三苏"，有"一门三学士"之誉。因此"八大家"可以用"唐有韩柳，宋为欧阳、三苏和曾王"概括。

87. 宋元讲史有哪些代表作？

答：宋元讲史主要是将历史演绎为小说形式，对中国古典小说影响巨大，是中国长篇小说的开端，代表作有《大宋宣和遗事》《大唐三藏取经诗话》《全相平话五种》（即《武王伐纣平话》《七国春秋平话》《秦并六国平话》《前汉书平话》《三国志平话》）。

88. "元曲四大家"具体指哪四个人？

答：元曲四大家是指关汉卿、马致远、郑光祖、白朴。
（1）关汉卿代表作有《窦娥冤》《救风尘》《拜月亭》《望江亭》《单刀会》《调风月》等。
（2）马致远代表作有《汉宫秋》《荐福碑》《岳阳楼》《青衫泪》《陈抟高卧》《任风子》等。

（3）郑光祖代表作有《周公摄政》《王粲登楼》《翰林风月》《倩女离魂》《无盐破连环》《伊尹扶汤》《老君堂》《三战吕布》。

（4）白朴代表作有《唐明皇秋夜梧桐雨》《裴少俊墙头马上》《董秀英花月东墙记》等。

89. 元杂剧的活动中心发生过怎样的变化？代表剧目有哪些？

答：元杂剧前期的艺术活动中心主要在北方，京城大都和地处山西的平阳都是戏曲艺术最活跃的地方。著名剧目有纪君祥《赵氏孤儿》、马致远《汉宫秋》、白朴《梧桐雨》和《墙头马上》、尚仲贤《柳毅传书》、李好古《张生煮海》。元杂剧后期的活动则转向南方，原南宋京城临安成为艺术创作和表演中心，但兴盛情况已与北方不可同日而语，主要创作成就有郑光祖《倩女离魂》、乔吉《扬州梦》、宫天挺《范张鸡黍》。

90.《西厢记》的作者是谁？内容是什么？

答：《西厢记》的作者是元代著名杂剧作家王实甫。全剧由五本二十折戏组成，改编自唐代元稹的传奇小说《莺莺传》。主要内容是书生张君瑞在普救寺里偶遇已故相国之女崔莺莺，便对她一见倾心，但却无法接近。此时恰有孙飞虎听闻莺莺美貌，欲强娶莺莺为妻。崔老夫人情急之下听从莺莺建议，允诺如有人能够退兵，便将莺莺嫁与此人。张生便请来救兵解围寺之急，解围后崔老夫人却绝口不提婚事，只让二人以兄妹相称。张生失望之极，幸有莺莺的婢女红娘从中帮忙，两人私下幽会并订了终身。老夫人知情后怒责红娘，并要求张生进京考取功名。张生与莺莺在十里长亭依依而别，最后，张生高中状元，两位有情人终成眷属。

91. 明代散文有哪些派别？

答：
（1）"唐宋派"以唐顺之、茅坤和归有光为代表，推崇唐宋古文。
（2）"公安派"以袁宏道、袁中道、袁宗道兄弟三人为代表，主张散文"独抒性灵"，不拘客套。袁宏道代表作有《虎丘记》《满井游记》等。
（3）"竟陵派"有钟惺、谭元春等人，主张散文表现"幽情单绪"，文章的题材较窄。

92. 明代戏曲可分为哪两个派别？

答：明代戏曲的鼎盛时代是明代下半叶，这时出现了以沈璟为代表的吴江派和以汤显祖为代表的临川派。沈璟致力于戏曲声律理论的研究，主张创作严守音律，写过十七部剧本，主要有《义侠记》《博笑记》《埋剑记》等，现只存七部较为完整。与其同派的作家还有王骥德、卜世臣、叶宪祖、顾大典等人。汤显祖反对拟古和死守格律，主张写情，作品只有五部传世，即《紫箫记》《紫钗记》《还魂记》（即《牡丹亭》）《南柯记》《邯郸记》。

93. 冯梦龙的"三言"具体指什么？

答："三言"是冯梦龙在宋元话本、明代拟话本基础上编纂而成的白话短篇小说集。"三言"包括《喻世明言》《警世通言》《醒世恒言》。"三言"中的名篇有《杜十娘怒沉百宝箱》《卖油郎独占花魁》《玉堂春落难逢夫》《沈小霞相会出师表》等。

94.《三国演义》的主要内容是什么？

答：《三国演义》是中国古典四大名著之一，是中国第一部长篇章回体历史演义小说，全名为《三国志通俗演义》，作者是元末明初的著名小说家罗贯中。全书可大致分为黄巾之乱、董卓之乱、群雄逐鹿、三国鼎立、三国归晋五大部分，主要描写了从东汉末年到西晋初年之间群雄割据混战和魏（曹操）、蜀（刘备）、吴（孙权）三国之间的政治和军事斗争，最终司马炎一统三国，建立晋朝。

95.《水浒传》的主要内容是什么？

答：《水浒传》是中国古典四大名著之一，中国历史上最早用白话文写成的章回小说之一，作者一般认为是元末明初的施耐庵。全书描写北宋末年以宋江为首的108位好汉在梁山聚义，以及聚义之后接受招安、四处征战的故事，塑造了豹子头林冲、黑旋风李逵、活阎王阮小七、智多星吴用、呼保义宋江、小李广花荣、浪子燕青、花和尚鲁智深、青面兽杨志、行者武松、母夜叉孙二娘、病大虫薛永、小旋风柴进、急先锋索超、拼命三郎石秀、入云龙公孙胜等众多生动的人物形象。

96.《西游记》的主要内容是什么？

答：《西游记》是中国古典四大名著之一，取材于《大唐西域记》和民间传说。宋代《大唐三藏取经诗话》是西游记故事见于文字的最早雏形，故事中的唐僧以玄奘法师为原型。《西游记》作者是明代小说家吴承恩。全书主要描述孙悟空、猪八戒、沙和尚三人保护唐僧西行取经，历经九九八十一难，降妖伏魔，终于到达西天见到如来佛祖取得真经的故事。

97. 《红楼梦》的主要内容是什么？

答：《红楼梦》又名《石头记》《金玉缘》，是中国古典四大名著之首，中国古典小说创作的高峰。作者是清代作家曹雪芹。小说以贾、史、王、薛四大家族的兴衰为背景，以贾府的家庭琐事、闺阁闲情为脉络，以贾宝玉、林黛玉、薛宝钗的爱情婚姻故事为主线，刻画了贾宝玉和金陵十二钗等形象鲜明的人物，表达人性美和悲剧美。通过家族悲剧、女儿悲剧及主人公的人生悲剧，揭示出封建末世危机，被称为"封建社会百科全书"。

98. 清代著名的散文作品有哪些？

答：
（1）明末清初有夏完淳《狱中上母书》、邵长衡《阎典吏传》。
（2）清中叶形成以方苞、刘大櫆、姚鼐为代表的"桐城派"和以恽敬为代表的"阳湖派"，两派都提倡唐宋古文，讲究"义法"，但以前者的影响比较大。其中方苞的《狱中杂记》、姚鼐的《登泰山记》尤为著名。
（3）清末有龚自珍《病梅馆记》、梁启超《少年中国说》、康有为《强学会序》、章炳麟《邹容传》。

99. 古代文人有什么特别的号？

答：
（1）唐代诗人李白号"青莲居士"，诗人杜甫号"少陵野老"。
（2）宋代文学家苏轼号"东坡居士"，史学家郑樵号"西溪遗民"。
（3）元代散曲名家冯子振号"怪怪道人"。
（4）明代画家祝允明号"枝指生"，唐寅号"天下第一风流才子"，朱耷号"八大山人"。
（5）清代画家金农号"二百砚田富翁"，郑板桥号"青藤门下走狗"，文学家刘庠号"十三经老人"，诗僧寄禅号"八指头陀"，诗人朱彝尊号"夕阳芳草村落"，陈鸿寿号"梦饲千八百鹤斋"。

艺术

100. 画论中的"六法"具体指什么？

答："六法"由南朝绘画理论家谢赫提出，是绘画创作与批评的六条标准。谢赫在《古画品录》中指出所谓"六法"，即气韵生动、骨法用笔、应物象形、随类赋彩、经营位置、传移模写。

（1）气韵生动强调人物的精神气质。
（2）骨法用笔明确用笔的功力。
（3）应物象形指绘画应呈现客观，不能主观臆造。
（4）随类赋彩指按照事物的精神气质去表现色彩。
（5）经营位置是采取散点透视，构图讲求疏密聚散。
（6）传移模写强调临摹画技能。

101. 画论中的"四格"具体指什么？

答："四格"是唐代提出来的评画标准，即逸格、神格、妙格、能格。
（1）"逸格"是指超越绘画的规矩，以精炼的笔墨表达意趣。
（2）"神格"指形神兼备，立意妙合自然。
（3）"妙格"指绘画得心应手，浑然自成。
（4）"能格"指有功力，能生动表现所绘对象。

102. "心师造化"和"迁想妙得"具体指什么？

答："心师造化"是南朝陈时姚最在《续画品录》里首先提出来的，他指出了画家与客观事物之间的关系，即客观事物是画家创作的艺术源泉，画家要向自然和生活学习。

"迁想妙得"是顾恺之首先提出来的，他在《魏晋胜流画赞》中说道："凡画，人最难，次山水，次狗马。台榭一定器耳，难成而易好，不待迁想妙得也。"一幅画不仅仅描写外形，而且要表现出内在精神，要靠内心的体会，把自己的想象迁入对象中，去感悟、把握对象的真正精神气质，才有"妙得"。

103. "六朝三杰"指哪三位著名画家？他们分别有什么独特的成就？

答："六朝三杰"分别指魏晋南北朝时的顾恺之、张僧繇和陆探微。
（1）顾恺之因画绝、才绝、痴绝被称为"三绝"，他总结出"传神写照，正在阿堵中"的绘画理论。代表作品有《女史箴图卷》和《洛神赋图卷》。
（2）张僧繇创造出一种只用彩色而不用墨骨的绘画技巧，名为"没骨法"，以色彩深浅增强画面立体效果。"画龙点睛"说的就是张僧繇的故事。代表作品有《二十八宿神形图》《梁武帝像》《汉武射蛟图》。
（3）陆探微将草书运笔引入绘画，创造出"一笔画"法，其画享有"穷理尽性，事绝言象"之誉，所画人物皆刚劲有骨。代表作品有《竹林七贤》《宋孝武像》《宋明帝像》《孝武功臣》。

104. 《游春图卷》的作者是谁？他的主要贡献是什么？

答：《游春图卷》的作者是隋代的展子虔。他采用青绿渲染春天的气氛，表现苍茫的山水烟景，解决了山水画的空间远近关系问题，使山水画从原来"水不容泛，人大于山"的幼稚阶段，达到和谐自然的成熟阶段。

105. 《历代帝王图卷》的作者是谁？他的主要贡献是什么？

答：《历代帝王图卷》的作者是阎立本。阎立本绘画代表了初唐美术的新水平。他擅长人物肖像画、历史故事画，多取材宫廷生活和历史事件，代表作品有《步辇图》《历代帝王像》等。

106. "画圣"指的是谁？他在艺术上的主要贡献是什么？

答：唐代中期最杰出的画家吴道子被世人称为"画圣"，他一生主要创作壁画，作品有《地狱变相图》《送子天王图卷》等。他在艺术上的贡献是发展"线描"，创造了"兰叶描"的线型，丰富了线条在中国画中的表现力。其绘画真迹没有流传下来，今有宋人摹画的《送子天王图卷》比较接近原著。因其画作人物都衣袂飘飘，别具一格，有"吴带当风"的说法。

107. 明代有哪些著名的画家？

答：
（1）明代文徵明、沈周、仇英、唐寅被称为"吴派四大家"，以水墨写意见长。其后董其昌创支派"华亭派"，墨色清淡，风格古雅。陈继儒创支派"苏松派"，墨色清润，水分饱满。此外，还有以戴进为代表的"浙派"，以吴伟为代表的"江夏派"等。
（2）徐渭被称为"大写意"画家，放笔纵横，水墨淋漓，随意挥洒，不拘成法，甚至用泼墨勾染的技法画牡丹。
（3）明末大画家中陈洪绶（老莲）擅长人物画，形象夸张变形，高度概括，生动表现人物的个性。

108. "扬州八怪"指哪些清代书画家？

答："扬州八怪"的具体所指历来不一，较为公认的说法出自清末李玉棻《瓯钵罗室书画过目考》，即汪士慎、郑燮、高翔、金农、李鱓、黄慎、李方膺、罗聘。他们反对仿古的正统派，主张表现个性，艺术上构图简练，造型突兀，因其独特的艺术风格被视为"怪"。

109. "书法九势"具体指什么？

答："书法九势"包括落笔、转笔、藏锋、藏头、护尾、疾势、掠笔、涩势和横鳞竖勒。

110. 中国古代成就卓越的书法家有哪些？

答：

（1）东晋时期书法家王羲之，有"书圣"之称，与其子王献之合称为"二王"。其书法广采众长，自成一家，风格平和自然，笔势委婉含蓄。代表作《兰亭序》被誉为"天下第一行书"。

（2）唐代书法家欧阳询，是"楷书四大家"（欧阳询、颜真卿、柳公权、赵孟頫）之一，并且是一位杰出的书法理论家，他总结出了练书习字八法。《楷书千字文》《行书千字文》都是其代表作品。

（3）唐代书法家怀素，以"狂草"名世，史称"草圣"，与张旭齐名，合称"颠张狂素"。其草书笔法瘦劲，飞动自然，虽率意颠逸，但法度具备。《自叙帖》是怀素的草书巨制，活泼飞动，笔下生风。

（4）唐代书法家颜真卿，擅长行、楷，与柳公权合称为"颜柳"，有"颜筋柳骨"之说。颜真卿创"颜体"楷书，"颜体"结构方正茂密，笔画横轻竖重，笔力浑厚。《多宝塔碑》是颜真卿的经典之作，结构规范严密，用笔一丝不苟。

（5）北宋书法家米芾，与蔡襄、苏轼、黄庭坚合称"宋四家"，擅长篆、隶、楷、行、草等书体，讲究整体气韵，兼顾细节，善于在转折顿挫中形成飘逸的气质。《研山铭》是米芾书法精品中的代表作，此帖沉顿雄快，跌宕多姿，被视为珍品。

111. "五音"具体指什么？

答："五音"是中国古代五个音阶的总称，即宫、商、角、徵、羽。

112. 目前我国保存最好、音律最全的编钟是什么？

答：迄今发现个数最多、保存最好、音律最全、气势最宏伟的全套编钟，是1987年湖北省随州市曾侯乙墓出土的战国"曾侯乙编钟"，连同一枚磬，共计65枚，分三层悬挂，音域可包括现代钢琴的所有黑白键音响。其规模之大，音质之好，制作之精，反映了当时制铜工艺和音乐文化的水平。

113. 什么是"箜篌"？

答：箜篌，也叫坎侯，古代的弹弦乐器，分卧式和竖式两种。据东汉应劭《风俗通》记载，卧箜篌为汉武帝时乐人侯调所造，样子像琴而略小，七弦。竖箜篌是竖琴的前身，后汉时经西域传入中原地区，是古波斯乐器。

114. "六舞"具体指什么？

答：指六种乐舞，包括黄帝的《云门》、尧的《咸池》、舜的《大磬》（即《大韶》）、禹的《大夏》、汤的《大濩》、武王的《大武》。

115. 什么是"傩舞"？

答："傩舞"是一种具有驱鬼逐疫和祭祀功能的原始巫舞。其成型于周代的宫廷"大傩"仪式，是傩仪中的舞蹈部分，是中国最古老的舞蹈形式之一。舞者头戴面具，手执戈盾斧剑等兵器，做出驱赶、扑打鬼怪的样子。

116. 京剧是如何形成的？

答：清乾隆五十五年（1790）开始，三庆、四喜、春台、和春四大徽班先后进京演出，汉调、秦腔艺人也入京献艺。后几种唱腔相互融合，发展出一种新剧种，以徽汉二调为主，吸收昆腔、秦腔唱法，又接受北方方言的影响，出现了新的唱腔，其以京韵为念白，逐渐发展成为今天的京剧。

117. 京剧可以分为哪些流派？

答：京剧在表演风格上可分成京、海两大流派。京派重视基本功的训练，严格讲究艺术规范，代表人物有梅兰芳、程砚秋、余叔岩、高庆奎等。海派勇于革新创造，注意吸收新鲜事物，代表人物有周信芳、赵如泉、常春恒、林树森等。早期京剧因"名角挑班"制度的存在，常出现以演员个人风格创建的流派，如京剧四大名旦梅兰芳、尚小云、程砚秋、荀慧生都结合自己的本身条件发展出自成一格的流派，梅派庄重深邃，尚派矫健流畅，程派深沉含蓄，荀派自然质朴。

118. 除京剧外，我国还有哪些常见的地方剧种？

答：除京剧外，戏曲中豫剧（河南梆子）、秦腔、川剧、越剧、吕剧、晋剧（山西梆子）、黄梅戏、河北梆子等都是比较大的剧种，湖南、湖北、广东的花鼓戏，江西等地的采茶戏，西北的道情，华北的秧歌也极具地方特色。

建筑与园林

119. 中国现存的古城主要有哪些？

答：

（1）西安城，明代建筑，现存面积最大的古城，相当于唐代长安城的皇城，城外环河，四面设门，门外又建一座瓮城，这种布局在北方府县城市建筑中很有代表性。

（2）荆州古城，今湖北省江陵县城，清代初年建筑，始建于三国。

（3）平遥古城，位于山西省，明代初年建筑。

（4）宁远卫城，今辽宁省兴城市，明末蓟辽督师袁崇焕曾驻守于此，数次击退努尔哈赤父子的进攻。

（5）赵家城，也称"赵家堡"，在今福建漳浦县，是一座保存完好的宋代古城，只是规模很小，方圆只有0.5公里多一点儿，城内现住赵姓居民102户，多是宋太祖赵匡胤之弟赵匡美的子孙。

120. 中国古代各主要朝代的都城在哪里？

答：

朝代	都城	今址	朝代	都城	今址
夏朝	阳城	河南登封	东晋	建康	江苏南京
商朝	亳	河南商丘北	南朝（宋、齐、梁、陈）	建康	江苏南京
商朝	殷	河南安阳	北朝的北魏	平城	山西大同东北
西周	镐京	陕西西安	隋朝	大兴	陕西西安
东周	洛邑	河南洛阳	唐朝	长安	陕西西安
秦朝	咸阳	陕西咸阳东北	北宋	东京	河南开封
西汉	长安	陕西西安西北	南宋	临安	浙江杭州
东汉	洛阳	河南洛阳东	元朝	大都	北京
三国魏	洛阳	河南洛阳东	明朝	应天	江苏南京
三国蜀	成都	四川成都	明朝	顺天	北京
三国吴	建业	江苏南京	清朝	盛京	辽宁沈阳
西晋	洛阳	河南洛阳东	清朝	京师	北京

121. 唐代的城市布局有什么特色？

答：唐长安城基本沿用隋大兴城的城市布局，主要宫殿移至城东北的大明宫，因朝臣权贵集中于东城，城市重心偏向东边。东市和西市在朱雀大街两侧相同的位置，左右对称，功能相同，都是唐长安城的核心商业区。相较而言，西市聚集了很多外国"胡商"，更像国际贸易的集中区域。长安城采用严格的里坊制，全城划分为108个坊，里坊大小不一，坊里有严格的管理制度，强调"宫殿与民居不相参"。

122. "唐三宫"具体指什么？

答："唐三宫"指太极宫、大明宫、兴庆宫。

（1）太极宫，位于唐代长安城的中轴线上，是李渊和李世民父子处理朝政的地方。太极宫东边是东宫，是太子日常起居的宫殿；西边是掖庭宫，官僚家庭的妇女进宫服役的地方。

（2）大明宫，位于长安城东北部的龙首原上，原为李世民在即位后为其父李渊修建的避暑行宫，自唐高宗后成为唐帝王主要的施政场所。

（3）兴庆宫，位于长安外郭春明门内，是唐玄宗做藩王时期的府邸，在其即位后扩建为皇宫。兴庆宫是开元、天宝时代中国的政治中心，今遗址建有西安兴庆公园。

123. 中国古代殿顶的装饰有什么讲究？

答：中国古代殿顶常用各种各样的动物作为装饰性建筑构件，统称为"吻兽"或"瑞兽"，古人以其数量和大小代表殿宇的等级高低。吻兽一般以单数排列，最高级别是九个，故宫太和殿破例有十个。宫殿正脊两端的吻兽叫"鸱吻"，寓意避火灭灾。四条屋脊上首先放置的是骑凤仙人。其后的动物依次是龙、凤，象征和谐祥瑞；狮子，象征勇猛；海马或天马，象征吉祥；狎鱼，代表灭火；狻猊，象征刚勇；獬豸，象征正义；斗牛，可以灭火；行什，长着翅膀的猴子。

124. 北京现存的王府有哪些？

答：北京现存的王府都是清代王府，明代北京王府只留有"王府井"之名。

（1）前海西街的恭王府是北京现存最完整的清代王府，其前身为乾隆时大学士和珅的府第。

（2）朝阳门内路北的孚王府俗称"九爷府"，原为康熙十三子怡亲王允祥的府第，后为道光第九子孚郡王奕𫍽所有。

（3）醇亲王南府位于西城区太平湖东里，光绪皇帝生于此府。

（4）摄政王府位于中南海西北角，北西两面临墙，现仅存正门和正殿。

125. "明十三陵"具体指哪些陵墓？

答：明十三陵是明朝迁都北京后包括13位皇帝陵墓在内的皇家陵寝的总称，依次建有明成祖长陵、明仁宗献陵、明宣宗景陵、明英宗裕陵、明宪宗茂陵、明孝宗泰陵、明武宗康陵、明世宗永陵、明穆宗昭陵、明神宗定陵、明光宗庆陵、明熹宗德陵、明毅宗思陵。

126. 明长城有哪几道防线？

答：明长城有三道防线，第一道从山海关到嘉峪关。第二道是"外三关"，从山西地界的偏关，经雁门关、平型关，再向东北到居庸关，后与第一道防线相接，第三道是"内三关"，从居庸关经紫荆关、倒马关，止于井陉县境。

127. 中国古代有哪些著名的水利工程？

答：
（1）蜀郡太守李冰主持兴建的都江堰。
（2）韩国水工郑国修建的郑国渠。
（3）秦将史禄开凿的灵渠。
（4）隋炀帝时开凿的京杭大运河，是世界上开凿最早、规模最大、里程最长的内陆运河。

128. 中国的历史名桥有哪些？

答：
（1）西安东郊的灞桥，建于春秋时代的秦穆公时期，现存的桥是隋代改建并经历代重修的，有"年年柳色，灞陵伤别"的说法。
（2）河北省赵县的赵州桥，本名安济桥，隋代石匠李春建造，是全世界最早的敞肩拱桥。
（3）北京的卢沟桥，始建于金大定二十九年（1189），至今已有八百多年的历史，是经《马可·波罗游记》介绍到西方的第一座中国石拱桥。
（4）江苏省苏州市的宝带桥，始建于唐元和十四年（819），是我国古代最长的石拱桥。
（5）福建省晋江市的安子桥，建于南宋绍兴八年（1138），俗称"五里桥"，是我国现存最长的古桥，桥上有对联"世间有佛宗斯佛，天下无桥长此桥"。
（6）福建省泉州市的洛阳桥，是宋代书法家蔡襄任泉州太守时建造。

129. 中国"四大名刹"指哪几座寺庙？

答："四大名刹"指山东长清灵岩寺、浙江天台国清寺、湖北江陵玉泉寺和江苏南京栖霞寺。

130. 中国古代塔的造型有哪些种类？

答：
（1）楼阁式：多层木构架建筑，塔内有楼梯，层与层之间距离较大，是我国古塔建筑的主流，著名的有苏州虎丘塔、应县木塔、杭州六和塔、开封铁塔、银川海宝塔。
（2）密檐式：砖石构造，塔檐很密，塔内实心不设楼梯，无法登临，北方地区较多，如辽阳白塔、北京天和寺塔、北京慈寿寺塔。
（3）喇嘛塔：塔面为白色，多分布于蒙藏地区，构造接近于印度的窣堵婆，著名的有北京妙应寺白塔、北海白塔，扬州瘦西湖白塔。
（4）花塔：因塔身上半部分呈莲瓣形，远看如花朵而得名，著名的有河北正定县广惠寺花塔、北京房山区万佛堂花塔。
（5）金刚宝座塔：在方形高台上建起的五座小塔，数量极少，现存于北京五塔寺、碧云寺、黄寺和内蒙古呼和浩特五塔寺。

131. 中国园林可以如何分类？

答：中国园林可分为四类，分别是皇家园林、私宅园林、寺庙园林和公共园林。皇家园林或称帝王园林，主要在北方；私宅园林主要在南方；寺庙园林所剩无几；公共园林则多分布于山水胜地。

132. 中国"四大名园"具体指什么？

答："四大名园"包括北京颐和园、河北承德避暑山庄、江苏苏州拙政园和江苏苏州留园。

133. 中国"江南三大名楼"具体指什么？

答："江南三大名楼"包括湖北省武汉市黄鹤楼、湖南省岳阳市岳阳楼和江西省南昌市滕王阁，分别建于长江、洞庭湖和赣江之岸。

134. 徽派民居建筑有哪些特点？

答：徽派民居主要分布于安徽省南部的歙县、绩溪、屯溪、黟县等地。多以砖、木、石为原料，以木构架为主，梁架用料硕大，非常注重装饰。民居的基本格局是以三开间或五开间的二层小楼为正房，一侧或两侧配有厢房，中间形成一个狭小的天井，用以采光。外围高墙封闭，马头翘角者谓之"武"，方正者谓之"文"，墙线错落有致，黑瓦白墙，典雅大方。在面对天井的楼上常设置栏板和带有扶手的座椅，俗称"美人靠"，供宅主和家眷观赏风景。目前在黟县西递村仍保存古宅三百多座，享有"古民居博物馆"之誉。

科 技

135. "七曜"具体指什么？

答："七曜"指日、月和金、木、水、火、土五星。

136. "干支纪日法"具体指什么？

答：干支纪日法从殷商中叶一直沿用到公元1911年，是世界上使用时间最长的纪日方法，相关记载最早出现在殷墟甲骨文中。"干支"就是干枝，即以天为干，以地为枝，这也体现了天地阴阳的观念。"天干"十个：甲、乙、丙、丁、戊、己、庚、辛、壬、癸。"地支"十二个：子、丑、寅、卯、辰、巳、午、未、申、酉、戌、亥。天干和地支依次组合为六十个单位，其组合方法是天干的单数配地支的单数，天干的双数配地支的双数，从甲子始，至癸亥止，称为"六十甲子"，每个单位代表一天。六十甲子周而复始，循环不断。

137. "二十四节气"的具体内容指什么？

答：二十四节气是古人根据地球在太阳公转轨道上二十四个不同位置确定的名称，以此代表区域气温、物候、雨量的变化，依次为：立春、雨水、惊蛰、春分、清明、谷雨、立夏、小满、芒种、夏至、小暑、大暑、立秋、处暑、白露、秋分、寒露、霜降、立冬、小雪、大雪、冬至、小寒、大寒。

138. 古代中国人在数学上有哪些成就？

答：

（1）南北朝时，数学家祖冲之进一步把圆周率精确到3.1415926和3.1415927之间，比荷兰人安托尼兹求得此值的时间要早一千多年。

（2）北宋的贾宪在《黄帝九章算经细草》一书中，提出指数为正整数的二项式定理系数表，史称"贾宪三角"，可以求出任意高次方程的数解值，这比欧洲阿皮纳斯的系数表要早四百年。

（3）宋代数学家秦九韶在《数学九章》中，提出了"大衍求一术"和"正负开方术"，前者即现代常用的"一次同余式解法"，后者为"高次方程的求正根法"。

139. 中国古代医学著作有哪些？

答：

（1）成书于春秋战国时期的《黄帝内经》，以道家思想为基础建立中医学上的"阴阳五行""脉象""诊法""运气"等学说，全面奠定了中医理论的基础。

(2) 汉代张仲景著有《伤寒杂病论》，总结和创制了两百多种处方，治疗效果显著，被后人尊为"医圣"。

(3) 汉末成书的《神农本草经》，收载药物达三百六十余种，大大推动了后世中药学的发展。

(4) 晋代的王叔和编写《脉经》一书，详细描述了脉象所反映的各种病症。

(5) 晋代葛洪编撰的《肘后备急方》，搜集了大量治疗有效的处方。

(6) 隋代巢元方等人编写的《诸病源候论》，专门描述病情，分析病理，对诸多病症确定了病名。

(7) 唐代名医孙思邈，先后编成《千金要方》和《千金翼方》，共记载了六千多种处方，被称为中医百科全书式的巨著。

(8) 唐显庆二年（657），唐朝政府组织人员在南北朝医学家陶弘景补充的基础上，将《神农百草经》扩编为《新修本草》，是我国第一部国家药典，也是世界上最早的国家药典。

(9) 明代李时珍编著《本草纲目》，采用"目随纲举"的体例编写，介绍了诸多本草要籍与药性理论。

140. 古代医学中的"四诊八纲"是什么意思？

答：中医诊治强调"四诊""八纲"，"四诊"指"望（望色）、闻（闻味）、问（问情）、切（切脉）"；"八纲"为"阴、阳、表、里、寒、热、虚、实"。

141. 中医理论中的"金元四大家"是谁？

答：宋元以后，对中医理论的探讨日趋活跃，在学术上形成了许多流派，主要有"金元四大家"，分别是主张用药首应泻火清热的刘河间，被称为"泻火派"；主张脾胃为本，治法使用补气升阳的李东垣，被称为"补土派"；主张攻邪去病，反对滥用补药的张子河，被称为"攻邪派"；取三家之长，主张泻火养阴的朱丹溪，被称为"养阴派"。

142. 中国古代的"药王"是谁？他有哪些卓越的贡献？

答："药王"指的是唐代著名医药学家孙思邈。孙思邈一生致力于医药研究，他认为"人命至重，有贵千金"，著书《千金要方》，以"大医习业""大医精诚"为题，首论医德。《千金要方》是中国历史上第一部临床医学百科全书，被推崇为"人类之至宝"。永隆元年（680）孙思邈撰成《千金翼方》，作为《千金要方》的续编，首创"复方"，提出"防重于治"的医疗思想。

143. 《本草纲目》出版于何时？外传于何时？

答：《本草纲目》为明朝医药学家李时珍所著，历时29年编成。南京私人刻书家胡承龙在李时珍死后的第三年（1596）将《本草纲目》出版于世。1603年，《本草纲目》在江西翻刻，从此在国内得到广泛的传播。1606年《本草纲目》首先传入日本，1647年波兰人将《本草纲目》译成拉丁文流传欧洲，后来又先后译成日、朝、法、德、英、俄等文字。英国生物学家达尔文称《本草纲目》为"1596年的百科全书"。

144. 中国古代农学著作有哪些？

答：
（1）西汉氾胜之所著《氾胜之书》，是我国现存最早的农学专著，记载黄河中游地区耕作原则、作物栽培技术和种子选育等农业生产知识，反映了汉时劳动人民的生活。
（2）北魏贾思勰所著《齐民要术》，系统地总结了六世纪以前黄河中下游地区劳动人民的农牧业生产经验，详细介绍了季节、气候、土壤与农作物的关系，被誉为"中国古代农业百科全书"。
（3）南宋陈旉所著的《农书》，是我国有史以来第一部总结南方农业生产经验的农书，提出"地力常新壮"和"用粪如用药"，主张合理施肥。
（4）元代王祯所著《农书》，总结元代农业生产经验，是一部从全国范围内对整个农业进行系统研究的巨著。
（5）明代徐光启所著《农政全书》，成书于明朝万历年间，在全面介绍明代农业生产和人民生活的同时，贯穿徐光启治国治民的"农政"思想。

145. 中国"十大名茶"具体指什么？

答：中国"十大名茶"包括浙江杭州的西湖龙井、江苏苏州太湖洞庭山的碧螺春、河南信阳的信阳毛尖、湖南岳阳君山的君山银针、安徽六安的六安瓜片、安徽黄山的黄山毛峰、安徽祁门县的祁门红茶、贵州都匀市的都匀毛尖、福建安溪县的铁观音、福建武夷山市的武夷岩茶。

146. 《茶经》的具体内容是什么？

答：唐代陆羽的《茶经》是我国最早的一部茶叶专著，它总结了唐代以前种茶饮茶的经验，也记述了作者的切身体验。《茶经》从茶之源、茶之具、茶之造、茶之器、茶之煮、茶之饮、茶之事、茶之出、茶之略、茶之图等十个方面，论述了饮茶的历史发展。陆羽《茶经》之旨在于"品"，即注重茶的意趣而不注重它的功用，这也是中国茶文化的灵魂所在。《茶经》的出现标志着饮茶的进步与转变。

147. 中国人是如何发明指南针的？

答：早在春秋战国时期，中国人已发现了天然磁石吸铁的性能和指示南北的现象，在《管子·地数篇》中有记载，人们利用天然磁石的特性制成了最初的指南针，即"司南"。司南发展到宋代即为"指南针"和"指南鱼"。北宋《萍州可谈》记载："舟师（掌舵者）识地理，夜则观星，昼则观日，阴晦观指南针。"说明当时指南针已应用于海上航行。

148. 中国人是如何发明火药的？

答：火药的发明是古代炼丹术长期实践的结果。最迟在唐代，火药已被发现并利用。孙思邈在《诸家神品丹法》中记载的"丹经内伏硫黄法"，就是制造火药的方法。公元11世纪，宋人已制成火箭、火球、火蒺藜三种火药武器。宋末，宋军抗击金兵时，已在战争中使用"霹雳炮"。

149. 中国人是如何发明造纸术的？

答：西汉时我国已出现麻纸，因为纸质粗糙，仅用于包装。东汉时蔡伦将树皮、麻头、破布等多种植物纤维加入造纸原料，大大提高了纸的质量，史称"蔡伦纸"。南北朝时造纸技术继续改进，出现色纸。公元三到四世纪，纸基本取代帛、简，成为我国最重要的书写材料。隋唐以后，造纸业进入全盛时期，造纸原料更加丰富，纸的种类日益增多，出现宣纸、蜀纸、苏纸和歙纸。

150. 中国人是如何发明印刷术的？

答：隋代初年，民间已开始用雕版印刷佛像和历书，唐代时雕版印刷技术走向成熟，在敦煌千佛洞发现的唐咸通九年（868）印刷的《金刚经》图文清晰，是目前已知世界上最早的印刷品。雕版印刷到宋代达全盛，众多经、史、子、集类书籍竞相出版。平民发明家毕昇在宋庆历年间制成了胶泥活字，实行排版印刷，完成了印刷史上的一次伟大革命。直到20世纪电子排版系统出现以前，人类一直使用毕昇发明的活字印刷技术。

151. 《天工开物》的主要内容是什么？

答：《天工开物》是世界上第一部关于农业和手工业生产的综合性著作，作者是明朝科学家宋应星。外国学者称它为"中国17世纪的工艺百科全书"。全书分为上中下三篇18卷，附有123幅插图，描绘了130多项生产技术和工具的名称、形状、工序。

152. 宋代"五大名窑"具体指什么？

答：宋代是中国瓷器发展的黄金阶段，出现了"定、汝、官、哥、钧"五大名窑。

（1）定窑，今河北曲阳县，以生产白瓷著称，兼烧黑釉、酱釉，史称"黑定""紫定"。

（2）汝窑，今河南宝丰县，北宋朝廷钦定的宫廷用瓷产地，胎为灰白色，称为"香灰胎"。

（3）官窑，专门烧制宫廷用瓷，所烧青瓷出类拔萃。明清时代，"官窑"特指景德镇为宫廷生产瓷器。

（4）哥窑，主要烧制炉、瓶、碗、盘等，质地优良，全部采用宫廷用瓷样式，釉色以灰青为主。

（5）钧窑，今河南禹州市，瓷器色彩艳丽，北宋时被定为御用珍品，享有"黄金有价钧无价"的美誉。

节庆礼俗

153. 春节有哪些传统习俗？

答：春节又称年节，古称元日、元旦、三元等，是我国最大、最隆重的传统节日。年节风俗活动主要有：

（1）洁祀祖祢，包括拜天地、祭祖宗及家人亲友间的拜年活动，主要表达人们对天地养育之恩的谢意，对祖先的怀念和尊敬，对乡亲邻里的祝贺。

（2）进酒降神，如放爆竹、贴春联、喝椒柏酒、跳灶神之类。放爆竹最早出现在汉代，南北朝时已成风俗。初时只是火烧竹子，后用火药装入竹筒，宋代以后鞭炮更为常见。春联最初是桃符，上画神荼、郁垒二神以驱鬼，五代以后演变为春联。喝椒柏酒据说可以消灾祛病，健康长寿。

154. 元宵节有哪些传统习俗？

答：元宵节在正月十五，又叫灯节，或上元节。汉武帝曾于正月上辛在甘泉宫祭祀太一神，从昏祭到明，史家认为这是灯节的源头。佛教传入中国以后，汉明帝为了弘扬佛法，下令正月十五日夜在宫廷寺院燃灯礼佛。自此，元宵放灯的习俗逐渐传到民间，家家户户挂花灯、放烟火，到唐代发展成为盛况空前的灯市，燃灯万盏，灯火辉煌。宋代，民间开始流行吃"浮元子"，即"元宵"，以芝麻、豆沙、黄桂、枣泥等为馅，有团圆美满之意。

155. "三月三"有哪些传统习俗？

答："三月三"古称"上巳节"，是古时用来纪念黄帝的节日。传统的上巳节在农历三月的第一个巳日。这一天，男女老少都到郊外水边嬉戏，以消灾解难，古时名为"祓除畔浴"。《论语》中"莫春者，春服既成，冠者五六人，童子六七人，浴乎沂，风乎舞雩，咏而归"就是描写这样的情形。上巳节还流行"流杯曲水"或"曲水流觞"的活动，即在祓禊仪式之后，人们坐在河渠两旁，在上游放置酒杯，酒杯随水流动，停在谁面前，谁就取杯饮酒，以此寓意消除灾祸。

156. 清明节有哪些传统习俗？

答：古有寒食、清明二节，后合二为一，一般在农历三月上旬，公历4月5日前后。相传为纪念被焚死绵山的忠臣介之推，人们禁火吃寒食并前往绵山祭祀，逐渐形成寒食节。此后，上坟祭祀与人们扫墓祭祖的风俗结合，成为清明节的主要风俗活动。清明除扫墓以外，人们还喜欢到郊外踏青。明清时，人们踏青还折柳佩戴以祈求免除毒害。清明节荡秋千的习俗最早出现在汉代，唐玄宗将嫔妃、宫女们清明节时的秋千嬉戏称为"半仙之戏"。

157. 端午节有哪些传统习俗？

答：每年农历五月初五是端午节，又称端阳节。相传人们感念屈原的高洁，在其投江时争相划船抢救，后逐渐演变为"龙舟竞渡"的风俗。为了保护屈原的尸体不受损害，人们用箬叶包了米喂鱼，后演变为包粽子的风俗。两汉时，端午风俗主要是辟恶，民间用青、赤、黄、白、黑五色彩线合成细缕，系在手臂上，称为"长命缕"或"续命缕"。到宋代，端午节融入道教影响，做天师泥像挂门户之上以驱邪。明代盛行用雄黄画额，涂耳鼻，并在节前打扫屋子，洒雄黄水，在门上插艾叶以避瘟。

158. 七夕节有哪些习俗？

答："七夕"源于牛郎织女的传说，妇女们常在这一天晚上趁牛郎织女鹊桥相会的时候，向他们乞求智慧和技巧。南北朝时，妇女们在七月初七用五彩线在月下比赛穿针，穿得快者为巧，因此又称"乞巧节"。唐代以后，因唐玄宗和杨贵妃的爱情故事跟七夕有关，这一天亦成为男女幽会盟誓的日子。

159. 中秋节有哪些习俗？

答：农历八月十五是中秋节，中秋节源于战国末期的神话故事"嫦娥奔月"，人们在这一天祭月以盼嫦娥回来。中秋节也是庆贺丰收的农事节日，人们对月祭天，表达人们"花好月圆、人寿年丰"的美好愿望。后来在祭月的同时也产生了赏月的风俗，赏月时要吃月饼，明代时月饼做得很大，凡是出嫁的女子都要在中秋节待在婆家，与丈夫公婆一块吃月饼。清代时，北京中秋节最有特色的风俗是到处卖"兔儿爷"，这与玉兔捣药的传说很有关联。

160. 重阳节有哪些习俗？

答：农历九月初九是重阳节，古人以九为阳数的代表，二九相遇即是"重阳"。重阳登高活动有避凶驱恶之意，最迟产生于东汉，魏晋南北朝之际已经流行开来。人们往往由登高而赏景赏菊，由赏景而赋诗，又饮酒以助诗兴。王维曾作诗《九月九日忆山东兄弟》："独在异乡为异客，每逢佳节倍思亲。遥知兄弟登高处，遍插茱萸少一人。"说的就是重阳节。

161. 腊八节有哪些习俗？

答：农历十二月初八是腊八节，这是受佛教影响而形成的节日，佛教称之为"成道节"。中国佛教徒在这一天用米和果子煮粥供佛，得名"腊八粥"。后来在腊八节喝腊八粥的习俗传入民间，宗教色彩消失。

162. 中国传统文化中，不同的颜色分别有什么含义？

答：在传统文化中，中国人崇拜红色，厌恶白色。红色象征富贵、吉祥、喜庆。白色是民族文化中的基本禁忌色，象征死亡、凶兆、悲凉。黄色是封建帝王专用色，在民俗活动中极少出现。紫色是祥瑞的象征，被封建帝王和道教采用。黑色的象征意义比较复杂，一方面它由古代吉色转化为象征忠厚、正直的颜色；一方面它又由本身的黑暗无光给人以腐朽、险毒与恐怖的感觉。桃色（桃红色）象征女性。

163. "六礼"具体指什么？

答：周代即规定嫁娶时须行"六礼"，分别为纳采、问名、纳吉、纳征、请期、亲迎。
（1）"纳采"是男方聘媒到女方说亲，并向女方送礼。
（2）"问名"是男方派人送信给女方，请求回复对方的名字及出生年月。
（3）"纳吉"是问名之后将男女双方的生辰八字拿给巫师卜卦。
（4）"纳征"是经占卜可以成婚，男方给女方正式下聘礼，女方接受，婚事即定。
（5）"请期"是请巫师选吉日，双方议定嫁娶的日子。
（6）"亲迎"新郎在成亲之日亲自到女家迎娶，回到男家后举行结婚仪式，要一拜天地二拜高堂，夫妻对拜，然后饮合卺酒（或交杯酒），再进行结髻的仪式，即夫妻并座，将二人一缕头发束在一起。

典故与名句

164. "秦晋之好"来源于什么历史典故？

答：春秋时，秦晋两国曾多次通婚。晋献公曾将女儿嫁给秦穆公，后来晋献公妃子骊姬作乱，迫害献公之子申生、重耳。重耳流亡在外十九年，流亡到秦国时，秦穆公将自己的女儿文嬴以及同宗四女都嫁给了重耳。公元前636年，穆公帮助重耳回国夺取政权，成就了霸业。后用"秦晋之好"代称两姓联婚。

165. "问鼎中原"来源于什么历史典故？

答：根据《左传》记载，春秋时期，楚庄王曾率兵北伐至洛水，向周王朝炫耀武力，周定王派王孙满前去犒劳楚军。楚庄王想取周而代之，就借朝拜天子的名义问九鼎的大小轻重。王孙满回答说："统治天下在德不在鼎。如果天子有德，鼎虽小却重得难以转移。如果天子无德，鼎虽大却是轻而易动。周朝的国运还未完，鼎的轻重是不可以问的。"楚庄王无话可说。自此，人们就将企图夺取政权称为"问鼎"。

166. "有恃无恐"来源于什么历史典故？

答：语出《左传·僖公二十六年》："齐侯曰：'室如县罄，野无青草，何恃而不恐？'对曰：'恃先王之命'。"春秋时，齐孝公想攻打鲁国。鲁僖公得知消息，派展喜带着礼品去犒劳齐军。齐孝公傲慢地说："你们鲁国人感到害怕了吗？"展喜回答："当初齐鲁两国的祖先曾立下盟誓，告诫后人要世代友好，大王您怎么会废弃盟约，进攻鲁国呢？我们一点儿也不害怕。"齐孝公听了就打消了讨伐的念头。

167. "悬梁刺股"讲的是谁的典故？

答："悬梁刺股"说的是战国时的辩士苏秦和汉代的孙敬。苏秦游说秦王失败，回洛阳后遭到冷遇，家人甚至都不跟他说话，遂发愤苦读，每读书欲睡，引锥自刺其股（大腿），终以合纵之说，佩六国相印。汉代孙敬极好读书，每当夜间倦极欲睡时，就用绳索系发，悬于屋梁之上，瞌睡低头时就会被拉醒，年复一年地刻苦学习，使孙敬成为一名博学多才、通晓古今的大学问家。后人以"悬梁刺股"喻刻苦自学。

168. "羊左之交"来源于什么历史典故？

答：战国时，燕国的羊角哀和左伯桃是一对好朋友，他们相约去楚国求官。途中遇大雪，缺少衣食，两人可能都会冻饿而死。左伯桃认为自己的学问赶不上羊角哀，就把衣服和粮食都送给他，让他赶快上路前行，自己钻进一个树洞中死去了。羊角哀到楚国后受到楚王重用，后来他找到左伯桃死的地方，取出尸体，予以厚葬，并说道："我的朋友之所以去死，是担心我们二人都死了，天下就无人知晓我们的名声了，现在我还活着干什么呢？"于是，羊角哀也自杀了，后以此语喻生死之交。

169. "才高八斗"讲的是谁的典故？

答："才高八斗"说的是建安文学代表人物曹植。东晋名士谢灵运在评价自己时说："天下的文学才能假如总数为一石（十斗），那么曹植一人独占八斗，我得一斗，天下人共分一斗。"后遂以"才高八斗"比喻人富于文才，极有才华。

170. "鸟尽弓藏，兔死狗烹"讲的是谁的典故？

答：语出《史记·越王勾践世家》，说的是越王勾践。春秋时，越王勾践在范蠡、文种两位大臣的帮助下，灭了吴国，一雪前耻。范蠡却在勾践称霸中原之后逃离了越国，他写信告诉文种："鸟打完了，好弓就要被收藏起来。猎人捉到兔子，猎狗还有什么用呢？越王的为人可以共患难，不能共享乐，你还是早点儿离开吧。"后此语用来比喻事情成功以后，把曾经出过大力的人杀掉。

171. "洛阳纸贵"讲的是谁的典故？

答："洛阳纸贵"说的是西晋作家左思。左思以十年时间写成《三都赋》，开始时并不为时人赏识。后来左思拜见当时的名士皇甫谧，皇甫谧阅后大为称赏，亲自为之作序，张载、刘逵也为《三都赋》作注，左思因此声名大振。他的《三都赋》也为豪门富家争相传抄，京都洛阳一时为之纸贵。后人以"洛阳纸贵"形容文章的广泛传播或被人推崇。

172. "士别三日，刮目相待"来源于什么历史典故？

答：三国时东吴的吕蒙，原本是一个不务正业不肯用功的人，鲁肃见了他，觉得没什么可取之处。后来吕蒙经孙权劝学后，渐有学识。鲁肃再遇见他时，发现他才思敏捷，与之前完全不同。鲁肃惊异道："卿今昔才略，非复吴下阿蒙。"意指他短时间内通过努力，进步很快。

173. "草木皆兵"来源于什么历史典故？

答：此语出自《晋书·苻坚载记》。东晋时，秦王苻坚亲自率领大军攻打晋国。晋国派大将谢石、谢玄领八万兵马迎战。苻坚根本没把力量悬殊的晋军看在眼里，可是，谁料到先锋部队同晋军首战便被打败，损失惨重。苻坚慌了手脚，他和弟弟苻融趁夜去前线视察。他看到晋军阵容严整，士气高昂，连晋军驻扎的八公山上的草木，也看成了满山遍野的士兵。苻坚回头对苻融说："这是强劲的敌人啊，怎么能说晋军少呢？"后以此成语形容人因极度疑惧和惶恐而易产生幻觉。

174. "破镜重圆"来源于什么历史典故？

答：南朝陈太子舍人徐德言与妻子乐昌公主感情甚笃。时值天下大乱，国亡无日，二人恐夫妻失散，于是破镜为二，夫妻各执一半，相约于他年正月十五卖镜以谋晤合。后陈为隋所灭，乐昌公主被隋朝越国公杨素所获。徐德言流离至京城，遇一老妇在街头叫卖破镜，那半个镜子与自己的镜子半边契合，于是悲从中来，题诗道："镜与人俱去，镜归人不归。"乐昌公主见诗，悲泣不食。杨素知情后也大为感动，最终同意让他们夫妇团聚。后人以"破镜重圆"喻夫妻离散后重新团圆。

175. "咏絮才高"讲的是谁的典故？

答：东晋政治家谢安在雪天合家聚谈，窗外的雪越下越大，谢安兴致勃发，就指着外面的飞雪问："白雪纷纷何所似？"谢安的侄子谢朗随口说："撒盐空中差可拟。"侄女谢道韫接着道："未若柳絮因风起。"谢安听后大加赞赏，夸奖侄女才思不凡。谢道韫是东晋有名的才女，后世人们称赞女子富有诗才为"咏絮才高"。苏轼在《谢人见和前篇二首》中写道"渔蓑句好应须画，柳絮才高不道盐"，即用此典。

176. "信口雌黄"讲的是谁的典故？

答：语出《晋书·王衍传》，说的是晋人王衍。王衍喜欢谈玄，常把自己比作子贡（孔子有名的能言善辩的弟子）。他在侃侃而谈时常前后不一或自相矛盾，别人指出时，他也不在乎，往往不假思索地随口更改。人们因此说他"义理有所不安，随即改更，世号'口中雌黄'"。古时书写用黄纸，错了即用雄黄涂抹重写。后用"信口雌黄"来形容不顾事实地随口乱讲，妄发评论。

177. "请君入瓮"来源于什么历史典故？

答：语出北宋司马光《资治通鉴·唐纪·则天皇后天授二年》，唐朝女皇武则天任用酷吏，其中最为狠毒的是周兴和来俊臣。一日，有人告密文昌右丞周兴与人串通谋反，武则天命来俊臣审理此案。来俊臣请周兴到家里做客，并问周兴说："若再三审问囚犯都不认罪，有什么办法使他们招供呢？"周兴说："这很容易！拿一个大坛子，用炭火在周围烧，让囚犯进入瓮里去，什么罪他敢不认？"于是来俊臣当即按照周兴的办法用炭在一个大坛子周围烧，对周兴说："有人告你谋反，请自己钻进这个大坛子里吧！"周兴非常惊慌，立刻磕头承认罪行。

178. "奉旨填词"讲的是谁的典故？

答："奉旨填词"说的是宋词人柳永。柳永原名柳三变，擅作慢词长调，因一直考不取功名，曾作"忍把浮名，换了浅斟低唱"解嘲。在景祐年间，柳永终于考中进士，宋仁宗却认为他不适合做官，说："此人好去浅斟低唱，何要浮名，且填词去。"柳永自此沉溺于花街柳巷，放浪形骸，逢人即自称"奉旨填词柳三变"。后人以"奉旨填词"喻自我嘲讽，将错就错。

179. "沆瀣一气"讲的是谁的典故？

答："沆瀣一气"说的是唐人崔沆和崔瀣。崔沆主持乾符二年(875)进士科考试，榜中有录取考生名为崔瀣。在同期录取的考生中，崔瀣最为崔沆相知。当时人就有"座主门生，沆瀣一气"之谣。后人因此称气味相投为"沆瀣一气"，今多用于贬义。

180. "梅妻鹤子"来源于什么历史典故？

答：北宋处士林逋清高自适，隐居杭州孤山，不曾娶妻而植梅放鹤，人称"梅妻鹤子"。后世用此比喻隐逸生活和恬然自适的清高情态。

181. "力透纸背"讲的是谁的典故？

答："力透纸背"说的是唐代书法家张旭。颜真卿在《张长史十二意笔法记》中称赞张旭的书法："当其用锋，常欲使其透过纸背，此成功之极矣。"自此，世人以"力透纸背"形容书法遒劲有力。"力透纸背"也可以用来形容诗文立意深刻，造语精警，如清赵翼评陆游诗："意在笔先，力透纸背。"

182. "胸有成竹"来源于什么历史典故？

答：语出苏轼的《文与可画筼筜谷偃竹记》。宋朝画家文同平时喜爱画竹子，经常去竹林里观察竹子的各种形态，即使不看竹子，也可把竹叶和枝干细致地描绘出来，而且十分逼真，所以苏东坡借此说"故画竹，必先得成竹于胸中"，即心里先存有竹子的完整形象。后比喻处理事情之前，已有完备的计划和打算。

183. "怀璧其罪"来源于什么历史典故？

答：语出《左传·桓公十年》。春秋时，虞叔有一块宝玉，虞公向他索取，他先是拒绝了，随后却又后悔道："周时有句谚语：'匹夫无罪，怀璧其罪。'我要这宝玉干什么，徒然惹祸上身罢了。"于是就将宝玉献给了虞公。后以"怀璧其罪"比喻人因为有才能而招人嫉恨。

184. 《论语》中有什么名句？

答：
（1）不患人之不己知，患不知人也。（《论语·学而》）
（2）吾十有五而志于学，三十而立，四十而不惑，五十而知天命，六十而耳顺，七十而从心所欲，不逾矩。（《论语·为政》）
（3）学而不思则罔，思而不学则殆。（《论语·为政》）
（4）知之为知之，不知为不知，是知也。（《论语·为政》）
（5）人而无信，不知其可也。（《论语·为政》）
（6）质胜文则野，文胜质则史。文质彬彬，然后君子。（《论语·雍也》）
（7）知之者不如好之者，好之者不如乐之者。（《论语·雍也》）
（8）士不可以不弘毅，任重而道远。（《论语·泰伯》）
（9）毋意，毋必，毋固，毋我。（《论语·子罕》）
（10）工欲善其事，必先利其器。（《论语·卫灵公》）

185. 《孟子》中有什么名句？

答：
（1）老吾老，以及人之老；幼吾幼，以及人之幼。（《孟子·梁惠王上》）
（2）我知言，我善养吾浩然之气。（《孟子·公孙丑上》）
（3）天时不如地利，地利不如人和。（《孟子·公孙丑下》）
（4）得道者多助，失道者寡助。寡助之至，亲戚畔之；多助之至，天下顺之。（《孟子·公孙丑下》）
（5）穷则独善其身，达则兼善天下。（《孟子·尽心上》）
（6）不以规矩，不能成方圆。（《孟子·离娄上》）
（7）大人者，不失其赤子之心者也。（《孟子·离娄下》）
（8）民为贵，社稷次之，君为轻。（《孟子·尽心下》）
（9）出乎尔者，反乎尔者也。（《孟子·梁惠王下》）
（10）尽信书，则不如无书。（《孟子·尽心下》）

186. 《老子》中有什么名句？

答：
（1）合抱之木生于毫末，九层之台起于累土，千里之行始于足下。
（2）上善若水。水善利万物而不争，处众人之所恶，故几于道。
（3）人法地，地法天，天法道，道法自然。
（4）天下皆知美之为美，斯恶已；皆知善之为善，斯不善已。
（5）天地不仁，以万物为刍狗；圣人不仁，以百姓为刍狗。

（6）圣人无常心，以百姓心为心。
（7）天网恢恢，疏而不失。
（8）挫其锐，解其纷，和其光，同其尘。
（9）祸兮福之所倚，福兮祸之所伏。孰知其极？其无正也。
（10）治大国，若烹小鲜。

187. 《庄子》中有什么名句？

答：
（1）大知闲闲，小知间间。大言炎炎，小言詹詹。（《庄子·齐物论》）
（2）吾生也有涯，而知也无涯。以有涯随无涯，殆已！已而为知者，殆而已矣！（《庄子·养生主》）
（3）以无厚入有间，恢恢乎其于游刃必有余地矣。（《庄子·养生主》）
（4）不知周之梦为胡蝶与？胡蝶之梦为周与？（《庄子·齐物论》）
（5）君子之交淡若水，小人之交甘若醴。（《庄子·山木》）
（6）人生天地之间，若白驹之过隙，忽然而已。（《庄子·知北游》）
（7）至人无己，神人无功，圣人无名。（《庄子·逍遥游》）
（8）彼窃钩者诛，窃国者为诸侯。（《庄子·胠箧》）
（9）孝子不谀其亲，忠臣不谄其君，臣子之盛也。（《庄子·天地》）
（10）夫哀莫大于心死，而人死亦次之。（《庄子·田子方》）

188. 陶渊明有什么名句？

答：
（1）奇文共欣赏，疑义相与析。（《移居二首·其一》）
（2）采菊东篱下，悠然见南山。（《饮酒·其五》）
（3）山气日夕佳，飞鸟相与还。（《饮酒·其五》）
（4）羁鸟恋旧林，池鱼思故渊。（《归园田居·其一》）
（5）久在樊笼里，复得返自然。（《归园田居·其一》）
（6）晨兴理荒秽，带月荷锄归。（《归园田居·其三》）
（7）刑天舞干戚，猛志固常在。（《读山海经·其十》）
（8）盛年不重来，一日难再晨。（《杂诗》）
（9）不戚戚于贫贱，不汲汲于富贵。（《五柳先生传》）
（10）木欣欣以向荣，泉涓涓而始流。（《归去来兮辞》）

189. 李白有什么名句？

答：

（1）抽刀断水水更流，举杯消愁愁更愁。（《宣州谢朓楼饯别校书叔云》）

（2）燕山雪花大如席，片片吹落轩辕台。（《北风行》）

（3）仰天大笑出门去，我辈岂是蓬蒿人。（《南陵别儿童入京》）

（4）总为浮云能蔽日，长安不见使人愁。（《登金陵凤凰台》）

（5）浮云游子意，落日故人情。（《送友人》）

（6）山随平野尽，江入大荒流。（《渡荆门送别》）

（7）我寄愁心与明月，随君直到夜郎西。（《闻王昌龄左迁龙标遥有此寄》）

（8）宫女如花满春殿，只今惟有鹧鸪飞。（《越中览古》）

（9）今人不见古时月，今月曾经照古人。（《把酒问月》）

（10）安能摧眉折腰事权贵，使我不得开心颜。（《梦游天姥吟留别》）

190. 杜甫有什么名句？

答：

（1）纨绔不饿死，儒冠多误身。（《奉赠韦左丞丈二十二韵》）

（2）读书破万卷，下笔如有神。（《奉赠韦左丞丈二十二韵》）

（3）清新庾开府，俊逸鲍参军。（《春日忆李白》）

（4）挽弓当挽强，用箭当用长。射人先射马，擒贼先擒王。（《前出塞》）

（5）正是江南好风景，落花时节又逢君。（《江南逢李龟年》）

（6）丹青不知老将至，富贵于我如浮云。（《丹青引赠曹将军霸》）

（7）出师未捷身先死，长使英雄泪满巾。（《蜀相》）

（8）露从今夜白，月是故乡明。（《月夜忆舍弟》）

（9）文章憎命达，魑魅喜人过。（《天末怀李白》）

（10）冠盖满京华，斯人独憔悴。（《梦李白二首·其一》）

191. 白居易有什么名句？

答：

（1）野火烧不尽，春风吹又生。（《赋得古原草送别》）

（2）田家少闲月，五月人倍忙。（《观刈麦》）

（3）可怜身上衣正单，心忧炭贱愿天寒。（《卖炭翁》）

（4）在天愿做比翼鸟，在地愿为连理枝。（《长恨歌》）

（5）天长地久有时尽，此恨绵绵无绝期。（《长恨歌》）

（6）别有幽愁暗恨生，此时无声胜有声。（《琵琶行》）

（7）同是天涯沦落人，相逢何必曾相识。（《琵琶行》）

（8）一看肠一断，好去莫回头。（《南浦别》）

（9）一道残阳铺水中，半江瑟瑟半江红。（《暮江吟》）

（10）试玉要烧三日满，辨材须待七年期。（《放言·其三》）

192. 苏轼有什么名句？

答：

（1）人生如逆旅，我亦是行人。（《临江仙·送钱穆父》）

（2）春色三分，二分尘土，一分流水。细看来，不是杨花，点点是离人泪。（《水龙吟·次韵章质夫杨花词》）

（3）但愿人长久，千里共婵娟。（《水调歌头·明月几时有》）

（4）殷勤且更尽离觞。此身如传舍，何处是吾乡！（《临江仙·送王缄》）

（5）竹杖芒鞋轻胜马，谁怕？一蓑烟雨任平生。（《定风波·莫听穿林打叶声》）

（6）拣尽寒枝不肯栖，寂寞沙洲冷。（《卜算子·黄州定慧院寓居作》）

（7）持节云中，何日遣冯唐？会挽雕弓如满月，西北望，射天狼。（《江城子·密州出猎》）

（8）欲寄相思千点泪，流不到，楚江东。（《江城子·别徐州》）

（9）十年生死两茫茫，不思量，自难忘。（《江城子·乙卯正月二十日夜记梦》）

（10）枝上柳绵吹又少，天涯何处无芳草！（《蝶恋花·春景》）

193. 李清照有什么名句？

答：

（1）生当作人杰，死亦为鬼雄。（《夏日绝句》）

（2）寻寻觅觅，冷冷清清，凄凄惨惨戚戚。（《声声慢》）

（3）这次第，怎一个愁字了得？（《声声慢》）

（4）只恐双溪舴艋舟，载不动许多愁。（《武陵春》）

（5）不如随分尊前醉，莫负东篱菊蕊黄。（《鹧鸪天·寒日萧萧上琐窗》）

（6）吹箫人去玉楼空，肠断与谁同倚？（《孤雁儿》）

（7）生怕闲愁暗恨，多少事、欲说还休。（《凤凰台上忆吹箫》）

（8）知否？知否？应是绿肥红瘦。（《如梦令·昨夜雨疏风骤》）

（9）莫道不销魂，帘卷西风，人比黄花瘦。（《醉花阴·薄雾浓云愁永昼》）

（10）此情无计可消除，才下眉头，却上心头。（《一剪梅》）

194. 朱熹有什么名句？

答：

（1）大学之修身、齐家、治国、平天下，其本只是正心、诚意而已。（《四书集注·孟子序说》）

（2）兼取众长，以为己善。（《朱文公文集》）
（3）人之为事，必先以立志为本，志不立则不能为得事。（《朱子语类》）
（4）欲事之速成，则急遽无序，而反不达。（《四书集注·论语》）
（5）爱亲敬长，所谓良知良能者也。（《四书集注·孟子》）
（6）人各有所长，能各取所长，皆可用也。（《四书集注·论语》）
（7）文臣不爱钱，武臣不惜命，天下当太平。（《朱子语类》）
（8）等闲识得东风面，万紫千红总是春。（《春日》）
（9）大化本无言，此心谁与晤。（《题林择之欣木亭》）
（10）举一而反三，闻一而知十，乃学者用功之深，穷理之熟，然后能融会贯通以至于此也。（《朱文公文集》）

跨文化交际

195. 对"文化"这一概念应如何理解？

答："文化"作为一个专门概念，可以从狭义和广义两个角度来理解。狭义的理解集中于精神方面，指社会的意识形态、风俗习惯、语用规范以及与之相适应的社会制度和社会组织。从广义方面理解，"文化"包括物质和精神两个方面，即指人类在历史发展中所创造的物质财富和精神财富的总和。

196. 文化具有哪些特性？

答：
（1）文化具有地域性，是人适应自然和超越自然的产物。
（2）文化具有历史根植性，文化的构建是一个渐进的过程，历史根系为文化提供养分。
（3）文化具有社会构建性，是集体、社会的构建。
（4）文化具有系统性，每个文化自成一体，相对独立于其他文化，具有排他性。
（5）文化具有流动性，随各种媒介四处传播。

197. "文化冰山理论"具体是什么？

答："文化冰山理论"认为，每个人的交际才能既有显性的因素，也有隐性的因素。显性的因素包括知识结构、交际过程中的表现以及各种技能等等。这些因素就像浮于海面上的冰山一角，是跨文化交际教学中一般比较重视的方面。它们相对来说比较容易改变和发展，学习后也比较容易见效，但显性的因素很难从根本上解决跨文化交际的综合素质问题。冰山水底的隐形因素包括人的文化差异意识、价值观念以及语言运用能力。这些因素在更深层次上影响人的发展，如果不加以激发，它只能潜意识地起作用。这方面处于冰山的最下层，是跨文化交际能力培养中经常被忽视的。

198. 什么是"亚文化"?

答:亚文化产生于亚群体,亚群体是某一民族内部的群体分化,他们在亚群体中享有共同的信仰、价值观、行为准则、交往规范以及认知模式。不同亚群体之间在所觉、所思、所言、所为等方面都存在一定的差异,因此,亚文化与主流文化之间既有"大同"的一面,也有"小异"的一面。

199. "文化全球化"的含义是什么?

答:"文化全球化"指文化资源的全球化,即世界上的一切文化以各种方式,在融合和互异的同时作用下,在全球范围内的流动。

200. 文化更新的原则有哪些?

答:
(1)文化自觉原则,民族文化主动适应时代的发展,进行吐故纳新的"生命运动"。
(2)对外宣传原则,民族文化不失时机地向其他民族宣传本民族文化,以求得到广泛的支持和理解。
(3)相互尊重原则,尊重任何民族对其生存方式的选择权,任何形式的强制性"推销"都是文化帝国主义的表现。

201. 在多元文化中,"大熔炉"的文化内涵是什么?

答:"大熔炉"最早被美国人用来比喻自己的多元文化社会。这一比喻产生并流行于美国工业化时期,不同文化的移民涌进美国,寻求工作和新的生活方式,并与美国人融为一体,形成一个比自己原有的文化更加强大而丰富的文化。

202. 什么是跨文化交际?

答:跨文化交际指的是在特定的交际情景中,具有不同文化背景的交际者使用同一种语言(母语或目的语)进行的口语交际。

203. 跨文化交际能力包括哪几个要素?

答:
(1)跨文化交际知识,如世界上主要的价值观模式的特点及价值观对于文化行为的影响。
(2)跨文化交际技能,如与不同文化背景的人有效而得体交往的能力。
(3)跨文化交际态度,如对于不同文化背景的人的行为不做过度概括,避免进行简单的价值判断。
（4）跨文化交际意识，如在跨文化交际中经常换位思考并发展移情能力。

204. 在跨文化交际中，"策划方略"具体指什么？

答："策划方略"是在跨文化交际过程中，因语言或语用能力有缺陷、达不到交际目的或造成交际失误时所采用的一种补救方略。这一方略是应用语言学家Canale和Swain提出来的。当受语言能力限制仍然期望达到有效交际，或交际失误或失败时，双方使用已知的语言知识、语用规则、文化知识等共同解决困难。

205. 在跨文化交际中，"话题上指"具体指什么？

答：当交际话题衔接不下去时，交往者可以通过与前面所谈及的话题相衔接的方式使谈话继续下去，这种旧话重提的方式就是"话题上指"。一般有三种形式：
（1）从前面同一序列谈话的脉络中寻找已经谈过的话题，并延续该话题。
（2）稍微扩展话题。譬如，如果目前谈论的话题是某人何时过生日，可接着谈论自己刚刚过的生日等等。
（3）话题渐渐消失，用渐渐消失的话题连接再生话题或新话题。

206. 在跨文化交际中，"编码"和"译码"具体指什么？

答：编码是指人们把信息通过代码系统转化为符号（譬如语言和非语言符号）的心理活动。而译码正相反，它是指把传递信息的符号转化成有意义的活动，也可以是心理活动。

207. 跨文化训练的方式大致可分为哪几类？

答：
（1）以提供信息为主的训练：例如就某个国家的历史和文化习俗等情况做演讲、放录像、提供阅读材料、组织讨论等。
（2）分析原因的训练：先叙述在对象国发生的一件反映文化冲突的事件，提供几种不同的解释，然后被训练者选出他们认为合理的解释，与正确的答案作比较并展开讨论。
（3）提高文化敏感的训练：受训者通过活动对自己的文化有所了解，从而举一反三，了解文化的特性，并进而了解其他文化。
（4）改变认知行为的训练：从认知方面提高受训者，进而改变他们的行为模式。
（5）体验型的训练：使用较多的是角色扮演。训练者指定受训者一定的角色，由他们分演，并体会跨文化交际中的困难和问题。

（6）互动式的训练：在训练中受训者和邀请来的客人——另一种文化的代表或专家——进行交往，在交往中学习对方的文化习俗，学会各种交际技巧。

208. 跨越文化障碍需要遵循哪些原则？

答：

（1）多元共生意识。世界上各民族使用的语言众多，文化百花齐放，这种多元共生的现实，要求我们要有多元共生意识。首先，我们要明确，语言作为一种文化现象和传播媒介，极具民族性。其次，在文化观念上，我们要明确，各民族的文化无不带有鲜明的民族性和国度性。

（2）平等对话意识。在介绍本民族文化的同时，我们需要对其他民族的社会制度、宗教信仰、饮食禁忌、风俗习惯等有所了解。

（3）求同存异意识。用"和而不同"的态度对待跨文化交际，承认和尊重不同文化之间的差异。

209. 什么是"高语境文化"？

答：根据美国人类学家爱德华·霍尔（Edward T. Hall）的观点，在高语境文化环境中，在人们交际时，有较多的信息蕴涵在社会文化环境和情景中，或者内化于交际者的心中。相对地讲，明显的语码负载较少的信息量，所以，在高语境文化环境中的人们对微妙的环境提示较为敏感。中国、韩国等亚洲国家，意大利、西班牙等地中海周边国家文化属于典型的高语境文化。

210. 什么是"低语境文化"？

答：根据爱德华·霍尔的观点，在低语境文化环境中，交际过程中所产生的信息量的大部分由显性的语码负载，相对地讲，只有少量的信息蕴涵在隐性的环境之中。这意味着，在低语境文化环境中的人们习惯用言语本身的力量来进行交际。美国、德国、瑞士和斯堪的纳维亚文化属于典型的低语境文化。

211. 高语境文化与低语境文化中的冲突有何差异？

答：

（1）高语境文化冲突的根源来自综合式的圆式逻辑思维，冲突以情感为导向；低语境文化冲突的根源来自分析式的线性逻辑思维，冲突以事/任务为中心。

（2）一般而言，高语境文化中人和事合为一体，冲突对事也对人；低语境文化往往冲突和人二分，对事不对人。

（3）在高语境文化中，冲突当事人一般选择回避冲突，采取间接或非对抗的态度，以面子和关系取向为核心。解决时常用隐码交流，以直觉、情感为取向，态度模棱两可。低语境文化中，冲突当事人会让冲突充分外露，采取直接对抗态度或行动解决冲突，解决冲突使用明码交流，理性地归纳并公开事实，态度直截了当。

212. 什么是"民族中心主义"？

答："民族中心主义"又称"种族中心主义"或"文化中心主义"，是指在思考和评价别的文化时，把本民族文化放在中心位置，认为自己的文化比别的文化优越，同时以自己的文化价值观和规范来衡量和评价其他文化。

213. 在跨文化交际中，我们如何克服民族中心主义，争取有效交际？

答：
（1）承认个人和文化之间大量差异的存在是普遍现象，世界是多元性的，人们眼中的世界并非一样。
（2）充分认识自我。
（3）悬置自我，消除自我和环境的分离状态。
（4）设想自己处在别人的位置，深入别人的心扉。
（5）做好移情准备，经验移情，当然也是想象中的移情。
（6）重建自我，即使因享受别人经验而产生激情与欢悦，我们也必须能够恢复自己原来的精神状态，再次看到自己的文化常态。

214. 言语行为的"三分法"具体指什么？

答：
（1）言内行为。指的是"说话"这一行为本身，即发出音节，说出单词、短语和句子。
（2）言外行为。是通过"说话"来体现发话者的意图，如传递信息、发出命令、威胁恫吓等。
（3）言后行为。是指说话带来的后果，例如，通过言语活动，我们使听话人受到了警告、接受了规劝，不去做某件事了。

215. 什么是会话的"合作原则"？

答：为了保证会话的顺利进行，达到传播双方的相互理解、相互配合，20世纪初，美国语言学家格赖斯（Herbert Paul Grice）提出了会话合作原则，认为会话必须遵循一些基本准则：
（1）数量准则，涉及交谈所需要的信息，强调不应超过所需内容。
（2）质量准则，应当说真话或提供足够的证据，否则就不要说。

(3) 关系准则，说话要贴切，要有关联，不答非所问。
(4) 方式准则，力图避免模糊语言和模棱两可的态度，力求直截了当、有条理。

216. 什么是会话的"礼貌原则"？

答：考虑到语音规则在交往中的重要性，英国语言学家杰弗里·利奇（Geoffrey Leech）1983年提出了会话的礼貌原则。其中包括：
(1) 得体准则，减少表达有损他人的观点，尽量多使别人得益。
(2) 宽宏准则，减少对利己观点的表达，尽量少使自己得益。
(3) 赞誉准则，减少对他人的贬损，尽量多赞誉别人。
(4) 谦虚准则，减少对自己的过誉之词。
(5) 一致准则，减少与他人在观点上的分歧。
(6) 同情准则，减少与他人在情感上的对立，尽量增加对他人的同情。

217. 什么是"文化休克"？

答："文化休克"的说法由美国人类学家奥伯格（Kalvero Oberg）首先提出，也称"文化冲击"或"文化震荡"。"文化休克"指由于失去熟悉的社会交往符号而引起的焦虑。这些符号包括语言符号、非语言符号、习俗和规范等等。当我们原来熟悉的一套符号被新的符号代替，心理上产生焦虑，情绪上不安定即是"文化休克"的表现，严重的"文化休克"甚至会产生疾病。

218. "文化休克"的应对策略有哪些？

答：
(1) 广交朋友，建立良好的人际关系。
(2) 学习目的国语言以提高生存能力，改善生活质量。
(3) 了解目的国的文化知识。
(4) 专注于个人喜欢的事情，缓解焦虑心情。
(5) 参加社会文化活动，避免产生孤独感。
(6) 改变自己的思维，积极面对新事物，不钻牛角尖。

219. 文化适应的过程包括哪几个阶段？

答：文化适应过程可分为四个阶段：蜜月期、挫折期、恢复期和适应期。
(1) 蜜月期：由于对新文化的接触有限，对一切都感到新奇有趣，心情兴奋而激动，对新文化往往持正面的态度。
(2) 挫折期："文化休克"阶段，对新文化的了解逐渐增多，发现很多与自己原有文化不相适应的部分，实际生活与预期差别较大，心情变得失望、焦虑和沮丧，对新文化产生负面的印象。

（3）恢复期：逐渐认识到文化差异，理解、接受和习惯目的国文化与本国文化不相适应的部分，外语能力提高，对新环境更有信心，焦虑心情消失。

（4）适应期：对文化差异的了解更加深入，态度更为客观和宽容，开始接受目的文化的观念和生活方式，调整自身并积极适应，心情平和而愉快。

220. 什么是"定型观念"？

答："定型观念"又称"刻板印象"或"思维定势"，是美国政治评论家沃尔特·李普曼（Walter Lippmann）首先提出的概念。"定型观念"是指一个群体成员对另一个群体成员所持有的简单化的看法。例如，不假思索地认为英国人保守、意大利人浪漫或德国人死板。定型观念往往夸大群体差异，忽略个体差异，具有顽固性。

221. 什么是"萨丕尔—沃尔夫假说"？

答："萨丕尔—沃尔夫假说"是美国人类学家萨丕尔（Edward Sapir）及其弟子沃尔夫（Benjamin Lee Whorf）提出的有关语言与思维关系的假设，其核心观点是语言决定思维。萨丕尔首先提出语言、文化与思维的形式之间存在着某种直接的联系。沃尔夫将这一假设进一步发展，提出语言决定论，即一个人的思维完全由母语决定；语言相对论，即语言结构有无限的多样性。

222. 在跨文化交际中，什么是"一般文化的研究方法"和"特殊文化的研究方法"？

答："一般文化的研究方法"又称"客位研究"，是以一种旁观者的视角，在对很多不同文化进行对比分析的基础上，通过大量的数据统计分析，创建一个能对各种文化进行描述的理论框架。"特殊文化的研究方法"又称"主位研究"，是研究者从圈内人的角度观察和分析某一种文化，形成对这种文化的总体把握。

223. 在跨文化交际中，什么是"移情"？

答："移情"指站在他人的立场上看待问题，表现为仔细倾听别人的声音，对别人所说的话感兴趣，理解别人的感受，对别人的需要敏感，理解别人的视角。

224. 直线式时间观念是怎样的？

答：直线式观念习惯于把时间看作是一件宝贵的物品，认为时间要好好利用，不能任意浪费。直线式时间观念的人们喜欢一次把注意力集中在一件事上，并根据钟表的时间，按照顺序开展工作。人们重视时间计划，关注未来，以很小的单位对时间进行计量被视为高效、公平、精细的生活组织方式。盎格鲁—撒克逊人、德国人以及斯堪的纳维亚国家的人普遍推崇直线式时间观念。

225. 变通式时间观念是怎样的？

答：变通式观念认为时间与事件和人物相关，不太愿意对时间严格地加以计量和控制。与地中海接壤的南欧国家、南美洲国家的人认为时间是可以变通的。他们更倾向于关注现在，认为打扰是可以接受的，与他人关系的构建要远远重于时间计划。如果谈话或交往未能完成，大多数人对时间的流逝并不在意。

226. 轮回式时间观念是怎样的？

答：轮回式时间观念认为时间是轮回的、迂回的和可重复的。人类无法控制时间，生命周期掌控着世界，人们必须与自然和谐地生活在一起。亚洲、非洲以及美洲土著的大多数文化认同轮回式文化，认为生命的模式是不断轮回的。

227. 中国社会"差序格局"具体指什么？

答：费孝通指出中国社会是一个"差序格局"的社会，即本质上是一个等级社会，这样的社会以维护上尊下卑的秩序为根本。君臣、父子、兄弟、男女有尊卑之分，以下敬上、以卑敬尊，这样才能达到天下"和合"。因此在人际关系上，人们首先要服从权威和尊长。权威在不同历史时期有不同内涵，当今它可能包括家长、领导，乃至有一定关系、有一定能力的人。

228. 中国人的关系取向具体指什么？

答："关系"是一个具有中国特色的本土概念，关系取向是中国人在人际网络中的一种主要运作方式。中国人自出生起就置身于一个盘根错节的关系网络之中，人们常常"拉关系""搞关系""套近乎""攀关系"等等，以关系作为对自己和对他人认识的依据，并依此对自己的角色进行界定和作出相应的行为反应。

229. "情感型人际关系取向"具体指什么？

答："情感型人际关系"是在家庭成员、亲朋好友的基础之上发展起来的关系。在交往中，人们相互依存、相互满足包括情感在内的各种需求。交往双方表现出"尊尊""亲亲"等乐融融的气氛，以达到物质、精神及情感方面的共享。一般来讲，亲朋好友或同一群体之间所存在的情感关系较为持久、牢固和稳定。但在交往中，因为情感关系和其他关系相矛盾,也会产生"亲情困境",可能造成情感危机。

230. "工具型人际关系取向"具体指什么?

答:"工具型人际关系"是为达到某一目标或获取某种东西所建立起的一种手段或工具性的关系。这种关系不同于情感关系,情感关系本身的建立就是目的,而工具性的关系只是人们为了达到某一目的的一种手段而已。一般来讲,工具型关系是一种非个人化、非情感化的关系,这种关系的存在时间短暂,不牢固不稳定。

231. 一般来说,中美两国人际关系取向有何差异?

答:中国人属于情感型关系,人们常说"患难见真情",人与人交往重义守信,相互依存,倾向于全身心投入。中国人的交际圈子一般而言较为封闭,朋友关系稳固且少变化。

美国人属于工具型关系,倾向于把朋友当作实现某一目的的手段。朋友间相互独立自主,互相不承担义务和责任。美国人的交际圈子往往更为开放且多变化,以工作、志趣、活动为中心,有各种类型和各种层次的交往。

232. 中国人具有怎样的面子观念?

答:中国人比较重视面子,特别在意自己在公众中的形象,在意舆论的评价和周围人对自己的看法,别人的意见或舆论往往成为自己行为的动机或准则。在中国人看来,事业有成,子女有出息,甚至拥有财富、名牌都是很有面子的事情。中国有句俗话"人要脸,树要皮"。人们较少在公开场合批评别人或直接表达不同意见,对别人的请求也不直接拒绝,往往都是出于对他人面子的维护。

233. 一般说来,中国人的宴会活动如何安排座位?

答:在宴席上,接近主人的位置是比较重要的。最重要的客人安排在第一桌,仅次于最重要的客人安排在第二桌,依次类推。在每桌又按照客人的重要程度作相应的安排。通常最重要的客人安排在主人的右边,次重要的客人安排在主人的左边。如果女主人在场,次重要的客人通常安排在她的右边。具体如图:

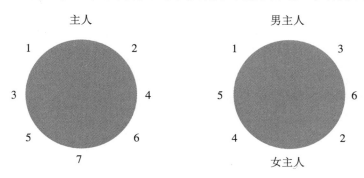

234. 西方有哪些餐桌礼仪？

答：

（1）吃饭的时候声音要小，嘴里有东西时不说话。

（2）吃饭时嘴巴不能发出咀嚼声。

（3）不能把盘子端起来吃。

（4）餐巾放在膝盖上，临时出去时放在椅子上，用餐完毕后放在桌子上。

（5）刀叉并排放在盘子上表示用餐完毕，刀叉交叉放在盘子上表示没有吃完。

235. 美国人在话轮转换时常有哪些表现？

答：

（1）给以反馈，即向讲话人表明你在认真地听着，你已听懂了或没有听懂。如：Oh, sure./ Uh huh./ Hum? / All right./ I don't understand.

（2）打断或插话，即听者在听时或听完时提出要求，希望弄明白讲话人所讲的意思。如：Excuse me, but I didn't quite understand. / I'm sorry, but I have a question.

（3）请求重复某一点，请求讲话人重复一下自己未听清之处。如：Could you say that last part again? /Can you repeat what you said after...?

（4）询问意思，即直接问某词某句的意思或某词的拼法。如：Uh... I don't understand. / Excuse me, what does ... mean?

（5）核对情况细节，即核对一下自己是否已听准某词或某句。如：So you mean.../ So you want me to...

（6）表示话还未讲完，即表示你还要说下去，但要考虑一下。如：Uh... Let me think.../ Well... Just a second.

（7）纠正误解，即如感到对方未弄清自己的意思，可打断对方的话，再解释一下。如：Uh... Uhm.../ Well... actually...

（8）总结，即重复所讲内容或再简要复述一下对方所讲内容，以表明自己所理解的意思。如：Let me see. You said.../ Let me see if I understand.../ Okay. So you want me to...

236. 在交往过程中，西方人赠送礼物会注意什么？

答：

（1）把礼物用包装纸包一下，并附带一个写上祝福语的卡片。

（2）如果是买来的礼物，标签上的价格部分需要撕下来。

（3）跟同事或朋友"随份子"，不要写上钱数。

（4）不要送太贵重的礼物，避免贿赂之嫌。

（5）当对方对礼物表示欣赏和感谢时，不要过分谦虚。

237. 在英语国家，在胸前画"十"字的动作有什么内涵？

答：在胸前画"十"字是英语国家的人常用的习惯动作，人们喜欢用这一方法为自己祈福，祈求上帝保佑或免除厄运。画十字的方法是将右手五指捏拢，先后在前额、腹部、左肩及右肩点一点。

238. 在不同文化中，竖起大拇指的动作内涵有何差异？

答：竖起大拇指在中国文化中意为"很棒"；在英美国家文化中，站在路边竖大拇指表示拦路请求搭车；在日本文化中表示"男人"或"您的父亲"；在阿拉伯文化中，竖起拇指是一个骂人的动作，与美国文化中竖中指意义相似。

239. 中国社会的群体取向是怎样的？

答：中国社会崇尚群体取向。所谓群体取向，就是提倡以家庭、社会和国家利益为重，个人利益在必要时可以忽略，可以牺牲。人们对集体或群体有很强的归属感，习惯于忠诚地为集体付出，使得集体成为强大可靠、行动力强且十分具有凝聚力的单位。另一方面，集体中的个人力求身心与整个环境相适应，被要求做到循规蹈矩和安分守己，甘当"一颗小小的螺丝钉"，这也造成集体中的个人缺失主见和个性，社会创造力不足。

240. 西方社会的个人取向是怎样的？

答：在西方社会，尤其是美国，崇拜个人主义。个人主义价值观把个人看成独立的存在，倾向于突出自己的与众不同，强调独立性、首创性和个人隐私。个人取向的社会强调个人的独立自由和自愿性互惠，不论是熟悉的人还是不熟悉的人，人与人之间的交往方式的差别不大。

241. 中国文化的"求稳"心态有哪些表现？

答：受儒家中庸哲学的影响，中国人习惯于在一派和平景象中"相安无事"，"知足常乐"。人们接受了这种"稳定"观念，相信"万变不离其宗"。他们主张"顺其自然"，奉行"安分守己"，家庭、家族、社会的稳定是一切发展的大前提。年轻人常常被教导要听取年长者的意见和经验。人们也习惯于用历史为现在的生活或行为找到依据和借鉴。

242. 西方文化的"求变"心态有哪些表现？

答：在西方，尤其是美国人心中，核心思想是"无物不变"，突出表现为他们喜欢独辟蹊径，热衷于冒险探索。美国文化是典型的未来取向的文化，他们对未来有乐观的信念，认为变化会带来进步、发展和成长，对传统、经验和稳定并不十分看重。据统计，美国人一生平均会换五六次工作，而且不喜欢一直住在一个地方。未来取向的文化使美国人更重视青年人的活力，喜欢尝试新的科技产品，对新生事物抱有很强的好奇心。

243. 中国文化中的人性论是怎样的？

答：中国人传统的人性论是性善为本，即"人之初，性本善"，认为人天生是善的。这种人性论渊源于孔子思想，他认为"人者，仁也"，"仁者爱人"，"为仁由己"。孟子发展了孔子性本善说，注重发扬人的"恻隐之心""羞恶之心""辞让之心""是非之心"等与生俱来的善性。

244. 西方文化中的人性论是怎样的？

答：受基督教的影响，西方人性论是"人之初，性本恶"，这就是所谓"原罪说"。以"原罪说"为起点的西方文化认为人在上帝面前是有罪的，为改变"原罪"，人们不断忏悔，设法改变"罪"的本性，努力超越现世，以期待世界末日的审判，从而到达彼岸。

245. 中国人的隐私观念是怎样的？

答：比起个人隐私，中国人更重视群体隐私。中国的国、家、学校等都要有围墙，不然就称不上国家、家园和校园。以家为基础的群体隐私是必须加以保护的，以墙为界，墙内的事情不可外扬，即所谓"家丑不可外扬"。墙内墙外有别，圈内圈外有别，这种传统的崇尚群体隐私的心态是集体或群体取向的结果。

246. 美国人的隐私观念是怎样的？

答：美国人十分重视对个人隐私的保护。美国文化中的隐私一般是关于个人的信息，以及个体认为与社会伦理道德不相符的想法和事情，是个体价值的体现。维护隐私是尊重个性和人权，是崇尚个人主义的表现。在社会中，他们是独立的；在单位中，他们也是独立的；在家中，他们仍然是独立的。为此他们需要构筑自己的个人领域，美国人对家宅、单位、学校间的界限意识十分敏感，绝不越雷池一步，不经允许绝不进入别人的领地。即使在家里，通常每个家庭成员都有自己的房间，不经允许，家人也不能随便进入。

247. 中国人是怎样调节隐私的？

答：中国人常把感情，如喜怒哀乐、爱憎等情感以及个人态度等当做隐私，对其隐私的处理是采用自我节制的心理压缩方式。他们常常把自己的真实感情和态度深深地埋在心里，不暴露出来，以适应群体取向或达到社会和谐。尤其在公众场合中，中国人很可能以沉默或其他形式来控制自己的情感。

248. 美国人是怎样调节隐私的？

答：美国人使用物理环境来调节隐私，他们通过关闭的门来保护隐私，不论寝室、办公室、家庭中的卫生间还是书房的门等都可以用来调节隐私，一旦门被关上，就自动传递出"请勿打扰"的信息。

249. 在中国，人们是如何告别的？

答：在中国，当会面临近结束时，客人通常会从主人的角度陈述理由，如："你看起来很忙啊，我不打扰你了。""你一定很累了吧，休息一下吧，我走了。"等等。中国人送客讲究"远送"，表达不忍惜别之意，一般都要送至门外甚至更远。中国有"请留步""别送了""不远送了""恕不远送"等礼貌性告别语。

250. 在英语国家，人们是如何告别的？

答：在英语国家，当正式的交谈或会面快要结束时，客人通常会从自己的角度陈述要离开的原因，如"恐怕我必须走了，因为……"等。他们总是找一些理由，尽量显得自己离开很不情愿，还会向对方道歉，以使双方都能够接受。与亲人朋友告别时，他们常常相互拥抱或亲吻。

251. 中国人的具象思维是怎样的？

答：中国人的思维偏重具象性，常常以"实"的形式表示"虚"的概念，以具体的形象表达抽象的内容。中国人倾向于对具体事物进行类比联想，联系事物的相关属性以建立完整的认识。思维中的逻辑性联系不明显，通常不需要准确的概念和严格的推理，象征意味较为浓重，思维的结果以整体的感性认知为归宿，不要求条理清晰。

252. 西方人的抽象思维是怎样的？

答：西方人的思维偏重抽象性，主要表现在三个方面：
（1）以第二信号（语言、文字、数字、符号）作为思想或思维的工具。
（2）以概念、判断和推理作为思维形式。
（3）以分析、综合、抽象、概括、比较、分类、系统化作为思维的基本过程。

253. 中国人的整体性思维是怎样的？

答：中国人的思维属于"领属依附"型，即中国人从整体上把握事物本质属性的能力更强。中国人习惯于把事物分为对立的两个方面，两者相互制约，相互依存，是一个不可分割的整体。中国传统文化以"天人合一"为出发点，认为人和自然处于统一的结构之中，天与人、阴与阳、精神与物质都是不可分割的。在人际交往中，中国人习惯于把个人放在整个人际网络中，强调人与人相互依存、相互作用。

254. 西方人的分析性思维是怎样的？

答：西方的思维模式以逻辑、分析、线性为特点，属于"无领属依附"型，即能把某些组成成分从环境中分离出来，并根据具体情况加以分析。西方人注重内在的差别和对立，寻求世界的对立，进行"非此即彼"式的判断推理。西方人习惯于明确区分主体和客体、思维与存在、灵魂与肉体、现象与本质，将两者分离、对立后再分别进行深入的研究。

255. 中国人有怎样的道歉习惯？

答：在中国社会中，由于"身份制"等社会因素的影响，当上级或年长者冒犯了下级或晚辈，他们往往不会主动道歉。中国文化重视集体的和谐，当冲突发生时，人们往往选择直接道歉以维护双方的面子，避免更大的冲突。中国人并不像西方人那样对个人的区域、时间及其他隐私特别重视，如遇到相关的冲突，很多人并不会太介意。

256. 美国人有怎样的道歉习惯？

答：在西方文化中，社会结构是平等取向。道歉是维持平等秩序的弥补手段，无论自己有意还是无意冒犯，无论冒犯了什么人，他们都会道歉，即使有时冒犯程度微乎其微，他们还是要说上一声"请原谅"。

257. 在中国文化中，表达"请求"的方式有哪些？

答：在中国社会中，由于"身份制"等社会因素的影响，地位高者向地位低者，或长者向年轻者要求做某事是名正言顺的，地位低者满足地位高者之要求也是合情合理的，上对下一般无需"间接""婉转"。在面对不熟悉的人时，中国人往往在请求前尽力为其所请建立一个情景框架，使请求听起来合理，并让对方有个心理准备。如果与请求对象十分熟悉，或者圈里人之间相互请求，也可直接表达，不做过多修饰。

258. 在英美文化中，表达"请求"的方式有哪些？

答：
（1）需求陈述：直接陈述需求，主要用于工作中上司对下属，或家庭中长者对年轻者请求时。

（2）祈使：常与 Please 一词连用，用于家庭成员或平等关系的人与人之间。

（3）内嵌式祈使：以"Could you..."的形式出现，用于"请求"的事或行为极为困难，或当"请求"者是受惠对象的情况。

（4）允许式请求：工作或家庭环境中地位低者向地位较高者或年龄小者向年龄较长者请求时常会使用。如："Excuse me? I was wondering if you could give me a lift?"

（5）非明晰或问句式请求：措辞比较模糊，一般以疑问句、带附加成分的问句出现，用于地位或年龄相差悬殊的人际关系中，地位或年龄较低的一方会显得比较谦逊有礼。如："Perhaps you'll clean up a bit. Won't you?"

（6）"暗示"请求：给对方留有余地，有较大的灵活性，用于请求内容特殊，交际双方关系密切的情况。

259. 中国的称呼系统有何特征？

答：受"差序格局"的社会结构、传统伦理，及血缘、宗族社会因素的影响，中国社会的称呼系统远比西方复杂。中国人习惯于非对等式的称呼类型，即注重突出双方的权势差别，并以说话者个体身份的自我压缩、贬低、隐藏来表示自己的谦让以及对受话人的尊敬。中国人还习惯使用表示血亲关系的名词去称呼家人、亲属（如大哥、二姐、小弟），甚至用其称呼朋友和陌生人等。

260. 西方的称呼系统有何特征？

答：一般来讲，西方人际交往相互称呼时，起决定作用的是社会地位，即交际双方是"权势"关系还是"平等"关系。如果是"平等"关系，双方将会采用对等交流，即双方都用名字称呼对方。但当交际双方的关系是一种"权势"关系，双方社会地位有距离，或双方属于初次交往，那么双方将会采用一种"非对等交流式"。其中地位较高者可能使用名字称呼对方，而地位较低者会采用"头衔+姓"的方式称呼对方。

261. 中国人有怎样的邀请习惯？

答：中国人际间的邀请一般在相对小的圈子中进行，多在亲朋好友之间，而且多数场合采取聚餐形式。在很大程度上，中国人相互间邀请是为了达到叙旧或重温友谊的目的，是以情感为中心的。当然，现代社会中"工具性"的邀请在中国也很流行。中国人一旦受邀请，一般要回请，以表示某种程度上的感激之情。中国人还有一种"不请自来"的"自我邀请"习惯，他们可以随时随地去拜访别人。这种情况多出现在关系特别亲近的人之间。

262. 美国人有怎样的邀请习惯？

答：在美国社会，相互邀请是重要的社交活动，其目的是开展社交，利用别人，广交朋友，本质上是一种工具性的目的行为。邀请可以在各种不同类型的人们之间进行，从亲朋好友到完全不相识的人，不分等级、地位、职业、性别。譬如教师经常请学生聚餐，上司可以请下属打猎，反之亦然。"自我邀请"在美国是忌讳的，即使到亲属家去看望也需事先打招呼，朋友邀请要事先有约会，"不请自来"在美国很可能被当作对隐私的侵犯。

263. 中西方在提出要求时有何差异？

答：英语国家的人提出要求和回答某人的要求，一般都是面对面进行的，不希望别人介入。如要提出一个没有把握的要求，中国人往往喜欢通过熟悉或了解双方的第三者从中斡旋。如果拒绝某人要求，也愿意通过第三者去转告。

264. 中西方在提出批评时有何差异？

答：中国人在批评某人或对某人有意见时，喜欢通过第三者去进行。英语国家的人对这种做法很反感，认为两人之间的事让第三者介入是一种对个人私事的侵犯，对人有所要求却不当面提出是自己缺乏信心和对对方的不信任。

265. 中西方教师在课堂教学上有何差异？

答：中国教师视课堂为严肃正规的学习场合，教师很注意自己的言谈举止，学生要保持对教师的尊敬态度。英语国家的教师极为注重课堂气氛的活跃，不大计较师生的言谈举止。教师可以坐在讲台上，可以随便来回走动，可以夸张地做出各种表演，甚至还可以弹手指，把脚放在椅子上。学生说出一些不得体的话，但只要能起到活跃课堂气氛的作用，教师也不去计较。

266. 中西方课堂纪律有何差异？

答：
（1）在英语国家的课堂上，教师进课堂时不要求学生起立向教师致敬，只要求他们目视教师，表示已经做好上课的准备。在中国，中小学要求学生一律起立向老师致敬，在大学以坐姿端正、目视教师、静等上课为礼貌。
（2）在英语国家的课堂上，学生坐姿比较随便，学生甚至可将双脚放在前面的椅子上，在中国这一姿势是既不尊敬老师又无视课堂纪律的不良行为。

267. 中西方在"胖"一词的使用上有何差异？

答：在英语文化中"胖"是禁忌词。与英美人交际时，需要形容一个人胖，不要使用"fat"，而是应该用"overweight"来代替。在中国文化中,人们并不避讳说"胖","你最近胖了"或"你最近发福了"常常被用来作为见面时的寒暄,没有任何恶意。

268. 中西方在"老"一词的使用上有何差异?

答:"老"是美国文化中需要避讳的词,使用"old man"是对老年人的不敬,应该使用"the elderly"或者更为正式的"senior citizen"来指称老人。在汉语中,"老"这一语素多含"富有经验"的褒义色彩,如老马识途、老骥伏枥等。称呼语中加入"老",可表达对学识渊博的长者的尊敬,如张老、王老等。把朋友称呼为老张、老王表示关系亲近。

269. "黄"这种颜色在中国文化中有怎样的内涵?

答:黄色在中国文化中是一种高贵的颜色。黄土高原是中华文明的发源地,黄色代表土地,反映中国人的"敬土"思想。中华民族的人文始祖被尊为"黄帝",因此黄色也被尊为帝王之色,代表崇高、尊严和辉煌。因为与金子同色,黄色也象征财富。在现代汉语中黄色也代表"性"和"色情",如黄色书刊、扫黄等。

270. "黄"这种颜色在英语国家有怎样的内涵?

答:在英语国家,黄色并不表示色情。黄色最常见的地方是黄页(Yellow Pages),表示电话号码簿,黄皮书(Yellow Book)代表政府重要文件。

271. "红"这种颜色在中国文化中有怎样的内涵?

答:中国用红色象征幸福、喜庆、兴旺发达。中国人在春节时在大门两旁贴红对联,在门上贴红"福"字。结婚被称作红喜事,新娘盖红盖头,新郎胸前戴大红花。反映在语言上,"红"也多表示吉祥、喜庆的含义,如红利、满堂红、大红人、红极一时等。"红"在近代又用来象征革命,如红旗、红军、红心、红五星、红色政权、红色根据地等。

272. "红"这种颜色在英语国家有怎样的内涵?

答:在英语国家文化中没有用红色表示喜庆的习俗。只是在 red carpet treatment(用红地毯接待)中表示对尊贵的客人给予隆重的欢迎,包含了一些喜庆的意思。但更多时候具有贬义色彩,如:red-light district 是妓女出没的红灯区,red flag 指需要提高警惕预防出事的情况,in the red 指预算或账目中的赤字,用 Red 指共产主义者也往往带有贬义。

273. "政治（politics）"在中国有怎样的内涵？

答：政治（politics）在《现代汉语词典》中的解释是："政府、政党、社会团体和个人在内政及国际关系方面的活动。"这个解释是中性的，但在实际使用中政治往往含有褒义，例如，"关心政治"意思是关心国内外大事，"政治大事"指意义重大的事情。

274. "政治（politics）"在英语国家有怎样的内涵？

答：在英语中，politics 有下列几层意思：（1）有关统治方面的艺术和科学；（2）为获得一个国家、社会或组织中的权力而进行的活动；（3）政治信念；（4）政治学。在用于（1）（3）（4）的意义时 politics 居中性，在用于第（2）个意义时常含有贬义，包含有为争权夺利不惜采取各种手段的意思。因此，在英语中与"关心政治"相对应的 be concerned about politics 并不含有褒义。

275. "知识分子（intellectual）"在中国有怎样的内涵意义？

答：在汉语中"知识分子"的范畴要宽泛得多，泛指"具有较高的文化水平、从事脑力劳动的人，如科学工作者、教师、医生、记者、工程师等"。《现代汉语词典》虽没有明文规定什么人属于知识分子，但一般受过大学教育，从事脑力劳动的人都可以称为"知识分子"。

276. "知识分子（intellectual）"在英语国家有怎样的内涵？

答：在英语中 intellectual 指致力于思维方面的问题，特别是致力于文学和艺术的人；致力于研究、思考和推论的人，特别是致力于和深奥、抽象的理论问题有关的研究、思考和推论的人。由此又衍生出喜欢从事空洞的理论探讨而解决实际问题时束手无策这一层贬义。在通常情况下，intellectual 不包括中小学教师、医生、工程师、会计师、律师、报社记者等。

277. "农民（peasant）"在中国有怎样的内涵？

答：在汉语中，"农民"指直接从事农业生产劳动的人，无论在革命斗争中或是在社会主义建设中都是一支重要的力量，丝毫没有贬义。

278. "农民（peasant）"在英语国家有怎样的内涵？

答：在英语中，peasant 特指为封建生产关系所束缚的农业生产者。由于英美国家的农业在16—19世纪发生了巨大的变化，资本主义的生产关系取代了原来的生产关系，因此 peasant 一词被淘汰，出现 farmer 一词。在英语中 peasant 常用来形容没有受过教育、举止粗鲁、思想狭隘的人，带贬义色彩。

279. "龙（dragon）"在中国文化中有怎样的内涵？

    答：龙在中国历史上是一个图腾形象。在神话传说中，龙是能兴云降雨的神异动物。在封建时代，龙作为皇帝的象征。中国人一直以来都以"龙的传人"自称。在汉语中，几乎所有与"龙"相关的词语都含褒义，例如，龙飞凤舞、龙凤呈祥、龙盘虎踞、藏龙卧虎、生龙活虎等。

280. "龙（dragon）"在西方文化中有怎样的内涵？

    答：在西方神话传说中，dragon 是一只巨大的蜥蜴，长着翅膀，身上有鳞，拖着一条长长的蛇尾，能够从嘴中喷火。在西方文化中，尽管通常"龙"译为 dragon，实际上，龙与 dragon 所指并不是同一个动物，dragon 通常代表罪恶、邪恶，令人感到恐怖，所以很早就被用来作为战争的旗帜。在英语中，说一个人有点儿像 dragon，是说此人飞扬跋扈，令人讨厌。

281. "猫头鹰（owl）"在中国文化中有怎样的内涵？

    答：在汉语中猫头鹰与前兆迷信有关。由于它在夜间活动，鸣声凄厉，因此人们把它的叫声与死人相联系，说猫头鹰叫孝。谁要是在树林中听到了它的叫声，就预示着家里可能有人会死，因此猫头鹰被认为是不祥之鸟。

282. "猫头鹰（owl）"在英语国家有怎样的内涵？

    答：在英语中 owl 是一种智慧的鸟，说某人像 owl，比喻他聪明，绝没有任何不好的意思。

283. "孔雀（peacock）"在中国文化中有怎样的内涵？

    答：孔雀在中国文化中是吉祥的象征，人们认为孔雀开屏是大吉大利的事。

284. "孔雀（peacock）"在英语国家有怎样的内涵？

    答：在英语中，peacock 的内涵意义通常是贬义，含有骄傲、炫耀、洋洋自得的意思，例如 proud as a peacock，意思是非常骄傲。

285. "狗（dog）"在中国文化中有怎样的内涵？

    答：在汉语中，与"狗"相关的词汇一般都含有贬义，这从成语可以看出，例如，狗急跳墙、狗仗人势、鸡鸣狗盗、狼心狗肺、狗头军师、狗血喷头、鸡零狗碎、蝇营狗苟等。

286. "狗（dog）"在英语国家有怎样的内涵？

答：在西方，人们通常将狗作为宠物来养，狗被认为是人类最好的朋友，因此西方人对于食狗肉十分反感。dog 在英语中有时含有贬义，如：treat someone like a dog（虐待某人），但总的来说中性或者褒义的情况居多，如：
You lucky dog.（你这家伙真幸运。）
Every dog has its day.（凡人皆有得意日。）
He worked like a dog.（他工作很卖力。）

287. "9"在中国文化中有怎样的内涵？

答：在中国文化中，"九"与"久"谐音，人们往往用"九"表示"长久"的意思。历代帝王都崇拜"九"，希望长治久安，皇帝穿九龙袍，紫禁城和北海公园内均建造"九龙壁"，皇宫三大殿总高度为九丈九尺，象征"九重天"。汉语词语中，"九"也是表示最高、最多的大数，如九牛一毛、九牛二虎、九死一生、九九重阳节、九九艳阳天等。

288. 偶数在中国文化中有怎样的内涵意义？

答：中国人崇尚偶数，偶数象征着和谐和圆满。古代诗歌讲究对偶，古代建筑讲究对称，结婚最好选偶数的日子，点菜最好点双数，体现了中国文化重视平衡与和谐的思想。

289. "13"在英语国家有怎样的内涵？

答：在数词中，13 在西方语言中普遍被认为是不祥的数字，因为这个数字与犹大出卖耶稣，耶稣受难相联系。人们通常避开 13 这个数字，在旅行时尤其避开 13 号星期五，订婚结婚也避开 13 号，有的饭店不设 13 层，避开 13 号作为房间号码。

290. "7"在西方文化中有怎样的内涵？

答：在西方文化中，"7"是吉祥的数字，有"lucky seven"的说法。《旧约》中传说上帝在六日之内创造万物和人类，在第七天休息，所以"7"表示完成和圆满。西方人常常将婚礼定在 7 月，尤其是 7 月 7 日。"7"也常被用来命名事物或人文景物，如"七大奇迹""七宗罪"等。

第五部分　职业道德与专业发展

职业道德

1. 国际中文教师的综合素质包括哪些内容？

    答：国际中文教师的综合素质应具备以下几点：
    （1）教师职业道德。能够认识并理解职业价值，树立并维护职业信誉，遵守法律和职业道德规范。
    （2）良好的心理素养。需要具有健康的心理和积极的态度，具有较好的心理承受能力、自我调适能力以及具有合作精神。
    （3）教育研究能力和专业发展意识等。能进行教育研究，具有教学反思能力，了解相关学术动态与研究成果，参与学术交流与专业培训，寻求专业发展机会。

2. 什么是国际中文教师职业价值观？

    答：国际中文教师的职业价值观是指国际中文教师对其所从事的国际中文教育事业的一种信念和认知，能够影响职业发展的方向和程度。

3. 国际中文教师的职业价值有何特点？

    答：
    （1）社会价值。国际中文教师的社会价值是帮助不同国家和民族的人学习中文，使他们能够运用中文进行交际，促进各国对中国的了解。
    （2）专业价值。国际中文教师在进行中文教学的同时，在实践中发现问题，为专业研究提供案例与事实，能够促进中文国际教育专业的发展。
    （3）个体价值。国际中文教师教学活动的过程也是提高自我能力和价值的过程。

4. 国际中文教师应遵守法律，这里的"法律"具体指什么？

    答：
    （1）遵守中华人民共和国法律。国际中文教师要自觉遵守中国的教育法律法规，履行教师职责。
    （2）遵守所在国法律。国际中文教师在外期间要遵守所在国的法律，尊重所在国文化和宗教习俗，保证教学任务顺利开展和完成。

5. 国际中文教师职业道德指什么？

答：国际中文教师的职业道德是国际中文教师在进行国际中文教学的过程中需要坚持的各个民族和国家普遍认可的道德规范，并在其职业活动中表现出来的相对稳定的、持续的道德规范和行为标准。

6. 国际中文教师职业道德有何特征？

答：
（1）普遍性。国际中文教师的职业道德能够普遍适应于不同国家和民族的要求。
（2）适应性。国际中文教师的职业道德能够根据具体的、不同的国家和民族的要求进行改善及提高。
（3）稳定性。国际中文教师的职业道德是一种在长期自我调节和完善基础上形成的稳定的、内化的习惯。

7. 国际中文教师职业道德包含哪些方面？

答：
（1）道德认识，包括思想要求和职业内部活动的道德要求，其核心是职业道德价值观。
（2）道德情感，是教师在践行职业道德认识时的情感体验。
（3）道德意志，是教师在履行道德行为规范过程中表现出来的决心和毅力。
（4）道德行为，是教师职业道德规则在教师行为上的体现。

8. 国际中文教师职业道德包含哪些内容？

答：
（1）爱国守法。热爱祖国，遵守中国和所在国的法律法规。
（2）爱岗敬业。国际中文教师要对工作高度负责，认真备课上课，认真批改作业，不敷衍塞责。
（3）关爱学生。国际中文教师要关心爱护全体学生，尊重学生人格，公正平等地对待每一位学生。
（4）为人师表。国际中文教师要坚守高尚情操，严于律己。衣着得体，语言规范，举止文明，尊重同事，尊重家长。
（5）合作发展。国际中文教师要具备和本土教师合作与发展的意识与能力。
（6）终身学习。国际中文教师要树立终身学习理念，拓宽知识视野，更新知识结构，不断提高专业素养和教育教学水平。

9. 良好的国际中文教师职业道德有什么作用？

答：
（1）对教育工作的动力功能。良好的职业道德有助于国际中文教师遵守职业行为规范，认真做好汉语教学工作，促进自身专业化发展和专业精神提升。
（2）对教育对象的教育功能。教师良好的职业道德对学生具有教育作用。
（3）对社会文明的示范功能。国际中文教师的职业道德直接影响学生对中国的认识，良好的职业道德有助于展示中国社会及文化，获得学生、家长、社区等的认可。
（4）对教师自身修养的引导功能。良好的职业道德有助于中文教师培养崇高的思想品德、文明的言谈举止以及良好的心理素质等。

10. 国际中文教师应该如何提高职业道德水平？

答：
（1）加强自身理论学习，提高职业道德认知。
（2）积极投身教学实践，在实践中提高职业道德水平。
（3）加强与同事的交流和合作，共同发展进步。
（4）积极反思教学行为，提升自身能力与修养。

心理素质

11. 国际中文教师的心理素质指什么？

答：国际中文教师的心理素质是其教师素质的有机组成部分，是教师在国际中文教育活动中形成的，与学生身心发展、教学效果等有密切联系的各种心理特性的总和。

12. 国际中文教师心理素质主要包含哪些内容？

答：国际中文教师心理素质包含认知、个性和适应能力三个方面的内容。
（1）认知方面：一是国际中文教师对教师职业的认知；二是教师所具有的认知品质，包括洞察能力、记忆能力、思维能力以及创造力等。
（2）个性方面：国际中文教师应具有正确的自我认识、积极的态度、强烈的责任感等。
（3）适应能力：国际中文教师要能够适应不同的环境和人际关系，具有较强的心理承受能力，能够进行自我调节。

13. 良好的教师心理素质有何意义？

答：
（1）有利于提高教师业务水平，施加教师教育影响。
（2）有利于促进教师自身个性的和谐发展。
（3）能够为学生心理健康发展提供必要的环境。

14. 国际中文教师的心理健康指什么？

答：国际中文教师的心理健康指的是国际中文教师能够适应所在国的环境，具有完善的个性特征、良好的认知品质、积极稳定的情绪以及一定的挫折承受力，能够进行自我调节。

15. 国际中文教师心理健康的标准是什么？

答：
（1）能够正确认识自我并接受自己。
（2）认同教师角色。
（3）有积极的心态。
（4）有进取的精神。
（5）能够进行自我调控。
（6）具有良好的适应能力。
（7）具有良好和谐的人际关系。
（8）具有坚强的意志。
（9）具有教育独创性，能在教学活动中不断学习和创造。

16. 国际中文教师应具备哪些积极的态度？

答：
（1）对国际中文教育工作充满热情。
（2）用乐观的精神和坚强的意志面对和克服工作中的困难。
（3）耐心地对待学生。
（4）具有上进心，不断提高自我。
（5）具有自信心。

17. 国际中文教师心理承受力的含义是什么？

答：国际中文教师的心理承受力指的是个体对逆境引起的心理压力和负面情绪的承受与

调节能力，主要表现为对逆境的适应力、容忍力、耐力、战胜力的强弱。典型的案例有：学生故意挑衅、家长投诉、领导不理解等。

18. 国际中文教师提高自身心理承受力有何必要性？

答：国际中文教师会在教学过程中遇到许多的挑战，如学生的质疑、家长的不满、领导的不理解等，这都需要教师提高心理承受力，积极调节负面情绪，用发展的眼光看待遇到的难题和困难。

19. 良好的心理承受力有哪些具体表现？

答：有较强的心理承受力的国际中文教师经常有以下表现：
（1）喜欢冒险和刺激。
（2）生活在使你感到快乐和温暖的团队中。
（3）有一个关心和爱护你的家、有一些无话不谈的好友。
（4）相信自己能够战胜挫折，即使遇到困难，还是相信困难终将过去。
（5）经常积极参加自己所喜爱的活动。
（6）常常与同事交流看法。

20. 国际中文教师为什么应学会自我调节？

答：国际中文教师在赴海外任教期间常常会遇到许多问题和状况，如语言障碍、与其他教师合作上课、不同的管理模式等，这都需要教师能够根据实际情况进行自我调节，保持一种积极健康的心态，使自己适应新环境，迎接新挑战。

21. 国际中文教师如何评定自身心理健康状况？

答：国际中文教师可以通过心理健康状态自查量表、抑郁自评量表（Zung 1965 年编制）、焦虑自评量表（Zung 1971 年编制）等方式来评估自己的心理健康状态。

22. 国际中文教师出现抑郁的原因可能有哪些？

答：国际中文教师出现抑郁的原因可能有：
（1）在国外的中文教学工作进展不顺。
（2）身处异乡倍感孤独，没有很好地融入当地圈子。
（3）教师对自己要求过高、生活中突发变故等个人原因。

23. 国际中文教师出现焦虑的原因可能有哪些？

答：国际中文教师出现焦虑的原因可能有：
（1）自身能力无法适应新的中文教学方式、管理工作。
（2）周围新的领导和同事的负面评价。
（3）工资收入不符合预期水平、对工作环境不满等个人原因。

24. 国际中文教师出现抑郁、焦虑，应该如何应对？

答：
（1）以积极的心态面对现实，正确对待挫折和困难。
（2）合理转移和发泄不良情绪。
（3）积极学习，树立新的教学理念，不断提高自我。
（4）建立和发展良好的人际关系，适应新环境。
（5）必要时进行心理咨询与心理治疗。

25. 常见的情绪调节方法有哪些？

答：常见的情绪调节方法有：
（1）自我鼓励法：给自己以正面的安慰和鼓励。
（2）意志控制法：用自身意志去调控不良情绪。
（3）注意转移法：转移自己的注意力到一些其他的事情或活动上去。
（4）合理发泄法：找到合理的方式发泄自己的情绪。
（5）尽情倾诉法：找亲密的或者信赖的人倾诉和排解自己的情绪。

26. 国际中文教师出现适应问题，应该如何应对？

答：
（1）转变态度，尊重和理解不同文化，入乡随俗。
（2）积极发展人际关系，主动融入当地文化。
（3）多参与交际活动。
（4）提高自身的适应能力。

27. 国际中文教师出现心理失衡问题，应该如何应对？

答：
（1）树立正确的职业道德观和职业价值观。
（2）深入了解国际中文教学的实际情况，进一步明确自己的职责。

（3）坦然面对遇到的难题和不理想情况，积极应对和改善。
（4）接受职业道德教育。

28. 国际中文教师如何形成正确的自我意识？

答：
（1）首先要具有主动性和责任感。
（2）通过认识其他汉语教师，加以对比来正确认识自我。
（3）综合分析别人对自己的评价。
（4）提高自我反省能力。

29. 国际中文教师的教育效能感指什么？

答：教育效能感是国际中文教师对自己是否能够成功从事国际中文教育，是否有能力影响学生的中文学习行为和学习成绩的主观判断和信念。

30. 教育效能感与教师的自我意识有何关系？

答：二者是相互影响、相互促进的。一方面，教师自我意识的水平会影响教育效能感的水平，并决定其形成和发展。另一方面，教师已形成的教育效能感也会影响自我意识的进一步发展。

31. 教育效能感如何影响国际中文教师的行为？

答：
（1）影响教师工作时的信心、热情、精神饱满度等。
（2）影响教师对工作的投入与努力。
（3）影响教师对自我的要求。
（4）影响教师对工作的总结反思和进一步提高。

32. 国际中文教师如何提高教育效能感？

答：
（1）多进行教学实践，积累经验，增强自信心。
（2）向他人学习，观摩优秀中文教师教学。
（3）学习和掌握教育学与心理学的知识，在实践中灵活运用。
（4）总结、反思并不断改进自己的教学。

人际关系

33. 国际中文教师需要建立哪些良好的人际关系？

答：良好的人际关系，不仅是教育工作的需要，更是国际中文教师自身心理发展的需要。国际中文教师需要增强跨文化意识，与学校领导、同事、学生、家长、社区等建立良好的人际关系。

34. 在国际中文教育工作中，国际中文教师主要承担哪些角色？

答：
（1）中文学习的引导者。
（2）中文实践的指导者。
（3）学生发展的促进者。
（4）教学的研究者和反思的实践者。
（5）中西文化的交流者。
（6）中国社会及文化现象的解读者。

35. 国际中文教师应该如何建立良好的师生关系？

答：
（1）首先应了解和研究学生，尊重和热爱学生。
（2）注意文化间的差别。
（3）要主动与学生沟通交流，课内外多与学生交往。
（4）听取学生意见，关注学生的需要，选择正确的教育教学方式。
（5）多鼓励学生，增强和保持学生的中文学习动机。
（6）有效处理师生间的矛盾。
（7）要注重言传身教。

36. 良好的师生关系有几个发展阶段？

答：良好的师生关系主要有三个发展阶段：
（1）印象阶段。国际中文教师要注重给学生留下良好的第一印象。第一印象好，能够促使学生自愿与之交往。
（2）形成阶段。国际中文教师与学生交往，特别要注重利用非正式的交往与之沟通思想和情感，比如一些与中国文化相关的课外活动等，以此来拉近彼此距离。
（3）巩固阶段。在长期交往中，国际中文教师要充分利用课前、课后和课间加强与学生的交往，为他们尽可能提供指导和帮助。

37. 国际中文教师如何在中文课堂上促进师生关系？

答：国际中文教师可以利用中文课堂教学拉近与学生的距离。比如适当介绍自己，使学生了解自己；欢迎学生提问并共同讨论问题；将学生的兴趣与课堂教学情景结合；与学生共同参与班级管理等。

38. 什么是"同理心"？

答：同理心，就是进入并了解他人的内心世界，并将这种了解传达给他人的一种技术与能力。它需要三个条件：（1）站在对方的立场去理解对方；（2）了解导致这种情形的因素；（3）让对方了解自己设身处地为对方着想。

39. 国际中文教师应该如何正确理解同理心？

答：
（1）同理心不等于同情。师生沟通时地位是平等的，教师过多的同情，反而会强化学生可能有的自卑心理。
（2）同理心不等于认同。教师对学生具有同理心，是站在学生的立场去体会学生的感受，而并非等于认同学生的所有行为和看法。

40. 国际中文教师如何促进对学生的同理心？

答：
（1）首先要学会接纳学生的看法和感受。
（2）能够站在学生的立场上，从学生的角度看待他们及其观点。
（3）通过语言或非语言手段向学生传递教师对他们的了解和理解。

41. 国际中文教师不能与学生同理会产生什么后果？

答：
（1）学生会觉得教师不理解自己，容易感到失望，从而降低对教师的信任。
（2）教师不能真正接纳学生，容易指责和批评学生，同时也不能积极地回应学生，这会给学生带来不好的影响。

42. 国际中文教师应该如何建立良好的同事关系？

答：建立同事间良好的人际关系是国际中文教师促进心理健康的重要手段，也能够保障中文教学工作的顺利开展。国际中文教师应做到：
（1）互相尊重，学会包容。

（2）团结合作，相互学习，共同进步。
（3）加强教学交流，互通有无。

43. 国际中文教师如何处理好与学校领导的关系？

答：
（1）充分理解和尊重学校领导。
（2）懂得协调与领导的关系，保证友好的合作。
（3）有大局意识，能够顾全学校和中文学科的发展。

44. 国际中文教师如何获得海外学校领导的支持？

答：
（1）主动与学校领导沟通，一起讨论教学目标和要求，了解其看法和认识。
（2）国际中文教师应使自己课程的教学目标适应学校总的教育要求。
（3）邀请学校领导参与自己的课堂和班级活动。

45. 国际中文教师如何与家长建立良好的人际关系？

答：
（1）尊重学生家长，以平等的态度对待。
（2）加强与家长的沟通，听取他们的意见与反馈。
（3）与家长合作共育，促进学生发展。

教学行为

46. 国际中文教师着装应该注意哪些事项？

答：国际中文教师着装应该注意以下事项：
（1）干净，不可有明显的污渍。
（2）适合个人风格，体现良好的精神面貌。
（3）款式得当，避免暴露身体的某些隐私部位。
（4）及时更换破损衣服。
（5）注意服装上的文字和图片信息。

47. 什么是"体态语"？

答：体态语是由人体发出的具有表情达意功能的言语辅助形式，包括面部表情、眼神、手势、身体姿态、空间距离等非语言手段。

48. 什么是"空间语言"？

答：空间语言是教师体态语言的构成之一，一般由教师的身体指向、与学生的人际距离、方位角度等几个要素组成。
（1）身体指向可分为面对面、肩并肩、V 字形等几种类型。
（2）人际距离。教师要根据不同的文化背景、不同的情境，以及学生的年龄、性别、个性差异等因素灵活运用。
（3）身体的倾斜度。在与学生面对面谈话时，教师的身体适当向学生倾斜可以使谈话更融洽。

49. 运用体态语对国际中文教师有何帮助？

答：
（1）体态语能够发挥语言所不能替代的作用，帮助学生获得直观清晰的感受。
（2）可以增进师生之间的交流，营造轻松的课堂气氛。
（3）有意识地运用体态语能够展示教师的风度。

50. 国际中文教师运用体态语需要注意什么问题？

答：
（1）要使用各国学生都接受的体态语。
（2）了解体态语在不同国家和民族文化中的含义，避免引发不愉快和冲突。
（3）恰当而适度地使用体态语，不可滥用。

51. 国际中文教师需要了解学生哪些方面的差异？

答：除学习者的年龄、中文基础等外，国际中文教师还需要了解学生的认知风格、学习类型、学习动机等方面的差异。
（1）认知风格，可分为场独立型、场依存型、审慎型、冲动型等。
（2）学习类型，主要指的是学生学习、认知等方面的一些习惯。
（3）学习动机，根据动机的引发原因，可分为工具型动机、融合型动机；根据动机行为与目标的远近关系，可分为近景动机、远景动机等。

52. 国际中文教师如何保持、增强学生中文学习动机？

答：
（1）使教学模式富于变化，采用多种教学方法来组织教学。
（2）设计不同的教学活动和教学任务以适应不同认知与学习风格的学生。

（3）一定程度容忍学生的错误，提供积极反馈，为学生树立信心。

53. 国际中文教师在课堂上应具备何种状态？

答：
（1）充满热情、情感饱满、精神昂扬。
（2）体态亲切自然，表情丰富，语言生动。
（3）声音具有一定的力度，并能够抑扬顿挫，富于变化。

54. 国际中文教师除教学以外，还应在课堂上发挥什么作用？

答：
（1）倾听学生的想法和问题，提出自己的建议。
（2）发掘不同学生的潜能与优势。
（3）促进班级的人际交往，营造良好的班级氛围，为学生中文学习提供积极体验。

55. 国际中文教师表扬学生要注意什么问题？

答：
（1）表扬要具体，比如"刚才的句子用到了新学的词语，很好"，不可只千篇一律地用"好""不错"。
（2）表扬不可过度，否则学生可能会觉得这只是教师的一种惯用手段。
（3）表扬的重点是行为，不轻易涉及人格，也不随便比较学生。
（4）表扬要尽可能公平。
（5）表扬要因人而异，能看到不同学生的特点。

56. 国际中文教师指出学生问题时要注意什么？

答：
（1）避免简单化地用"不对""错了"，而应启发学生自己去发现问题。
（2）注意委婉含蓄的方式方法，建立在尊重和真诚的态度之上。
（3）注意进退有度，给学生留有改进余地。
（4）个别化地处理学生的问题。
（5）要注重因人而异。

57. 国际中文教师应如何处理个别学生的问题？

答：国际中文教师可以课下单独找该学生谈话，了解他的问题和想法。注意不要伤害学生的自尊，但也要让学生明确自己的不足，能够及时改进。

58. 国际中文教师与学生沟通要避免哪些不当的言语行为？

答：
（1）强制命令，告诉学生应该怎么做，必须怎么做。
（2）傲慢无礼，训诫学生，揭露学生不足。
（3）讽刺挖苦，用反语中伤学生。
（4）泛泛而谈，过于简单空泛地评价学生，没有提出实际的解决方式。

59. 国际中文教师如何积极聆听？

答：
（1）心理上，国际中文教师首先要放下教师的权威感和优越感，站在学生立场上，为理解而去聆听。
（2）保持轻松自然的身体姿势和适当的距离。
（3）集中注意力，适当时可通过向学生提问来检查自己的理解。
（4）用非语言信息传达理解（如点头、眼神交流等）。
（5）用适当简单的语言表达了解的态度。

60. 国际中文教师如何提高聆听的效果？

答：
（1）给予学生时间去讲完他的内容。
（2）让学生连续地讲完，不随意打断。
（3）抓学生谈话的重点。
（4）记住学生所讲的内容。
（5）给出非语言信号表示自己正在聆听。

61. 国际中文教师如何在聆听过程中回应学生？

答：
（1）回应应在学生的谈话稍微停顿或告一段落，将主要的意思表达出来之后。如果学生是在思考，就不要打断。
（2）回应时不增减学生讲话中的内容。
（3）回应时措辞尽量多元化，不要一成不变。

62. 国际中文教师如何写学生评语？

答：
（1）要尊重学生，感情真诚，言辞恳切。
（2）要明确具体，易于理解，最好能使学生知道自己努力的方向。
（3）能够捕捉到学生的进步与闪光点。

63. 国际中文教师权威指什么？

答：国际中文教师权威是国际中文教师所拥有的使学生信服的力量，指教师凭借外界赋予的和因个人因素而产生的能够被学生自觉接受的、影响学生的一种力量，主要表现为国际中文教师对学生的管理以及学生对教师的信赖和信服。

64. 国际中文教师应该如何正确理解教师权威？

答：
（1）教师权威的基础是学生的认同。
（2）教师权威对正常开展教育活动和维护稳定的教学秩序是必要的。
（3）教师权威不是学生自由的对立物。合理的教师权威是帮助学生从盲目的自由走向自制的力量。

65. 国际中文教师的权威主要有哪些来源？

答：国际中文教师的权威主要有以下来源：
（1）传统。与社会对教师的评价和教师的社会地位有关。
（2）制度。教师所代表的教育制度、规则被学生认可而获得权威。
（3）人格感召。国际中文教师因自身人格魅力、个性品质而获得权威。
（4）专业因素。国际中文教师具备扎实的专业知识和素养而获得权威。

66. 哪些因素会影响国际中文教师的威信？

答：
（1）专业素养、教学水平、知识容量是否丰富。
（2）个人的道德品质和个性特征。
（3）师生关系如何，能否满足学生需要。
（4）第一印象的优劣。
（5）教师仪态和作风。

67. 国际中文教师如何维护与发展教师威信？

答：
（1）在教学和工作中能够实事求是。
（2）加强专业素养，提高教学水平，不断完善自我。
（3）对学生具有同理心。
（4）能够正确认识和利用教师威信。

68. 国际中文教师民主型领导方式指什么？

答：教师领导方式可分为：民主型、放任型、集权型三种。民主型领导方式最有利于学生发展。民主型领导方式指的是国际中文教师和学生一起商议，学生可以针对教学提出意见和看法。师生通过对话加深彼此的了解，使得今后的教学能够更有效地开展。但是，民主不等于放任。

学校管理

69. 常见的学校组织结构有哪些？

答：常见的学校组织结构有：直线型学校组织、职能型学校组织、直线-职能型学校组织、事业部型学校组织、矩阵型学校组织。其中，最常见的是直线-职能型学校组织。该组织在学校复杂业务的直线部门下设相应的职能部门，作为对该直线部门的参谋。

70. 什么是学校委员会？

答：学校委员会一般由校长、教师、行政管理人员、家长和社区代表（一些中学还包括学生）组成。学校委员会参与决策学校人事、财政、课程及其他各种事务。在美国一般是地方学区理事会，在英国、澳大利亚、新西兰为学校董事会。

71. 国际中文教师需要了解任教学校的哪些信息？

答：国际中文教师去一个学校任教，不仅要了解任教学校及其所属的教育系统，还要了解学校委员会的构成及运作、学校的组织结构、学校的规定和纪律、学校的文化、校园活动、行政管理人员和教师工会等各方面的情况。

72. 西方国家的教育评价对国际中文教师课堂教学有何影响？

答：与中国注重认知因素不同，大多西方国家的教育评价侧重情感和社会因素，把培养学生的创造力作为教育目标。因此，国际中文教师要避免"满堂灌"式的知识讲解，关注教学内容的应用性、学生的课堂参与度以及轻松自然的课堂氛围。

73. 什么是"社区"？

答：社区（community）指的是生活在一定地域内的个人、家庭、团体等所组成的集合，其成员在生活、心理、文化方面有一定的联系和共同认识。

74. 国际中文教师为什么应该了解社区组织？

答：通过了解社区组织和其中的社团，并发展与社区领袖的关系，能够促进国际中文教师与社区的有效沟通，获取同社区组织的合作，同时提高社区群众对中文教学的接受度和认可度。

75. 国际中文教师要从哪些方面了解社区？

答：当面对一个多元化社区时，国际中文教师需要了解该社区的风俗传统、社区成员、社区组织、社区活动以及社区设施等情况。

76. 国际中文教师为什么应该了解社区风俗传统？

答：一个社区可能包含来自不同国家、不同民族、不同宗教背景等的群体，了解一个社区的风俗传统是教师建立与学生、家长及社区群众良好关系的基础。国际中文教师要使教学内容、方法和教学行为符合社区的风俗习惯，避免引起不愉快甚至冲突。

77. 国际中文教师为什么应该了解社区成员的情况？

答：通过了解社区成员的情况，比如年龄层次、受教育程度等，一方面有利于教师分析社区群众对中文学习的态度，另一方面有利于教师分析社区内部的矛盾和问题。另外，也可以帮助教师选择与社区风格相符的出版物。

78. 国际中文教师为什么应该了解社区活动？

答：国际中文教师了解社区活动后，应发挥自己的特长，积极参与到社区活动中去。比如，利用社区活动展示国际中文教师所具备的中华才艺，不仅可以发展与社区成员的关系，更可以提高他们对教师及中文教学的认同感。

79. 国际中文教师为什么要了解社区设施？

答：社区设施主要指社区的环境、学习资源以及一些公共服务等。国际中文教师了解社区设施，可以在教学中加以利用。比如，在社区绿地开展户外中文教学，要求学生在社区图书馆查阅相关中文资料等。

80. 国际中文教师如何建立学校与社区的良好关系？

答：国际中文教师要保持与社区的良好沟通，向社区群众和家长提供及时、完整的信息，组织一系列展示课堂教学、学生学习成果和交流家校意见看法的活动，并制定和调整符合社区利益与要求的课程教学计划等。

81. 什么是教师工会？

答：在许多国家，教师工会是一个非政府社团组织，有着相当的自主权，在争取、维护教师权益，促进教育民主化进程方面起着积极的作用。国际中文教师应该积极参与到任教学校的教师工会中去。

82. 什么是家长志愿者？

答：家长志愿者指的是自愿贡献出个人的时间及精力，在不计物质报酬的情况下，为学生的成长、发展及学校教育教学管理提供无偿服务的学生家长。

83. 家长志愿者有何意义？

答：
（1）增进家长对学校工作及教学的理解和支持，改善学校与社区的关系。
（2）增进学生与家长的关系，并为学生树立榜样。
（3）深化教师对学生的了解。
（4）一定程度减轻教师负担，提高教学工作的质量和效率。

84. 国际中文教师如何利用家长志愿者这一形式？

答：国际中文教师可以在了解家长个人背景的基础上招募一定的家长志愿者，同时，指导家长参与教育教学工作，制定任务计划表，并帮助家长选择适合个人的任务。

85. 国际中文教师怎样开好家长会？

答：
（1）明确家长会的目的，突出重点。
（2）与家长建立信任尊重的关系。

(3) 积极地评价学生。
(4) 及时反馈，包括会后感谢、让家长了解行动计划的实施情况。
(5) 创造轻松舒适的氛围。
(6) 为家长提供可操作的建议和策略。

86. 国际中文教师如何准备家长会？

答：
(1) 确定家长会的主题、目的。
(2) 如有可能，提供时间选择，与家长确认开会的时间、地点、内容等信息，并可以让家长列出自己的问题和关心的方面。
(3) 准备好笔记、文件夹和其他需要的材料。
(4) 温习学生的学习及发展情况。
(5) 布置开会的地点，营造舒适轻松的环境。

87. 家长会的一般流程是什么？

答：
(1) 致欢迎辞。
(2) 发言，一方面介绍本次家长会的目的、流程等，另一方面介绍自己的教学、对学生的要求等。
(3) 与家长交流想法、观点和信息。
(4) 对家长会内容和目标进行简要的概括，如有需要，可以与家长制定一个共同行动计划。
(5) 总结并结束。

88. 国际中文教师在家长会上应如何向家长说明学生的表现？

答：
(1) 诚实地对待学生的成绩。国际中文教师可以向家长展示学生的作业、成长档案和分数册。
(2) 诚实地对待学生的行为表现。国际中文教师可以向家长展示学校的行为准则和学生的表现记录。
(3) 如果学生的表现不好，国际中文教师可以提前告知家长并与家长交流，避免不愉快。

89. 国际中文教师开家长会时应如何与家长交流？

答：
(1) 避免使用一些专业术语，应采用清楚明了的言语表达。

（2）面带微笑，结合运用点头、眼神等非言语交流。
（3）鼓励家长说出自己的想法，注意双向交流。
（4）学会倾听。

90. 家长会会后主要有哪些后续工作？

答：
（1）对家长会进行总结与反思。
（2）通过邮件等再次感谢家长的出席和参与。
（3）可以与学生回顾家长会的内容。
（4）跟进行动计划的进展情况。

合作教学

91. 国际中文教师的合作精神体现在哪些方面？

答：国际中文教师需要具备合作精神，才能协调好与各方的关系，更好完成教学任务。国际中文教师的合作精神体现在教师与学生之间的合作、与学生家长之间的合作、与同事之间的合作、与教学管理机构的合作等方面。

92. 国际中文教师树立合作精神有何必要性？

答：
（1）与学生的合作有助于保证每一节中文课的顺利进行；
（2）与学生家长之间的合作有助于更好地了解学生，提高教学水平；
（3）与同事之间的合作，如共同备课、分享教学经验和材料等，有助于提高教学效率；
（4）与教学管理机构的合作有助于保证各种教学活动的顺利开展。

93. 什么是"合作教学"？

答：合作教学指的是由两个及以上的教师通过共同计划、实施、互动及协作的方式进行课堂教学的一种合作形式。有些学校采取中外教师合作教学的方法。

94. 中外教师有哪些合作教学模式？

答：美国学者珍（Jean M. T.）根据教师在工作中形成的关系归纳出四种合作模式：平行关系模式、附属关系模式、会聚关系模式、促进关系模式。后两种合作模式的教学效果较好。Friend & Cook 则将合作教学分为：（1）一个教，另一个观察；（2）一个教，另一个巡视；（3）站点教学；（4）平行教学；（5）交替教学；（6）小组教学等六种模式。

95. 中外教师合作有哪些优势？

答：
（1）中外教师各有所长、各具特色，能够优势互补，提升教学效果和教学质量。
（2）满足学生学习的不同需要，使教学更有针对性，为学生提供更多的语言学习机会，综合提高学生的听说读写能力。
（3）丰富课堂形式，活跃气氛，提高学生中文学习的动机。

96. 合作教学对国际中文教师有何意义？

答：
（1）有利于提高教师自身的语言能力和专业素养。
（2）有利于教师多方深入了解学生。
（3）有利于教师间取长补短，汲取互相的教学经验。
（4）有利于接触不同的教学理念和方法。
（5）有利于提高教师的教学管理能力和合作能力。

97. 中外教师合作要注意哪些问题？

答：
（1）中外教师在课程中担当的角色。
（2）中外教师之间的沟通。沟通不足，教学意见不统一，教学进度不同步，都容易造成教学混乱。
（3）教学课时的安排和分配。

98. 中外教师合作教学涉及哪些环节？

答：在合作教学过程中，中外教师一般会涉及合作备课、合作授课、课后与同学交流以及教学考核与测评等四个环节。

99. 中外教师合作教学要在课前做好哪些工作？

答：
（1）根据课型和学生水平，共同制定清晰而详细的授课计划，确保教学工作的顺利开展。
（2）根据教学计划进行分工，确定中外教师授课时间的分配。

100. 中外教师合作备课包括哪些内容？

答：
（1）确定教学计划、教学目标。
（2）分析每课的重难点，预测学生可能出现的问题，商讨可能的解决方案。
（3）设计课堂活动和教学组织形式。
（4）交流课堂教学反馈。

101. 中外教师如何合作备课？

答：
（1）各自准备，搜集相关教学资料。
（2）共同备课时，双方交流教学思路，讨论教学目标、分析重难点、预测学生问题、设计课堂活动等，并明确各自职责。
（3）评估和交流课堂教学情况。

102. 中外教师合作备课要注意避免什么问题？

答：
（1）苛求过分的统一。要允许双方教师发挥主观能动性，根据班级实际情况和不同的教学目标，选择恰当的教学方法和教学风格。
（2）缺少课堂教学反馈。交流课堂教学情况，也应该是合作备课中的重要内容。

103. 中外教师如何合作授课？

答：国外常见的一种合作授课形式是：在中文课上互相听课，所在国教师授课时，中国教师主要为进行分组练习的学生提供口语任务帮助、讲解中国文化等；中国教师授课时，所在国教师用学生母语解释一些较难的语言点，并帮助维持课堂纪律。

104. 中外教师关于教学考核与测评要做好哪些工作？

答：合作教学中，若需要共同评定学生成绩，中外教师应该：
（1）商讨考核方式，建立评分标准，并确定各自课程所占的评分比重。
（2）建立教学效果评价体系，了解学生对合作教学的看法、评价及意见。

105. 什么是中外教师的课后合作？

答：课后合作主要指的是中外教师利用课后的某一固定时间共同与学生进行交流，包括帮助学生解决学习问题，组织一些课外文化活动等。

106. 如何促进中外教师合作教学？

答：
（1）教师要树立合作意识，提升合作理念。
（2）意识到合作教学对教师本身的提高。
（3）求同存异，增强合作双方的沟通、了解和信任，发展和谐的人际关系。
（4）注意反思自身在合作中出现的问题。
（5）加强中外教师互动。

107. 中外合作教师如何促进和谐的人际关系？

答：
（1）合作教师应当善解人意。
（2）不对小事斤斤计较，能够懂得让步或做出一定牺牲。
（3）发展课堂内外关系。
（4）即使有不同意见，也能对合作教师组织良好的课堂表现出尊重和理解。

108. 中外教师如何加强互动？

答：
（1）态度真诚，能够开诚布公，可以把自己关于合作教学的想法、计划甚至担忧提前告知对方，使双方的合作建立在信任之上。
（2）建立例会制度，保证交流的畅通性和及时性。

教学反思

109. 什么是反思性教学？

答：反思性教学是教师在教学实践中，以解决教学中的问题为基本点，通过回顾、思考、诊断等方式，对自己的教学理念、教学行为以及教学效果进行审视和分析，从而不断提高自身教学水平和专业素质的过程。

110. 反思性教学有何特点？

答：
（1）主体性。教师是反思性教学的主体，既是研究者，也是研究对象。

(2) 问题性。反思性教学由问题而起，问题是反思的开始。教师要在思考解决问题的过程中反思和总结，并通过解决问题来提高教学水平。

(3) 实践性。反思性教学离不开实践，教师要在实践中发现问题，并在实践中检验解决方法。

(4) 反复性。反思性教学不是一次性完成的，教师要在反复的实践和反复的问题中不断进行研究。

111. 反思教学可从哪些方面入手？

答：教学反思的内容，大致可分为以下几个方面：

(1) 课堂教学方面：教学目标、教学过程、教学方法、课堂活动的有效性、教学评价等。

(2) 学生发展方面：师生关系、与学生的沟通、是否体现学生个性等。

(3) 教师发展方面：教师的人格魅力、自我形象、教学体验等。

(4) 教材方面：教材使用、对教材的处理等。

(5) 学科方面：学科理论、学科发展等。

112. 为什么有必要成长为反思性国际中文教师？

答：

(1) 顺应国际教育改革，关注教师自身专业发展。

(2) 促使理论运用到实践之中。

(3) 将实践中的知识再进行内化，将内在的经验上升到一定的理论高度。

(4) 避免教学模式的简单重复。

113. 在国际中文教学中，进行反思性教学有何意义？

答：

(1) 有利于国际中文教师正确认识自我价值，增强主动性。

(2) 有利于国际中文教师提升专业素养和研究能力。

(3) 有利于提高国际中文教学质量和水平。

(4) 有利于推动国际中文教学事业的发展。

114. 反思性教学的一般过程是什么？

答：

(1) 发现问题。

(2) 分析问题，主要是分析得失并找出原因。

(3) 寻求对策，提出解决方法。

（4）在实践中验证方案。
（5）分析实践过程，并开始新一轮的反思。

因此，反思性教学是一个教学反思——教学实践——再教学反思——再教学实践的循环过程。

115. 教学反思有哪些类别？

答：
（1）按时间分，分为课前反思、课中反思、课后反思。
（2）按性质分，分为自发性反思、理性式反思、发展性反思。
（3）按内容分，分为教学技术反思、原因分析反思、价值判断反思。

116. 课前反思包含哪两个层次？

答：课前反思有两个层次：一是对以往教学活动的反思，要吸取之前的成败得失经验；二是对之后教学活动的设想，需要进行详细的计划和安排。

117. 国际中文教师可以围绕哪些问题来进行课前反思？

答：课前反思是上好一堂课的基础和前提。国际中文教师进行课前反思应围绕下面一些重要问题：
（1）学生已有的知识储备和生活经验是什么？
（2）教学目标是什么？教学重难点是什么？
（3）教学内容难度配比是否合适？应如何呈现教学内容？
（4）如何有效处理教材？
（5）如何激发学生动机？

118. 课中反思有何特点？

答：课中反思指向当前的教学活动，是一种难度较高的瞬间反思。课中反思具有监控性，它主要依靠及时性的反馈来调整教学中的不合理行为。凡是能影响教学活动的因素都包含在教师反思的范围内，因此课中反思范围很广。

119. 课中反思对教师有何要求？

答：课中反思要求教师在课堂上保持活跃和一定的紧张状态，敏锐捕捉可能出现的新问题和新情况，并进行准确判断。同时，在教学过程中思考教学目标是否明确，互动是否有效，教学行为是否得当等，及时主动地调整教学方案与策略，提高课堂教学的质量和效率。

120. 课后反思包括哪些内容？

答：

（1）成功的举措。比如教学中的有效做法、教学思想的应用、临时应变得当的措施等。
（2）疏漏失误之处。
（3）课堂上由偶发事件引起的或突然爆发的灵感。
（4）学生宝贵而独特的见解。
（5）真实课堂情境与预想之间的差异及原因。
（6）对教学的再设计。

121. 什么是自发性反思？

答：自发性反思指的是教师对自己或他人的教学行为、教学效果等进行总结。这种反思具有自发性，可以是体会，可以是感想，可以是总结。一般内容较为具体，角度较小，无法深刻地揭示教学行为等背后的规律。

122. 什么是理性式反思？

答：理性式反思指的是教师从多角度、多方面来进行反思、评价和分析。这类反思的目的在于研究问题的性质和根源。相比自发性反思，这种反思较为深刻，能挖掘出实质性的东西，因此，对教师的要求高，但帮助也大。

123. 什么是发展性反思？

答：发展性反思指的是对教师的成长与发展进行的反思。这种反思关注教师发展，一般会从学生、教师、学校的角度来探讨教育教学的实施和评价等。这种反思更为宏观，研究性更强。

124. 进行反思性教学的方法有哪些？

答：

（1）写教学日志或反思日志。记录教学活动，以及感受、想法和体会等。
（2）课堂观摩。教师之间互相听课，取长补短，共同交流和分析，探讨教学问题的解决方案。
（3）调查和问卷。调查学生的感受和对教师的评价。
（4）录音录像。通过录音录像记录课堂，以便之后进行分析和总结。

（5）行动研究。教师针对自己在课堂上遇到的问题进行研究。

（6）课程报告。通过回忆，教师对课堂教学的一系列特征进行回忆和总结。

125. 培养反思性国际中文教师的客观条件有哪些？

答：

（1）学校重视教师合作、探究的文化。

（2）学校能组织教学观摩和相互听课。

（3）学校能定期召开教学研讨会。

（4）学校能确立多元化的教师评价体系。

126. 反思性教学对国际中文教师有何要求？

答：

（1）具有反思意识和反思思维。

（2）具有敏锐的观察力。

（3）掌握相关的教育教学理论以及语言学理论等。

（4）具有科学的反思方法。

127. 国际中文教师写教学反思可遵循什么结构？

答：国际中文教师可以把教学反思写成实用性议论文，写作结构可以是"教学实例——分析得失——思考总结"。第三部分是教学反思的重点，应详写，并最好能写出切实可行的改进方案。

128. 教学日志的常用形式有哪些？

答：

（1）点评式。在教案相对应的地方，针对教学实际加以批注、点评。

（2）提纲式。通过对课堂教学实践的分析，提纲式地列出有关教学内容、教学方法方面的情况，学生表现及自我表现等方面的成功与不足。

（3）随笔式。教师具体地对某一问题、事件进行反思记录，注重突出教师的内心感受。

（4）专题式。教师抓住教学中最突出的问题进行深入剖析，反思教学行为背后所蕴含的教学理念，从而确立正确的教学行为。

129. 教学日志的语言有何特点？

答：

（1）生活化的语言。教师可用生活化的、通俗易懂的语言来撰写和表达自己的感受，辞藻不必华丽。

（2）以第一人称叙述。教学日志是教师自身的经历和感受等，以第一人称写作，有助于教师对教学中出现的问题进行思考与判断。

130. 写教学日志时要注意哪些问题？

答：内容上，避免写流水账和做泛泛的、一般性的总结。不能停留在对事件的描述与记录上，要有深层次的分析与思考，注重解决问题和对实践经验的理性化。另外，教师写教学日志要具有持久性。

131. 国际中文教师如何撰写课程报告？

答：相比教学日志，课程报告更为正式和客观。国际中文教师可围绕如下问题撰写课程报告：本课的目的是什么？课堂步骤是什么？遇到了什么问题，是如何处理的？学生学到了什么？本课最有效的部分是什么？效果最差的部分是什么？

教学研究

132. 研究型国际中文教师有何特点？

答：

（1）具有责任心，热爱教学工作。
（2）具有多元化的知识结构，包括语言学知识、教育理论、文学文化知识等。
（3）能够较熟练地驾驭课堂。
（4）具有反思能力和创新精神，能够在教学中发现问题、解决问题。
（5）具有一定的科研意识和科研能力。

133. 提倡研究型教师有何意义？

答：

（1）有利于促进教育实践，提高课堂教学质量。
（2）有利于丰富和发展学科相关理论。
（3）有利于提高教师素质和专业素养。
（4）有利于发挥教师作为学生学习指导者和促进者的角色。

134. 如何成为研究型国际中文教师？

答：
（1）转变自身观念，注重教育教学研究。
（2）树立终身学习观念，拓宽知识结构。
（3）多在教学实践中进行反思。
（4）掌握基本研究方法，增强科研能力。
（5）参加相关的专业培训。

135. 什么是定性研究？

答：定性研究（qualitative research），也称"质的研究"，是指在自然情境下，使用实地体验、开放性访谈、文献分析、个案调查等方法，对社会现象进行深入和长期的研究。

136. 什么是定量研究？

答：定量研究（quantitative research），也称"量的研究"，是研究者事先建立假设并确定具有因果关系的各种变量，然后使用某些经过检测的工具对这些变量进行测量和分析。

137. 定性研究和定量研究有何不同？

答：
（1）定性研究的研究条件是自然情境，而定量研究是在实验室条件下进行的。
（2）定性研究是描述性研究，而定量研究是量化研究。
（3）定性研究注重研究过程，而定量研究注重研究前后的对比和测量。
（4）定性研究采用归纳分析的方法，而定量研究采用演绎法。
（5）定性研究中研究者和研究对象保持密切接触，互相影响；定量研究中研究者和研究对象互相独立，彼此分离。

138. 定性研究和定量研究有何联系？

答：两者都是社会学方法。一般而言，定性研究是定量研究的基础，定量研究是定性研究的进一步精确化。在实际研究过程中，两种研究并非孤立进行，而是互相结合使用。

139. 如何评价定性研究？

答：定性研究注重从研究者本人内在的观点去了解他们看到的世界，强调在自然情境中进行探究，通过和被研究者长期接触，获得第一手研究资料。其缺点是主观成分比较多，具有不确定性，不能严格地描述、说明、解释和阐述某特定事件，在结构上具有很大的随意性，不受严格的操作规则或实践规则的约束，具有或然性。

140. 如何评价定量研究？

答：定量研究方法是社会科学和自然科学自身发展的必然要求，帮助社会科学与自然科学研究完整、客观、准确地把握人类社会及思维的本质和规律，提高准确性与合理性。然而定量研究也具有一定的缺点，从事定量研究时，为了解事物的客观情况，研究人员往往要保持不偏不倚的客观态度，但在许多场合下，调查对象是有思想的人，研究对象把自身所处的世界及个人的经历赋予了一定的意义，研究人员往往不能获得所预期的结果，这表明定量研究结论也只能是不完整的、表层的、机械的。

141. 教育科学研究的一般过程是什么？

答：教育科学研究的基本环节，因课题性质、大小的差异而不同。总的来看，大致可以划分为确定研究课题、文献回顾、研究设计、收集资料、分析资料和撰写研究报告等六个环节。

142. 选择研究问题主要有哪些原则？

答：
（1）价值性原则。研究课题具有理论价值和应用价值。
（2）创造性原则。研究课题具有新意，有独创性和突破性。
（3）可行性原则。研究课题具有可操作性，具备完成的主客观条件。

143. 如何选择研究问题？

答：
（1）从教育实践的归纳与反思中选。
（2）从当前专业发展中的矛盾集中点选。
（3）从普遍关注的热点论题中选。
（4）从人们忽视的冷门问题中选。
（5）从与相关学科的交叉处选。

144. 选择研究问题有何注意事项？

答：
（1）选题范围不宜过大或过小。
（2）选题应避免陈旧、缺乏新鲜感。
（3）选题不宜过难，要充分考虑主客观条件，不要超出自己的专业领域。
（4）选题观点不可偏颇。

145. 如何明确研究问题？

答：
（1）缩小问题的研究范围，如由"课堂问题研究"到"教师课堂提问研究"。
（2）把一个较大的问题进一步分解为几个相对具体的小问题。
（3）清楚明确地陈述问题，用词准确、精练和科学，如由"学生的学习动机"到"探究不同动机类型对留学生学习中文的影响"。

146. "界定核心概念"指什么？

答：界定核心概念是指对研究问题中的关键概念进行明确界定，以避免不同的读者不太理解或者出现理解上的歧义。研究者一方面要说明核心概念在研究过程中使用的含义，另一方面要明确说明其范围。

147. 研究变量有哪些？

答：
（1）自变量，指引起其他变量发生变化的变量。
（2）因变量，指由于其他变量的变化而导致自身发生变化的变量。
（3）干扰变量，指除了自变量外，其他一些对因变量产生影响的要素。

148. 研究假设有哪些类型？

答：
（1）按假设的形成，可分为归纳假设和演绎假设。
（2）按假设是否指出变量间的相关和差异，可分为定向假设和非定向假设。
（3）按性质和复杂程度，可分为描述性假设、解释性假设和预测性假设。

149. 有哪些常用的随机取样方式？

答：

（1）简单随机取样。对研究总体不做分组处理，按照随机化原则从总体中抽取样本。

（2）等距取样。先将总体中各个单位或个体按一定顺序排列，然后等间隔地抽取样本。

（3）分层取样。将总体单位按某种特征或因素分成若干层次，然后再在各个层次中按一定比例随机抽样。

（4）整体取样。按某一标准将总体单位划分为"群"或"组"，然后用随机的方法从总体中抽取"群"或"组"，再将其中的全部个体作为样本。

150. 进行文献回顾有何意义？

答：

（1）帮助熟悉和了解研究现状和现有的研究成果。

（2）进一步明确或修改研究问题，避免重复劳动。

（3）提供可参考的研究思路和研究方法。

（4）为解释研究结果提供背景资料和论据。

151. 常用的期刊论文数据库有哪些？

答：

（1）中文

CNKI 数据库：http://www.cnki.net。

万方数据库：http://www.wanfangdata.com.cn。

维普数据库：http://qikan.cqvip.com。

（2）外文

EBSCO 数据库：http://search.ebscohost.com。

SDOL 数据库：http://www.sciencedirect.com。

ERC 数据库：http://search.ebscohost.com。

152. 如何收集文献资料？

答：首先要注意文献的质量，选择高水平、有质量保障的文献，其次：

（1）要从核心的权威期刊搜索相关的近期研究，然后回溯到以前的研究。

（2）由期刊转向相关的学术性专著。

（3）搜索相关的近期大型会议论文。

（4）寻找优秀的学位论文。

153. 文献综述主要由哪些内容构成？

答：
（1）相关研究的历史发展、现状，并在已有资料基础上做出客观预测。
（2）所采用的主要研究方法和分析框架。
（3）存在的不足或有待解决的问题，挖掘研究问题的价值所在。

154. 撰写文献综述有何注意事项？

答：
（1）查阅的文献要全面。
（2）注意引文的代表性和科学性。
（3）避免直接引用或抄袭他人论文。
（4）避免简单罗列大量文献资料，而缺少个人的整理、总结及评论。

155. 研究设计时要考虑哪些问题？

答：
（1）选择研究方法。研究问题的性质不同、研究目的不同、研究对象的特点不同都需要采用不同的研究方法进行研究。
（2）制定研究过程。对研究过程进行规划，确定研究步骤和时间。
（3）测量工具的选择与编制。
（4）处理资料的方式。

156. 研究方案一般由哪些内容构成？

答：研究方案的内容一般应该包括：（1）研究课题名称；（2）核心概念的界定和研究假设；（3）研究目的和意义；（4）研究对象范围；（5）研究思路及目标；（6）研究方法；（7）测量工具及处理资料方式；（8）研究任务分配和进度安排。

157. 定量研究报告由哪几部分组成？

答：定量研究报告又称实证研究报告，主要包括实验研究报告、调查研究报告、结构性观察研究报告等。实证研究报告的正文主要有：问题的提出、研究过程与方法、研究结果、讨论分析、结论或小结。

158. 撰写定性研究报告要考虑哪些问题？

答：定性研究报告没有相对固定的正文结构，文体多样。撰写时需要考虑：

（1）研究报告的论点是什么？
（2）如何组织研究报告？
（3）以何种风格进行写作？
（4）如何使主题更加明确？
（5）结论是什么？

159. 教育科学研究有哪些常用方法？

答：教育科学研究方法是指研究教育现象及其规律所采用的方式、手段和程序的总和。基本方法有：实验研究法、调查研究法、观察研究法和行动研究法等。

160. 什么是实验研究法？

答：实验研究法是按照研究目的，合理地控制或创设一定条件，主动地变革研究对象，观察其引起的变化，从而验证研究假设，探讨教育现象因果关系的一种研究方法。

161. 实验研究法有哪些类型？

答：
（1）根据实验进行的场所，可分为实验室实验和自然情景实验。
（2）根据实验的目的，可分为验证性实验和探索性实验。
（3）根据同一实验中变量因素的多少，可分为单因素实验和多因素实验。

162. 实验研究法的一般步骤是什么？

答：
（1）确定实验目的，提出假设，决定实验方法和组织形式，拟定实验计划。
（2）创造实验条件，准备实验用具。
（3）进行实验，在实验过程中要做精确而详尽的记录，在各阶段中要做准确的测验。
（4）整理汇总实验材料，处理实验结果，撰写研究报告。

163. 实验研究法有什么优点？

答：
（1）可以人为地创造条件，对某些在自然条件下不易出现的现象进行研究。
（2）可以把某种特定的因素分离出来，通过操纵该因素的不同水平来观察所出现的现象，解释现象成因。
（3）可以重复验证。
（4）可靠性强。

164. 实验研究法有什么局限性？

答：
（1）研究者人为地创造实验条件，容易使其远离自然状态下的教育情境，所以实验法获得的结论有时很难推广到现实情境中。
（2）实验人员和实验过程中会有许多负效应，比如实验人员的期望会影响实验的效果，被试因受到研究者的关注而导致成绩的提高等。这些负效应可能会使本应有的实验效果显现不出来。
（3）不可避免的样本不足和选择误差。教育研究的总体一般非常庞大，而实验研究选择的样本相对来说较小，样本不能很好地代表总体，使得研究的效度受到影响。

165. 什么是调查研究法？

答：调查研究法是在相关教育理论指导下，通过问卷、访谈等方法，有目的、有计划、系统地收集研究对象的数据，进行整理分析之后，了解被调查问题的现状，从中概括出规律性结论的一种研究方法。

166. 调查研究法有哪些类型？

答：
（1）按照调查范围，可以分为普遍调查、抽样调查和个案调查。
（2）按照调查内容，可以分为现状调查、相关调查、发展调查和预测调查。
（3）按照调查的方法和手段，可以分为问卷调查、访谈调查、测量调查。

167. 调查研究法的一般步骤是什么？

答：
（1）选定调查对象，确定调查范围。
（2）制定调查计划、表格、问卷和谈话提纲等。
（3）按计划进行调查，收集材料。
（4）整理材料，研究情况，撰写调查报告。

168. 调查研究法有什么优点？

答：
（1）调查研究形式灵活，手段多样，既可以通过访问、座谈等方式来了解情况，也可以通过问卷、测验等途径来调查研究，还可以把两者结合起来。
（2）调查研究基本上可以不受时间、空间等条件限制，研究涉及范围广，搜集资料速度快，效率高。

（3）调查研究不需要像实验研究法那样控制实验的对象，比较自然真实，简便易行。

169. 调查研究法有什么局限性？

答：

（1）调查研究不能主动控制条件，因而不能直接确定现象之间的因果关系。

（2）调查中所获得的信息来自被调查者的作答，其真实性和可靠性有时可能会受到一些环境条件等客观因素和被调查者主观因素的影响。

170. 调查问卷一般由哪几部分组成？

答：

（1）名称。

（2）前言：自我介绍、调查的目的和意义、关于匿名的保证、对被调查者的希望、答题说明、致谢。

（3）主体：个人基本信息、问题及备选答案。

（4）结束语：再次对接受调查者表示感谢或提出一两个开放式问题。

171. 编写问卷题目要注意哪些问题？

答：

（1）要与研究目的和研究内容相关。

（2）清楚易懂，不要超出答题者的知识和能力范围。

（3）客观，不带有暗示性。

（4）一个题目包含一个问题。

（5）搜集的数据要易于统计。

（6）避免使用否定句式。

（7）避免涉及敏感性问题。

172. 如何排列问卷题目？

答：

（1）一般简单的问题在前，复杂的问题在后。

（2）易于回答的问题在前，一般开放性问题、态度类问题在后。

（3）同类问题尽量放在一起。

173. 如何提高问卷的回收率？

答：问卷最好是当面派发，派发时可适当解释，讲清问卷的目的和问题。另外，可通过如下途径提高回收率：
（1）提高问卷的质量，控制好问卷的长度。
（2）鼓励被调查者填写问卷，指出重要性，同时可附赠小礼物。
（3）注意进行调查的时间，避开重要节假日和考试等。

174. 什么是观察研究法？

答：观察研究法是研究者依据一定的目的和计划，对研究对象进行系统的连续的观察，并做出准确、具体和详尽的记录，以便全面而正确地掌握所要研究的情况的一种研究方法。

175. 观察研究法有哪些类型？

答：
（1）根据观察的地点，可分为自然观察和实验室观察。
（2）根据观察时是否借助仪器设备，可分为直接观察和间接观察。
（3）根据观察者是否直接参与观察对象的活动，可分为参与性观察和非参与性观察。
（4）根据是否对观察活动进行严格的控制，可分为结构式观察和非结构式观察。

176. 观察研究法的一般步骤是什么？

答：
（1）明确观察目的，制定观察计划。先对观察的对象做一般的了解，然后根据研究任务和研究对象的特点，确定观察的目的、内容和重点，最后制定整个观察计划，确定进行观察全过程的步骤、次数、时间、记录用纸、表格以及所用的仪器等。
（2）按计划进行实际观察，在进行观察过程中，一般要严格按计划进行，必要时也可随机应变，观察时要选择最适宜的位置，集中注意力并及时做记录。
（3）整理观察资料，对大量分散材料进行汇总加工，删去错误材料，然后对典型材料进行分析，及时纠正，对反映特殊情况的材料另作处理。

177. 观察研究法有什么优点？

答：
（1）观察是获取原始资料的最基本的方法，所获得的资料较为直观。
（2）观察研究法不仅可以观察到当时当地的具体现象和行为的发生，而且可以感受到特殊的气氛与情境。

（3）观察研究法可以得到研究对象不能直接报告或不肯报告的资料。

178. 观察研究法有什么局限性？

答：

（1）观察资料只能用来说明"有什么"和"是什么"的问题，不能用来判断"为什么"之类的因果问题。

（2）由于研究者知识、经验、情感等方面的不同，他们的观察记录易受主观因素的影响。

（3）观察研究的取样范围及容量较小，其代表性不广泛。

（4）并非全部教育现象都可以观察，有许多现象是不适宜或不可能直接观察到的，如学生内隐的情绪反应等。

179. 什么是行动研究？

答：行动研究是教师在现实教育教学情境中，对自己教学中出现的问题，进行一系列研究，是通过解决实际问题来改善教学过程，提高教学质量的自我反思性探究。

180. 行动研究有何特点？

答：

（1）为行动而研究。解决实践问题是行动研究的出发点和归宿。

（2）对行动进行研究。教师以实践中关注的对象作为研究的问题。

（3）行动者进行研究。学校教育工作者是行动研究者。

（4）在行动中研究。教师是在教学实践过程中研究，从而提高实践水平。

181. 行动研究主要有哪些模式？

答：

（1）勒温（K. Lewin）的螺旋循环模式：包含计划、行动、观察和反省四个环节。

（2）凯米斯（S. Kemmis）行动研究模式：进一步拓展了勒温的行动研究程序，提出"计划—行动—观察—反思—再计划……"的研究程序。

（3）麦柯南（McKernan）时间进程模式：按时间的发展，行动研究会包含若干个行动循环，其中每一个循环包括确定问题、需求评价、提出设想、制定行动计划、实施计划、评价行动、做出决定（反思和对行为的反思）等七个基本环节，根据行动结果再次确定第二行动循环需要研究的问题。

182. 行动研究的一般过程是什么？

答：
（1）确定研究课题。发现、明确教育教学过程中的问题。
（2）拟定研究计划。分析问题，明确研究的总目标，设计研究的方法、程序等。
（3）实施行动研究。收集资料、拟定并实施有效的教育措施。
（4）进行总结评价。汇集资料、做好观察记录，根据各种信息反馈认真修正行动计划，再实施新一轮行动研究，直至实现研究总目标。
（5）撰写研究报告。

183. 行动研究有什么优点？

答：
（1）行动研究具有突出的实践性，克服了教育理论与教育实践相脱节的弊端。
（2）行动研究把实践者和研究者结合起来，体现了研究与实践的统一。
（3）行动研究不受科学实验的种种限制，比较简便易行。
（4）行动研究有利于改进学校工作，提高教育教学质量。

184. 行动研究有什么局限性？

答：
（1）行动研究不适合解决教育中出现的理论问题。
（2）行动研究更适合于中小规模的教育实践研究，不适合宏观的教育实践研究。
（3）行动研究对研究者的要求较高，不仅需要教师有相当专业的知识和实践操作能力，还应具有一定的洞察力、毅力。

185. 行动研究对国际中文教师有何意义？

答：
（1）有利于发挥国际中文教师的力量，突出教师作为研究主体的地位。
（2）有利于提高国际中文教师的教学科研能力。
（3）有利于提高国际中文教师的反思能力。

186. 实施行动研究对国际中文教师有何具体要求？

答：
（1）具有发现和分析问题的敏锐性。
（2）有一定的语言学、心理学、教育学基础。

（3）学习和掌握基本的研究方法。
（4）能持之以恒地收集材料、分析材料。

专业发展

187. 什么是国际中文教师专业发展？

答：国际中文教师专业发展是在专业思想、专业知识、专业能力、专业智慧等各个方面不断完善、全面提升的过程。从纵向来说，是从新手教师到合格教师，再到专家型教师的过程；从横向来说，是教师学科知识和教育教学知识等的拓展。

188. 国际中文教师专业发展有何特征？

答：
（1）主体性。国际中文教师本人以实现自身专业发展为目的，主动进行专业发展规划，寻求专业发展机会，这是主体性的体现。
（2）持续性。国际中文教师的自我专业发展是一个持续的系统，贯穿专业发展的整个过程，不仅要总结过去，也要面向未来。
（3）合作性。国际中文教师进行自我专业发展，需要和其他教师相互交流，寻求合作与帮助。

189. 教师专业发展的基本内容有哪些？

答：教师专业发展的基本内容包括：（1）具备职业道德；（2）拓展专业知识；（3）提高专业能力；（4）构建专业人格；（5）形成专业思想；（6）发展专业自我。

190. 国际中文教师应具备哪些专业知识？

答：国际中文教师应具备：中文知识，包括中文语音、词汇、语法、汉字和修辞方面的知识；中国文学和文化知识；心理学、教育学、跨文化交际学知识等。

191. 国际中文教师的专业能力包括哪些？

答：国际中文教师的专业能力包括：教学设计能力、教学语言能力、教育教学交往能力、组织和调控课堂的能力、教育研究能力和创新能力等。

192. 理想的教师人格有哪些？

答：理想的教师人格包括：善于理解学生、和蔼可亲、真诚、公平正直、富有耐心、兴趣广泛、开朗乐观、意志力强、宽容大度、幽默等。

193. 什么是教师专业思想？

答：教师专业思想是教师在深入理解教育工作的本质、目的、价值的基础上形成的关于教育教学的基本观点和信念，是教师专业发展的理性支点和专业自我的精神内核。

194. 什么是教师专业自我？

答：教师专业自我就是教师在职业生活中创造并体现符合自己志趣、能力与个性的独特的教育教学生活方式，以及个体在职业生活中形成的知识、观念、价值体系和教学风格的总和。

195. 教师发展有哪几个阶段？

答：
（1）三阶段理论。美国学者福勒（Fuller）和布朗（Brown）把教师发展分为三个阶段：关注生存阶段、关注情境阶段、关注学生阶段。
（2）五阶段理论。美国学者柏利纳（Berliner）把教师发展分为五个阶段：新手阶段、熟练新手阶段、胜任阶段、业务精干阶段、专家阶段。

196. 影响教师专业发展的因素有哪些？

答：
（1）是否具备自我发展的意识。
（2）是否具有自我发展能力，包括是否具有基本的科研能力、实践能力、反思能力、发现问题的能力等。
（3）是否具有宽裕的时间、丰富的教学科研资源以及有利于专业发展的教学评价方式等。

197. 国际中文教师专业发展的途径和方法有哪些？

答：
（1）制定专业发展规划。
（2）加强专业理论和方法的学习。
（3）注重在教学实践中积极反思。
（4）加强国际中文教师之间的合作交流。
（5）教学与科研相结合。

198. 国际中文教师应如何制定专业发展规划?

答:国际中文教师首先要对自我专业发展的现状有一个全面实际的把握,包括诊断自我情况和判断外部环境。然后在此基础上科学合理地制定专业发展规划,包括发展目标、发展步骤、发展方案等。

199. 国际中文教学研究相关专业刊物主要有哪些?

答:

(1)中文期刊:《世界汉语教学》《语言教学与研究》《汉语学习》《语言文字应用》《对外汉语研究》《国际中文教育(中英文)》《海外华文教育》等。

(2)国际外文期刊:*Foreign Language Annals*、*TESOL Quarterly*、*Language Learning*、*The Modern Language Journal*、*Studies in Second Language Acquisition*、*Applied Linguistics*、*Vigo International Journal of Applied Linguistics*、*Annual Review of Applied Linguistics* 等。

200. 国际中文教师可以利用的重要网络资源有什么?

答:

(1)中文期刊全文数据库 CNKI、外文期刊数据库等。
(2)中外语言交流合作中心 http://www.chinese.cn。
(3)世界汉语教学学会 http://www.shihan.edu.cn。
(4)全美中文教师学会 http://clta-us.org。
(5)全美中小学中文教师协会 http://www.classk12.org。
(6)美国亚洲协会 http://asiasociety.org。